김수환
추기경의
신앙과 사랑

|제2권|

김수환 추기경의 신앙과 사랑

|제2권|

1997년 11월 27일 교회 인가
1997년 12월 26일 초판 1쇄 펴냄
1998년 1월 31일 개정 초판 1쇄 펴냄
2008년 10월 30일 개정 2판 1쇄 펴냄
2009년 4월 6일 개정 2판 7쇄 펴냄

지은이 · 김수환
엮은이 · 천주교 서울대교구
펴낸이 · 정진석
펴낸곳 · 가톨릭출판사
편집 겸 인쇄인 · 김승철

주소 · 서울특별시 중구 중림동 149-2
경기도 파주시 조리읍 오산리 400-8 프린팅파크 內
등록 · 1958. 1. 16. 제2-314호
전화 · (02)360-9114(대)
(02)360-9172(영업국)
지로번호 · 3000997

ISBN 978-89-321-1130-8 04230
978-89-321-1128-5 (세트)

값 10,000원

ⓒ 서울대교구, 1997

http://www.catholicbook.kr

인터넷 가톨릭서점 http://www.catholicbook.kr
명동대성당 서적성물센터 (02)776-3601, 3602 / FAX (02)776-1019
가톨릭회관 서적성물센터 (02)777-2521 / FAX (02)777-2520
서초동성당 서적성물센터 서초지점 070-8234-1880
가톨릭플러스 (02) 2258-6439, 070-7757-1886
미주지사 (323)734-3383 / FAX (323)734-3380

가톨릭의 모든 도서와 성물을 '인터넷 가톨릭서점'에서 만나 보실 수 있습니다.

이 도서의 국립중앙도서관 출판시도서목록(CIP)은 e-CIP 홈페이지(http://www.nl.go.kr/ecip)에서 이용하실 수 있습니다.
(CIP제어번호: CIP2008003196)

천주교 서울대교구 엮음

김수환
추기경의
신앙과 사랑

| 제2권 |

가톨릭출판사

| 간행의 말씀 |

큰 어른 김수환 추기경님

"너희와 모든 이를 위하여(PRO VOBIS ET PRO MULTIS)!"

이 사목 표어는 김수환(金壽煥, 스테파노) 추기경님이 1966년 2월 15일 마산 교구장으로 임명되면서 택하신 성서 구절입니다. 이 한 문장 속에 그분의 58년간의 사제 생활, 나아가 그분의 일생이 오롯이 담겨 있는 듯합니다.

47세의 나이에 최연소 추기경이 되시어 1968년 서울 대교구장에 취임하시던 당시 김 추기경님은, "교회의 높은 담을 헐고 사회 속에 교회를 심어야 한다"며 제2차 바티칸 공의회의 정신에 따른 교회 쇄신과 현실 참여의 원칙을 드러내는 동시에, 가난하면서도 봉사하는 교회, 한국의 역사 현실에 동참하는 교회상을 제시하셨습니다. 추기경님은, 억압받고 가난한 민중들에게 깊은 관심을 보이셨고, 파행적인 정치 현실과 불확실한 노동 문제 등에 대해 강경한 발언을 서슴지 않으셨습니다. 격동의 근·현대를 지내 오는 동안, 김 추기경님은 시대의 짐을 짊어지시고 한국 사회의 큰 횃불이자 최후의 양심의 보루가 되셨습니다.

김 추기경님께서 제12대 서울 대교구장으로 계신 30여 년 동안 서울 대교구는 하느님으로부터 눈에 보이지 않는 영적 축복만이 아니라 눈으로 직접 확인할 수 있는 많은 축복들을 받았습니다. 교구장으로 취임하셨던 1968년 말 48개 본당 십사만여 명이던 서울 대교구의 교세가 교구장 퇴임을 신청하셨던 1997년 말에는 197개 본당 백이십일만여 명이 되었으며, 성직자 수도 590명으로 증가하였습니다.

재임 동안 김 추기경님은 한국 순교자들의 현양과 시성을 위해서도 아낌없는 노력을 쏟으셔서, 1984년 5월 교황 요한 바오로 2세의 방한을 계기로, 한국 천주교회 창설 200주년 기념행사와 103위 시성식을 여의도 광장에서 개최할 수 있었습니다. 아울러 1981년의 조선 교구 설정 150주년 기념행사, 해외 선교 지원, 북한 동포 돕기 운동과 남북한 교회의 교류 활동, 1989년의 서울 제44차 세계 성체 대회 등을 통해 한국 천주교회의 위상을 정착시키는 데 지대한 공헌을 하셨습니다.

김 추기경님은 모든 사회 구조나 정치 형태가 공동선을 향해 나아가야 하며, 동시에 평등한 권익을 보장하고, 특권 의식과 배금주의를 버리며, 스스로 혁신과 정화의 근본이 되는 내면의 양심을 회복해야 한다고 주장하셨습니다. 또 교회는 공동선을 추구하는 실천 과정에서 불의와의 타협을 거부해야 한다고 역설하셨고, 1970년대의 유신 체제 이래 정치적으로 탄압받던 인사들의 인권을 위해, 그리고 구국과 정의 회복을 위해 1980년

대의 민주화 운동을 위해 노력하셨습니다.

　김 추기경님은 가난하고 소외된 사람들의 벗으로 장애인과 사형수들을 만나셨고, 강제 철거로 길거리에 나앉은 빈민들을 방문하셨으며, 농민과 노동자들의 권익을 위해 노력하셨습니다. 그리고 빈곤층을 위한 천주교회의 역할을 고심하던 끝에 1987년 4월 '도시 빈민 사목 위원회'를 교구 자문 기구로 설립하셨으며, 이후 30년 동안 서울 대교구의 복지 시설은 150여 개로 크게 증가하였습니다.

　행동하는 양심으로, 중용의 침묵으로 시대의 지팡이 역할을 해 오셨기에, 한국 천주교회뿐만 아니라 한국 사회 안에서도 가장 높은 존경을 받는 큰 어른이신 김수환 추기경님의 삶과 정신적 궤적을 묶은 전집이 2001년 총 18권으로 출간된 바 있습니다.

　7년의 시간이 흘러, 추기경님의 글과 마음을 다시금 새기고 묵상할 수 있는 기회를 마련하고자, 이번에 김 추기경님의 삶과 인품을 마음 깊이 느낄 수 있고 많은 사람들에게 감동을 준 글들을 가려 두 권으로 묶어 내놓게 되었습니다. 이 두 권의 책이 김 추기경님의 모든 것을 다 말해 준다고는 할 수 없으나, 그분의 내밀한 고백과 영적 일기 등을 통해 그분과 더 깊은 친교를 이룰 수 있으리라 믿습니다.

천주교 서울 대교구 총대리 염수정 안드레아 주교

✝ 염수정

| 차례 |

간행의 말씀 큰 어른 김수환 추기경님 5

제1장 하느님과의 만남

누가 누구를 기다리는가? 13 | 어리석어 보이는 것을 진리로 믿는 사람들 27 | 하느님과의 만남 33 | '나' 빼기 그리스도 45 | 죽음으로써 산다 48 | 나를 누구라고 생각하느냐 50 | 빛 속에 살기를 원한다면 56 | 순교로써 참생명을 얻은 선열들 62 | 성모님의 믿음을 본받아 65

제2장 사랑은 기적보다 강하다

아버지 하느님의 사랑 69 | 가장 인간다운 인간, 예수님 76 | 불속으로 뛰어 들어와 85 | 나는 죄인을 위해서 왔다 90 | 하느님의 사랑을 부어 주시는 성령 93 | 우리는 주님을 사랑합니까? 97 | 사랑은 기적보다 강하다 102 | 사랑이 없으면 삶은 빈 껍질 105 | 내적 성숙은 사랑을 통하여 109 | 소외된 이와 함께하는 삶 113 | 사랑해야 하는 이유 116 | 사랑으로 살아야 하는 이유 122 | 사랑 받기보다 사랑하게 하소서 126 | 성가정 130 | 사랑의 출발점인 가정 134 | 북한의 형제들을 위해 기도하십시오 138

제3장 부르심 받은 이들에게

나를 비움 145 | 주님의 나귀 159 | 당신은 누구입니까? 163 | 예수님께서 사마리아 여인을 만나신 뜻 170 | 주교와 청빈 189 | 예수님의 가난과 겸손 199 복음적 삶의 봉헌 201

제4장 너 어디 있느냐?

악마의 유혹 209 | 그리스도를 잃어버린 그리스도인 219 | '비움'은 자유의 '조건' 227 | 가난한 이들에게 복음을 231 | 결혼을 후회한 적 없습니까? 247 | 너 어디 있느냐? 251 | 새로운 삶의 지평선 268

제5장 인정을 그리워하며

삶의 가치와 의미의 뿌리 273 | 고독과 소외 277 | 인정을 그리워하며 283 | 이대로 계속될 수는 없다 285 | 그만큼 우리는 아무것도 아니다 286 | 로마 여행을 마치고 289 | 하느님은 우리에게 시간을 주셨다 290 | 나는 지금 웬지 모르게 291 | 큰 밤이 될 것이고 292 | 빛이 되는 사람들 293 | 죽음 준비 296 | 눈물의 은사 301

제1장

하느님과의
만남

하느님과의 만남

누가 누구를 기다리는가?
어리석어 보이는 것을 진리로 믿는 사람들
하느님과의 만남
'나' 빼기 그리스도
죽음으로써 산다
나를 누구라고 생각하느냐
빛 속에 살기를 원한다면
순교로써 참생명을 얻은 선열들
성모님의 믿음을 본받아

누가 누구를 기다리는가?

지금은 대림절입니다. 기다림의 때입니다. 여러분은 누군가를, 무언가를 기다려 본 일이 있습니까? 학교 가서 늦도록 오지 않는 자녀를 기다린다든지, 반대로 부모님을 기다린다든지 또는 남편이나 아내를, 사랑하는 애인을 기다린다든지, 시험 합격 소식 등을 기다려 보신 일이 있으시지요? 그때의 마음은 어떠했습니까? 내가 기다리는 사람이, 또는 일이 내게 소중한 것일수록 초조하고, 간절한 마음이었겠지요.

나의 기다림, 어머니의 기다림

저는 어릴 때 한적한 어느 시골에서 어머니와 저, 단둘이서 살던 때가 있었습니다. 그때 장날이면 어머니가 장에 가셨는데, 해질 무렵까지 오시지 않으면 동네 어귀 저 앞까지 나가서 멀리 서산마루에 지는 석양을 바라보며 어머니를 기다렸습니다. 그때의 저의 기다림은 절실한 것이었습니다. 우선 당장 어머니가 오셔야 저녁밥을 먹을 수 있었고, 어둑어둑해지는 그런 쓸쓸한 시간에 고독에서 벗어날 수 있기 때문입니다.

어머니는 나중에 제가 이십 대 청년으로 왜정에 의해 학병으로 끌려갔을 때 더욱 간절하고 애타는 마음으로 제가 살아서 돌아오기를 열심히 기도하며 기다리셨습니다. 우리 어머니가 저를 위해 얼마나 간절히 기도하셨던지, 특히 대구 성당 성모상 앞에서 기도드리는 모습은 많은 이에게 감명을 주었던 것 같습니다. 그래서 제가 돌아왔을 때 만나는 사람마다 '네가 살아서 돌아온 것은 네 엄마의 기도 덕이다'라고 말하였습니다. 이렇게 우리는 늘 누군가를 또는 무엇인가를 기다리는 기다림 속에 살고 있습니다.

종말에 오시는 구세주

그럼 지금 우리는 무엇을, 누구를 기다립니까? 구세주 오심을 기다립니다. 구세주는 이미 오시지 않으셨습니까, 또 우리 가운데 계시지 않습니까, 그런데 무엇을 더 기다린단 말입니까? 이렇게 생각할 수 있습니다. 사실입니다. 옛날 이스라엘 백성이 예언된 메시아가 오실 것을 고대하였습니다. 그 메시아는 이천 년 전에 베들레헴에서 탄생하심으로써 우리에게 오셨습니다. 그러니 더 기다릴 필요가 없어 보이기도 합니다.

그러나 이 메시아는 세상 종말에 다시 오신다고 하셨습니다. 그 예언에 따르면 우리가 사는 세상에는 반드시 종말이 온다는 것입니다. 종말에 앞서서는 무서운 재난이, 전에도 없었고 후에도 없을 그런 무서운 재난이 닥친다는 말씀도 성서에 나옵니다(마태 24,21). 그리고 그 재난이 있은 후 사람의 아들, 곧 그리스도께서 "하늘에서 구름을 타고 권능을 떨치며 영광에 싸여 오는 것을 보게 될 것이다. 그리고 사람의 아들은 울려 퍼지는 나팔 소리와 함께 천사들을 보내어 그가 뽑은 사람들을 하늘 이 끝에서 저 끝까지 사방에서 불러 모을 것이다"(마태 24,30-31)라고 예수님께서 친히 말씀하셨습니다.

대림은 바로 이 주님의 다시 오심, 다시 오시는 주님을 기다리는 의미가 큽니다. 종말과 주님의 다시 오심에 대해서는 신약 성서 4복음과 또한 서간에서 다 말씀하십니다. 특히 묵시록은 이 종말과 주님의 오심, 주님의 오심으로 이룩되는 하느님 나라의 완성, 곧 "새 하늘과 새 땅"에 대하여 자세히 기록하고 있습니다.

이른바 종말론이란 표현은 여기서 나온 것입니다. 그러나 종말은 우리가 사는 이 현실 세상의 끝일망정 결코 인생과 세상 자체의 끝은 아닙니다. 오히려 큰 재난이 있고 우주 전체, 천체가 내려앉을 것 같은 재앙이 있은 후에, 또 선과 악을 가리는 심판이 있은 후에 아름답고 빛나는 새 하늘과 새 땅이, 곧 하느님 나라가 임하십니다.

묵시록은 이 점에 대하여 이렇게 말씀하십니다. "나는 또 거룩한 도성 새 예루살렘이 신랑을 맞을 신부가 단장한 것처럼 차리고 하느님께서 계시는 하늘로부터 내려오는 것을 보았습니다. 그때 나는 옥좌로부터 흘러나오는 큰 음성을 들었습니다. '이제 하느님의 집은 사람들이 사는 곳에 있다. 하느님은 사람들과 함께 계시고 사람들은 하느님의 백성이 될 것이다. 하느님께서는 친히 그들과 함께 계시고 그들의 하느님이 되셔서 그들의 눈에서 모든 눈물을 씻어 주실 것이다. 이제는 죽음이 없고 슬픔도 울부짖음도 고통도 없을 것이다. 이전 것들이 다 사라져 버렸기 때문이다'"(묵시 21,2-4).

이 말씀을 보면 종말은 반드시 오지만 그것은 이미 말한 대로 결코 무서운 재앙으로 인한 죽음과 파멸로 끝나는 것이 아니고—그 모든 것을 극복하여 마치 주님이 십자가에서 돌아가셨으나 그 죽음을 이기시고 부활하시어 영원한 생명의 원천이 되셨듯이—그렇게 종말과 재림도 이 주님으로 구원되고, 이 주님의 새로운 생명으로써 충만한 구원의 완성이 이룩됩니다. 그래서 다시는 "죽음이 없고 슬픔도 울부짖음도 고통도 없는", 이 모든 불행과 재앙으로부터 구원되고 해방된 참생명, 참행복, 빛과 은총으로 가득한 새 하늘과 새 땅이 시작됩니다. 빛나고 아름답고 평화롭고 은혜로운 새 인생, 새 세상이 시작됩니다.

여기 새 하늘과 새 땅에서는 "하느님은 언제나 우리와 함께 계십니다." 하느님은 지금도 함께 계시지만 지금은 뵈올 수 없습니다. 그때에는 하느님은 태양같이 우리를 사랑으로 비추시며 우리와 함께 계시고 "얼굴과 얼굴을 마주 볼 수" 있습니다.

대림은 바로 이런 새 하늘과 새 땅, 새 세상을 우리에게 가져오시는 주님, 예수 그리스도의 다시 오심을 기다리는 의미가 큽니다. 우리가 이 주님의 다시 오심의 의미를 깊이 깨닫는다면 우리 마음에는 주님의 오심을 학수고대하는 간절한 소망이 우러날 것입니다. 그리하여 묵시록 끝 부분에 나오는 말씀대로 "오소서, 주 예수여(Maranata)!" 하며 성령과 함께 기도드리게 될 것입니다.

현재에 오심

그러나 이와 동시에 대림에는 이미 오셨고, 우리 안에 사시는 주님이 보다 더 깊이 우리 마음과 삶 속에 오시도록 기다리는 의미가 있고, 이것이 우리에게는 대림의 더 구체적인 의미라 할 수 있겠습니다. 특히 성탄을 앞두고 주님의 오심을 마음으로부터 믿고 기다리는 의미가 또한 큽니다.

대림절의 의미

이미 말씀드린 대로 구세주는 이천 년 전에 사람이 되시어 베들레헴에 탄생하심으로 오셨습니다. 그뿐만 아니라 우리를 구하시기 위해 십자가에서 돌아가시기까지 하셨습니다. 그리고 죽음을 쳐 이기시고 부활 승천하셨습니다. 그러시면서 동시에 그분은 "내가 세상 끝까지 항상 너희와 함께 있겠다"(마태 28,20)라고 약속하신 대로 우리 안에 우리와 함께 계십니다. 무엇보다도 교회 안에 계시고 성체 성사를 비롯한 모든 성사 안에 계십니다. 하지만 우리는 동시에 그리스도께서 내 안에 나와 완전히 하나 되어 계신다고 고백할 수 있을 만큼 "내 안에 계신다"라고 말할 수는 없을 것입니다.

사도 바오로는 누구보다도 그리스도와 일치된 삶을 사신 분이십니다. 그래서 "내가 사는 것이 아니라 그리스도가 내 안에서 사시는 것입니다"(갈라 2,20) 또는 "나에게는 그리스도가 생의 전부입니다"(필립 1,21)라고까지 말씀하셨습니다. 그런 바오로가 좀 더 나아가 필립비서 3장에서는 "나에게는 내 주 그리스도 예수를 아는 지식이 무엇보다도 존귀합니다……. 그것은 내가 그리스도를 얻고 그리스도와 하나가 되려는 것입니다"(필립 3,8-9)라고 말씀하심으로써 그리스도와의 완전한 일치가 아직도 이루어지지 못하고 있음을 고백하고 있습니다. 그래서 몇 절 더 아래 가면 "나는 이 희망을 이미 이루었다는 것도 아니고 또 이미 완전한 사람이 되었다는 것도 아닙니다"(필립 3,12)라고 하셨습니다.

그리스도와의 완전한 일치는 그리스도와 함께 죽고 그리스도와 함께 부활함으로써 이룩됩니다. 우리에게 있어서는 죽고 난 다음 영원에서 비로소 이루어지는 것일 것입니다.

이렇게 "예수님은 나의 생명의 전부"라고 할 만큼 주님과 일치 속에 사신 사도 바오로도 그리스도와의 더욱 완전한 일치를 갈구하셨다면 우리는 말할 것도 없지요. 따라서 그리스도를 기다리는 대림의 의미는 우리 신앙생활에 있어서 언제나 필요한 것입니다.

이 시기는 이미 말씀드린 대로 성탄을 잘 준비하기 위한 시기입니다. 주님이 이번 성탄에 우리 각자의 마음과 삶 속에 임하시기를 바라면서 준비하는 구체적 의미가 있습니다. "마라나타(주여, 어서 오소서)!"(1고린 16,22) 이렇게 간절히 기도드려야 하겠습니다.

종말론에서 본 바대로 인간과 세상의 미래는 원대합니다. 그 때문에 인간은 실존적으로 오늘보다 나은 내일, 해방과 자유와 행복을 기다리며 살고 있습니다. 그리고 우리는 이것을 얻기까지 참된 의미로는 마음의 평화를 얻지 못합니다.

바로 이런 바람, 꿈, 내일에 대한 희망, 더 나아가 영원에 대한 깊은 갈망을 가지고 있기 때문에, 우리는 이 세상을 살아가면서 부딪히는 어려움도 이겨 내고 살며, 또한 계속 좀 더 나은 것을 추구하기 때문에 우리 개개인과 사회에도 성장, 발전이 있습니다.

성 아우구스티노는 이런 바람을 근본적으로 하느님을 향한 '향수', '그리움'이라고 보고 그 바람을 성취하지 못하기 때문에 생기는 막연하게 지니고 있는 불안, 이것을 하느님의 '부르심'이라고 하였습니다. 그분은 당신의 〈고백록〉 시작에서 이렇게 말씀하셨습니다. "하느님, 당신은 우리를, 당신을 향하여 지으셨습니다. 그러기에 당신께 가서 쉬기까지는 언제나 평안치 못합니다." 참으로 인간에게는 의식, 무의식중에서도 하느님에 대한 그리움이 마음속 깊이 있습니다.

사람은 진리, 선, 미, 사랑 자체이신 "하느님 없이"는 살 수 없는 존재입니다. 비록 의식하지 못할지라도 인간은 누구나 하느님을 향한 깊고 깊은 향수를 지니고 있기 때문입니다.

주님의 기다리심

그런데 우리만 기다리고 있습니까? 아닙니다. 성서를 보면 주님께서 오히려 더 간절한 마음으로 우리를 찾으시고 기다리십니다. 요한 복음 3장 16절에서 하느님은 세상을 극진히 사랑하시어 당신의 외아들까지 보내셨다고 하셨습니다. 이 "세상을 극진히 사랑하셔서!", 얼마나 이 세상, 곧 우리 인간 세상, 죄도 많고 허물도 많은 우리 인간 세상을 사랑하시면 당신의 외아들까지 보내셨을까요? 외아들이면 아버지, 어머니께는 자신보다도 더 소중한 존재입니다. 그런 외아들을 죄 많은 우리 인간을 구원하기 위해 내놓으셨습니다, 얼마나 사랑하시기에……. 우리는 깊이 생각해 보아야 하겠습니다.

외아들 그리스도는 사랑으로 우리를 위해 당신을 비우시고 낮추시어 우리와 같은 사람이 되어 오셨습니다. 하느님이신 분, 지극히 높으시고 거룩하신 분이 우리를 위해 하늘의 권능과 이에 따르는 영광, 그 모든 것을 버리시고 비우시고 낮추시어 사람이 되어 오셨습니다. 그리고 우리 모두의 죄를 대신 지시고 십자가에서 돌아가시기까지 하셨습니다.

십자가는 우리에 대한 그리스도의 사랑, 그리스도를 통하여 드러나는 하느님의 사랑을 잘 말해 줍니다. 시편 말씀대로 "도대체 사람이 무엇이기에 하느님은 이렇게까지 우리를 위하시는가? 얼마나 인간을 사랑하시기에……" 하고 묻지 않을 수 없습니다.

어떤 의미로 우리가 하느님에 대한 동경이나 그리움보다도 하느님이 우리 인간에 대한 그리움이 더 크다고 할 수 있습니다. 그 이유는 하느님은 사랑이시기 때문입니다. 우리는 이런 하느님의 사랑과 그리움을 아가서에서 잘 볼 수 있습니다. 하느님은 우리를 사랑으로 지으시고 사랑으로 구하십니다. 그래서 예수님은 세상에 계실 때 모든 인간을 형제와 친구로 대하시고 사랑하셨으며, 특히 병고에 신음하는 이들을 고쳐 주셨습니다. 그 치유는 단순한 기적이 아니었고 사랑과 연민, 동정심이었습니다.

마태오 복음 8장 17절에 "그분은 몸소 우리의 허약함을 맡아 주시고 우리의 병고를 짊어지셨다" 하셨고, 또한 "고생하며 무거운 짐을 지고 허덕이는 사람은 다 나에게로 오너라. 내가 편히 쉬게 하리라"(마태 11,28), "목마른 사람은 다 나에게 와서 마셔라. 나를 믿는 사람은 성서의 말씀대로 그 속에서 샘솟는 물이 강물처럼 흘러나올 것이다"(요한 7,37-38)라고 하셨습니다. 신학자 몰트만은 이렇게 말했습니다. "불타는 사랑으로 우리를 사랑하시는 그리스도, 박해당하시고 고독한 그리스도, 하느님의 침묵 속에 극도로 괴로워하시는 그리스도, 우리를 위해 돌아가시기까지 하시고 죽음에 임해서 완전히 버림받은 그리스도는 우리의 모든 것을 맡길 수 있는 우리의 형제이며 친구이십니다. 그분은 우리의 모든 것을 알고 계시며 우리들이 받은 모든 고통과 그 이상의 고통을 겪으신 분이십니다."

또한 그분의 마음이 얼마나 자비롭고 유하신지를 이사야는 일찍이 이렇게 예언했습니다. "갈대가 부러졌다 하여 잘라 버리지 아니하고, 심지가 깜박거린다 하여 등불을 꺼 버리지 아니하리라"(이사 42,3). 이렇듯이 병든이, 약한 이, 가난한 이에 대한 주님의 자비는 컸습니다. 그뿐만 아니라 묵시록 3장 20절에 보면 이런 말씀이 있습니다. "들어라, 내가 문 밖에 서서 문을 두드리고 있다. 누구든지 내 음성을 듣고 문을 열면 나는 그 집에 들어가서 그와 함께 먹고, 그도 나와 함께 먹게 될 것이다."

이런 말씀들을 보면 찾고 기다리는 이는 우리라기보다도 오히려 주님이십니다. 주님이 우리를 더 찾으시고 우리와 하나 되기를 간절히 바라십니다. 우리 마음의 문을 열고 당신을 맞아 주기를 간절히 기다리십니다. 우리를 위해 하늘에서 세상에까지 내려오신 주님, 당신을 비우시고 낮추시어 사람이 되기까지 하신 주님, 우리 죄를 대신 지시고 십자가에서 돌아가시기까지 하신 주님, 이 주님이 우리를 찾으시며 우리 마음의 문을 두드리십니다. 왜 그럴까요? 참으로 깊이 묵상해 보아야 하겠습니다.

이렇게 우리보다도 주님이 오히려 먼저 우리를 찾으시고 우리를 기다리십니다. 구세사 전부가 이것을 말합니다. 창세기에 보면 아담이 범죄하여 부끄러워 숨었을 때 하느님이 먼저 "아담아, 너 어디 있느냐?" 하시며 찾아 나서셨습니다. 또한 하느님은 인간 세상을 구하시기 위해서도 아브라함을 찾으시고 부르셨습니다. 이스라엘 백성이 이집트의 종살이에서 신음할 때 그들을 구출하기 위해 모세를 택하신 분도 하느님이시고, 이스라엘 백성을 파라오의 압제로부터 구해 내시기 위해 모세를 통해 온갖 기적을 행하신 이도 하느님이십니다. 나아가 홍해를 가르시어 그 백성이 맨땅을 걷듯이 바다를 건너게 하신 분도 하느님이십니다. 사막에서 헤맬 때도 낮에는 구름 기둥으로, 밤에는 불기둥으로 그들을 인도하시고 그들이 굶주릴 때 만나를 내리시며, 목마를 때 바위에서 샘물을 솟게 하신 분도 하느님이십니다. 이렇게 하느님은 당신 백성을 사랑하셨습니다. 그것은 신명기의 말씀대로 그 백성이 크거나 잘나서가 아닙니다. 그리고 이어서 거듭 예언자를 보내시어 회개하도록 촉구하신 분도 하느님이십니다. 인간의 거듭되는 불순종과 반역에도 불구하고, 마침내 하느님은 이미 본 바대로 당신의 외아들까지 보내셨습니다.

이렇게 하느님은 언제나 인간에 앞서 찾으시고 구하십니다. 우리는 대림절에 이 구원의 주님을 진심으로 찾을 줄 알고 그분이 우리를 찾아오심을 깨닫고 그분을 맞이할 수 있도록 해야 하겠습니다.

어떻게? 먼저 우리는 우리에 대한 하느님의 사랑, 그 절대적이요 조건 없는 사랑을 깊이 깨달아야 합니다. "여인이 자기 젖먹이를 어찌 잊으랴! …… 어미는 혹시 잊을지 몰라도 나는 결코 너를 잊지 아니하리라"(이사 49,15) 하셨습니다.

다음은 회개하여 우리 마음을 주님을 향해 여는 것입니다. 세례자 요한은 구세주의 앞길을 닦기 위해, 사람들이 구세주를 맞이할 수 있게 하기 위해 먼저 "회개하여라, 하늘나라가 다가왔다"(마태 3,2), "주의 길을 닦고 그의 길을 고르게 하여라"(마태 3,3)라고 외치셨습니다. 우리에게도 이 회개가 필요합니다. 주님 아닌 다른 것으로 가득 차 있는 마음속의 장애물들을 다 치우고 주님이 임하실 수 있도록 우리 마음을 비우고 열어야 하겠습니다. 또 마르코 복음 사가는 종말과 주님이 언제 올지 모르니 "조심해서 항상 깨어 있어라"(마르 13,33), "늘 깨어 있어라!"(마르 13,37)라고 하셨습니다. "깨어 있어라" 하는 것은 모든 분심 잡념을 버리고 오로지 주님께로 마음을 향해 있어야 한다는 뜻입니다. 구체적으로 한 예를 들면, 평소에 아무런 쓸모도 의미도 없는 TV 보는 시간을 줄이고, 나를 찾으시는 주님을 생각하고 주님께 기도드릴 줄 알아야 하겠습니다. 30분이라도, 무엇보다도 이기심과 자아로 가득 찬 마음을 바꾸어 남을 위하고, 남을 생각하고 사랑할 줄 아는 마음이 되어야 하겠습니다.

헨리 나웬의 〈상처 입은 치유자〉라는 책을 보면 이런 이야기가 있습니다.

우리의 구세주는 어떻게 오시는가? 이 물음에 대한 대답의 실마리를 우리에게 암시해 주는 옛날 전설이 탈무드 속에서 발견됩니다.
랍비 여호수아 벤 레비는 랍비 시메론의 동굴 입구에 서 있는 예언자 엘리야를 찾아와서 물었습니다.
"메시아는 언제 오십니까?"
엘리야는 대답했습니다.

"가서 그분에게 물어보시오."

"그분은 어디 계십니까?"

"성문에 앉아 계십니다."

"그런데 어떻게 제가 그분을 알아볼 수 있겠습니까?"

"그분은 상처투성이의 가난한 사람들 가운데 앉아 계십니다. 다른 사람들은 자신들의 상처에 감은 붕대를 한꺼번에 전부를 풀었다가 또다시 감고 있습니다. 그러나 그분은 '아마 내가 필요하게 되겠지, 그때에는 지체하지 않도록 항상 준비하고 있어야 하지' 하시면서 자신의 상처에 감은 붕대를 하나씩 풀었다가는 다시 감고 계십니다."

구세주는 가난하고 병든 사람들 가운데 앉아서 자기를 필요로 하는 때를 기다리며 자신의 상처에 붕대를, 다른 이들처럼 한꺼번에가 아니고, 하나씩만 감고 있는 분이라고 이 이야기는 우리에게 말해 줍니다. 대단히 뜻깊고 시사하는 바가 큰 이야기입니다. 즉 자신에게도 상처가 있고 고통이 있지만 그런 가운데서도 '남'을 생각할 줄 알고 남을 돕기 위해 언제나 달려갈 수 있는 마음과 사랑이 있는 곳에 메시아(구세주)가 있다는 의미의 이야기입니다. 오늘날 우리 사회도 대단히 어지럽습니다. 무엇이 우리를 이 혼란에서 구해 줄 수 있습니까? 역시 자기 이기심을 버리고 남을 위할 줄 아는 마음일 것입니다.

그렇습니다. 우리도 오시는 구세주를 참으로 뵈려면, 그리고 우리 마음에 모시려면 마음에 남을 위해 비워 둔 자리가 있어야 합니다. 우리는 모두 너나없이 실수도 많고 나약하며 죄짓고 사는 사람들입니다. 근심도 많고 걱정도 많습니다. 모두 상처 입은 사람이요 치유를 필요로 하는 사람들입니다. 그런 가운데서도 나의 치유, 나의 위로, 나의 고통, 나의 근심 걱정만 생각하지 않고 남의 사정을 더 생각할 줄 알고 그만큼 우리 마음을 남을 위해 비울 줄 알아야만, 그래야만 구세주 예수 그리스도께서 우리 마음에 임하실 수 있습니다. 내 마음이 나의 욕심으로 꽉 차 있는 한, 남을 생각하는 마음이 추호도 없는 한, 예수님은 내 마음에 임하실 수 없습니다.

"회개하여라. 하늘나라가 다가왔다"라고 외치신 세례자 요한의 충고에 다시금 귀 기울여야 하겠습니다. 동시에 진심으로 나를 찾으시고 마음의 문을 끊임없이 두드리고 계시는 주님, 그 주님을 내 마음에, 나의 삶 속에 모시고 싶은 간절한 소망이 있어야 하겠습니다. 그리하여 성령의 감도로 "마라나타(주여, 오소서)!" 하고 기도하며 마음의 문을 열 줄 알아야 하겠습니다.

● 대림 제1주일 특강, 2000. 12. 6. 서초동 성당

어리석어 보이는 것을
진리로 믿는 사람들

우리는 누구나 무엇인가를 믿고 삽니다. 종교를 믿는 사람, 혹은 돈을 믿는 사람, 힘을 믿는 사람, 혹은 남을 믿는 사람, 자신을 믿는 사람……. 이렇게 무엇인가를 믿고 삽니다.

만일 믿는 것이 아무것도 없다면 그때는 절망이겠지요. 물론 그러한 모든 믿음을 이른바 종교적인 의미의 신앙이냐고 하면 그렇지는 않습니다. 차원이 다릅니다. 그러나 믿는 심리에 있어서는 비슷한 점이 있습니다. 무엇인가에 의지하며 산다는 심리 말입니다.

그런데 그리스도교인은 무엇을 믿습니까?

세상에서 가장 어리석게 보이는 것을 믿고 사는 사람들입니다. 다시 말해서 인간의 지혜로 보면 어리석은 수작처럼 들리는 것을 믿는 사람들입니다. 다시 말하면, 그리스도교인은 그리스도라는 분을 믿는데, 이분이 십자가에서 돌아가시고 부활하셨다는 것을 믿고 사는 사람들입니다.

"그리스도께서는 세상을 구하시기 위해 십자가를 지고 가셨고, 거기에 못 박혀 돌아가셨다. 그러나 삼 일 만에 부활하셨다. 그런데 이분이 우리를 살리는 구세주시다. 우리의 생명의 주님이시다……." 이렇게 믿는 사람들이 그리스도교인입니다.

"어떻게 십자가로 세상을 구한단 말입니까? 어리석은 수작이야……." 세상 사람들은 이렇게 생각할 수 있습니다. 그리고 "죽은 사람이 다시 살아났다니 무슨 잠꼬대 같은 소리를 하는가" 하면서 우리의 어리석음을 비웃을 수 있습니다.

그리스도교인이란 이처럼 어리석어 보이는 것을 진리로 믿는 사람들입니다. 그것을 믿지 않으면 그리스도교인이 아닙니다. 세상 사람들이 이해하지 못하고 어리석은 소리라고 비웃는다 해서 적당히 얼버무리거나 세상 사람들이 알아듣기 쉽게 설명하려고 내용을 변조해서 말한다면 그는 이미 그리스도교인이 아닙니다. 또는 "나는 예수 그리스도를 훌륭한 분이라고 생각한다. 그분이 십자가에서 돌아가셨다는 것도 이해한다. 그러나 그가 그것으로 세상을 구하는 구세주가 되었다든가, 더구나 부활했다는 것은 믿지 않는다"라고 한다면 물론 그리스도교인이 아닙니다.

그리스도께서 구세주로서 십자가에서 돌아가셨다는 것과 부활하셨다는 것을 추호의 타협이나 양보 없이 그대로 믿는 사람, 그 사람이 그리스도교인입니다. 그럼, 문제는 십자가로 세상을 구한다는 것인데, 그것은 무슨 뜻입니까? 어떻게 십자가가 세상을 구한다는 말입니까? 여기에 대해 생각해 보고자 합니다.

"주님, 주님께서 영원한 생명을 주는 말씀을 가지셨는데 우리가 주님을 두고 누구를 찾아가겠습니까?"(요한 6,68)

사람은 먹고살아야 합니다. 육신이 굶주리면 그 이상 비참한 게 없을 만큼 괴롭습니다. 사람이 사람답게 살 수도 없습니다. 그만큼 먹는 일은 중요합니다. 그러나 우리는 그렇다고 '먹는 것'을 인간 삶의 최고 가치나 전부라고 보지 않습니다. 잘 먹고 잘 입어도 정이 없거나 의리가 없으면 우리는 그런 사람을 멸시하면서 짐승보다도 못하다고 말합니다.

그뿐만 아니라 역사적으로 위대한 성자들은 양식은 물론이요, 자신이 가진 모든 것, 육신 생명까지도 남을 위해서 바친 분들입니다. 그만큼 자신을 버리고 남을 위해서 자유와 정의·진리와 참된 사랑을 위해서 헌신한 분들입니다. 믿음을 위해 순교한 우리 순교 선열들이 바로 그런 분들입니다. 그런 분들이야말로 참으로 세상의 어둠을 밝히는 빛이요, 인류 세계를 비인간적 몰락에서 구한 분들입니다.

그분들 가운데 어느 누구도 우리에게 직접 먹고 마실 것을 충족시켜 준 적이 없습니다. 그럼에도 그분들은 우리의 마음에 양식을 주고 있습니다. 또한 시공을 초월해서 모든 사람의 마음을 밝혀 주고 있습니다. 이를 보면 인간은 단지 먹고 마심으로써 만족해 하는 존재가 아니라 그 이상의 것을 위해 있는 존재라는 것, 또한 현세만을 위한 존재가 아니라 영원을 위해 있는 존재라는 것을 알 수 있습니다. 인간은 영혼과 육신이 결합된 존재이기에 정신적 가치와 아울러 물질적 가치도 함께 가져야 한다는 것은 사실입니다.

그러나 인간은 궁극적으로 물질보다는 정신을, 육적인 것보다는 영적인 것, 현세적인 것보다는 영원한 것을 지향하는 존재입니다. 그러한 정신적 가치와 영적인 가치, 영원히 남는 가치 없이 인간은 참으로 인간다울 수도, 인간답게 살 수도 없습니다.

오늘까지 지난 몇 주일에 걸쳐 읽은 복음에서, 예수님께서 하신 말씀은 바로 이 같은 뜻에서 알아들어야 합니다. 당신을 하늘에서 내려온 생명의 빵이라고 하신 것, 이 빵을 먹으면 영원히 죽지 않는다고 하신 것, 그리고 그 빵을 당신 자신이라고 분명히 말씀하신 것…….

이런 말씀들은 당신이야말로 모든 인간이 궁극적으로 찾는 영적 생명이요 영원한 생명의 원천이심을, 당신 없는 세상, 곧 우리 모두는 참생명을 가질 수 없음을 밝히신 것입니다. 이는 참으로 하나의 큰 도전이며, 동시에 심오한 믿음의 문제입니다. 또한 하느님께서 우리에게 주신 가장 깊은 신비입니다.

당시 갈릴래아 지방의 많은 유다인들이 예수님의 말씀을 알아듣지 못했던 것은 어찌보면 당연한 일입니다. 그들 모두는 예수님을 인간으로만 보았습니다. 또 그들 중 상당수가 인간 예수님의 출신 성분을 알고 있었습니다. 나자렛 사람이요, 직업은 목수이며, 아버지 이름은 요셉이고, 어머니는 마리아, 형제, 친척들은 누구누구이며……. 이렇게 다 알고 있었습니다.

 그런 예수님이 병자를 고치고 빵을 많게 하는 등의 기적을 행하는 것도 신기할 따름이었고 그 말에 권위가 있는 것도 이해하기 어려운 것이었습니다. 다만 한 예언자라고까지는 생각할 수 있었습니다. 그러나 자신이 마치 생명을 주는 존재, 하느님과 같이 불멸의 존재인 것처럼 말하는 것은 이해할 수도 없을뿐더러 용서할 수도 없는 일이었습니다.

 더욱이 예수님이 자기를 먹고 마실 음식처럼 말할 뿐 아니라 거듭거듭 그것을 강조할 때, 그들은 예수님이 지금 무슨 말을 하고 있는지 알 수가 없구나 하고 생각했을 것입니다.

 그러나 예수님은 양보하시지 않고 당신 주장을 되풀이하셨습니다. 사람들이 믿지 못하는 것에 관계없이, 그들이 시비를 걸고 등을 돌리는 것에 관계없이 예수님께서는 당신이야말로 생명의 빵, 하늘에서 내려온 영원한 생명을 주는 빵이라고 강조하셨습니다.

 오늘 복음에서 보듯이 열두 사도까지도 당신 말을 알아듣지 못하고, 당신을 믿지 못하여 떠나간다 해도 예수님께서는 당신 말씀을 굽히지 않으셨을 것입니다. 그러나 "주님, 주님께서 영원한 생명을 주는 말씀을 가지셨는데 우리가 주님을 두고 누구를 찾아가겠습니까?"(요한 6,68)라는 베드로의 고백에서 볼 수 있듯이, 열두 사도는 그분의 말씀을 믿었습니다. 그런데 그 믿음은 예수님이 밝히신 것과 같이 사람의 지혜로써 이루어진 것이 아니라 하늘에 계신 아버지께서 주신 것입니다.

우리는 예수님을 어떻게 보고 믿고 있습니까? 우리는 예수님이야말로 생명을 주는 말씀을 지니신 분이며 우리를 영원히 살리는 생명의 주님이시라고 믿고 있습니까? 우리가 갖고 싶은 세상의 어떤 것과도 바꿀 수 없는 최고의 가치로서, 또 그분 없이는 '나는 인간으로서도 살 수 없다'는 그런 분으로 믿고 고백할 수 있습니까?

우리 역시 유다인들처럼 예수님께서 얻고 싶은 것이 물질적인 것, 현세적인 것이 아닌지, 그리고 그것을 얻지 못할 때는 등을 돌리게 되는 일은 없을지 생각해 볼 필요가 있습니다. 우리는 예수님을 어떤 기적 때문에, 병을 고쳐 주시기 때문에, 나의 마음을 진정시켜 주시기 때문에 믿는 것이 아니라 '생명'이시기 때문에 믿어야 하는 것입니다.

● 1974

하느님과의 만남

모든 그리스도교 신자는 그리스도와의 일치 속에 사는 것이 원칙입니다. 그뿐만 아니라 우리가 성서를 볼 때에 그리스도와의 일치는 모든 인간의 길입니다. 인간이 참으로 인간다워지기 위해서는 그리스도 안에 다시 나고, 그분 안에 살고, 그분을 닮은 사람이 되어야 합니다.

하물며 그리스도의 사제를 지망하는 여러분은 더 말할 나위도 없습니다.
사도 바오로는 필립비서 3장 8절에서 "나에게는 그리스도의 예수를 아는 지식이 무엇보다도 존귀합니다. 나는 그리스도를 위해서 모든 것을 잃었고, 그것들을 모두 쓰레기로 여기고 있습니다"라고 말씀하셨습니다. 이 말씀은 모든 그리스도교 신자들에게 해당되는 말입니다. 그렇다면 우리는 더욱 이 말씀을 삶의 좌우명으로 삼아야 하겠습니다. 나는 내가 만난 사람 중에서 그리스도와 일치된 삶을 사는 분이라고 볼 수 있는 몇 분을 먼저 예로 들고 싶습니다.

1978년 8월 중순에 명동 성모 병원에서 삼십 대의 김 데레사라는 젊은 수녀님이 위암으로 죽었습니다. 이분은 독일에 있는 재속 수도회 소속으로, 독일에서 의학 공부를 하여 의사가 된 사람입니다. 나는 이분을 간접적으로 잘 알기 때문에 여러 번 병문안을 갔습니다. 그런데 이상한 체험을 했습니다. 매번 병원에 들렀다 잠시 이야기를 나누고 그 방에서 나오면, 내 마음에 평화를 느꼈습니다. 거의 매번 같은 체험을 하게 되어, 나 혼자 생각에, 하느님과 일치된 사람이 풍기는 향기라고 생각했습니다. 나중에 보니까 이런 체험을 한 사람은 나만이 아니라 그의 어머니, 형제들, 병문안으로 오간 사람들, 의사, 간호사들 중에서 여러 사람이 있었습니다. 그때 이분을 독일에서부터 데리고 온 독일인 동료 여의사가 있었는데, 그녀도 역시 같은 경험을 했다고 합니다. 그 동료 여의사와 이야기를 나눌 기회가 있었는데, 내게 "이것은 동양인의 미덕에서 옵니까?"라고 묻기에, 나는 "아닙니다. 그 사람 개인의 것입니다"라고 말했습니다. 아무튼 나는 하도 특별한 경험을 해서, 이것이야말로 성서 어디선가 말하고 있는 그리스도의 향기가 아닌가 생각했습니다.

또 마더 데레사 수녀님이 지난번에 다녀가셨을 때 그분과 함께 지낸 시간이 이래저래 꽤 있었는데, 김 데레사에게 받은 것만큼 깊은 것은 아니었지만 그때도 그분 곁에서 평온함을 느낄 수 있었다고 말할 수 있습니다.

그리고 앤드류 수사—마더 데레사 수녀님과 같이 사랑의 선교회 남자 수도회를 창립하고, 그 수도회 총장이기도 한데 가끔 서울에 옵니다—역시 그런 평온함과 친근감을 줍니다. 그는 아주 외모까지도 예수님을 닮았습니다. 이들이 이렇게 다른 사람들을 깊이 감동시키는 것은 결국은 그 분주한 가운데서도 항상 기도와 사랑의 실천으로 그리스도와의 일치를 위해 살고 있기 때문이라고 믿습니다.

지금까지는 수도자들만 예를 든 셈인데, 평신도들 중에도 있습니다.

지금 떠오르는 사람은 명동 대성당 뒤, 보일러실에 살고 있는 베드로 씨입니다. 여러분 중에서도 이분을 보셨거나 또 아는 분들이 있겠지요. 나이는 약 오십 세 정도 되는데, 어릴 때 뇌성 마비로 이목구비가 바로 서 있지 않아서 얼굴 전체가 일그러져 있고 팔다리도 비틀어져서, 곰배팔이에 절뚝발이입니다. 그런데 그 베드로에겐 늘 기쁨, 평화, 사랑 같은 성령의 열매가 있는 것같이 보입니다. 얼굴에 광채가 있어요. 저는 이 빛은 그의 내적 생활, 깊은 기도 생활에서, 즉 그리스도와의 일치에서 온다고 믿습니다.

아마도 서울 대교구 안에서, 가르멜 수녀님들을 제외하고 저를 포함한 성직자, 수도자, 평신도들 중에서 시간적으로도 베드로만큼 기도 생활을 많이 하는 사람은 없을 거라고 생각합니다.

또 한 사람 예를 든다면 역시 뇌성 마비 환자로, '사랑의 고리' 회원인 서정슬 안젤라 씨를 들 수 있습니다. 이분은 작년에 〈어느 불행한 탄생의 노래〉라는 시집을 펴냈지요. 안젤라 씨도 뇌성 마비 때문에 역시 얼굴 모습이 형편없습니다. 그런데 늘 '웃는 예수'라는 그림의 예수님처럼 웃고 있어요. 이것은 보기 나름일 것입니다. 그런데 안젤라 씨는 자신이 펴낸 시집 후기에서 이렇게 말하고 있습니다.

"한 조각 구름이 되어
푸른 하늘을 흘러가 봤으면.
한 마리 비둘기 되어
숲 속을 날아 봤으면.
한 마리 사슴이 되어
들판을 뛰어 봤으면……."

안젤라 씨는 애절한 소망의 시를 쓰고는, "간절한 소망과 선망은 나를 슬프게 했습니다. 삼십 성상의 세월은 원망스럽고 지루했습니다만 하느님께서는 내가 알게 모르게 지켜주셨고 이끌어 주셨습니다"라면서 그런 하느님의 돌보심을 더욱 소상하게 이렇게 쓰고 있습니다.

"남들이 보기에는 너무나 불안해 보이고 약해 보이는 나일지도 모르나 나를 가냘픔 속에서도 꿋꿋하게, 눈물을 흘리면서도 작은 웃음을 짓게, 말없이 흥얼거릴 수 있게까지 지켜 주신 하느님께서는 그 언제부터인가 나에게 답을 확실히 알게 하셨습니다. 그리고 기도라는 것을 가르쳐 주셨습니다. 어렴풋이 신의 보호를 느끼면서도 하느님이 어디 계시느냐고 부르짖던, 슬픔의 억지를 쓰던 내가 이제는 감사의 기도를 할 줄 알게 되다니! 이 다행스러움을 어디다 비기겠습니까? 역시 어느 누구에게나 삶이란 깊은 의미가 있는 것이 아닌가 생각합니다. 하느님께서 사랑으로 어둠 속의 내게로 다가오셨을 때부터 나는 '야훼는 나의 목자'(시편 23)라는 노래를 즐겨 불렀습니다." 그러고는 "야훼는 나의 목자, 아쉬울 것 없어라"를 써 내려 갔습니다.

안젤라 씨의 하느님, 안젤라 씨가 만난 하느님은 분명히 철학적 신이나 신학적 신과 같이 추상적 존재가 아닙니다. 그 하느님은 분명히 살아 계신 분이시고, 안젤라 씨와 깊이 사랑의 친교를 맺고 계시며, 그분을 사랑으로 밝혀 주시고, 위로해 주시고, 힘을 주시는 분이시며, 안젤라로 하여금 자신의 인생을 가장 값지게 살게 하는 하느님이십니다. 그렇기 때문에 비록 그녀는 뇌성 마비의 신체 장애인이면서도 "역시 삶이란 어느 누구에게나 깊은 의미가 있는 것이 아닌가 생각합니다"라고 말하고 있습니다. 이것은 참으로 의미심장합니다.

또한 그녀는 더 나아가서, 정상인들이 자신과 같은 신체 장애인들을 아무것도 할 수 없는 쓸모없는 존재로 판단해 버리는 것, 신체 장애인 자신들마저 자포자기해 버리는 것을 개탄하면서 "때때로 이런 사람들을 주위에서 보아 오면서 나는 소리 없는 울분을 느꼈습니다. 그것은 하느님께서 주신 생을, 삶을 옆으로 제쳐 버리는 것이 아니겠습니까? 왜 그런 슬픔을 자기 스스로 만들어야 합니까?" 하고 말합니다. 안젤라 씨는 물론, 자신도 한때는 그러했다고 합니다.

안젤라 씨는 사실 신체 장애인이요, 보기에 따라서는 쓸모없는 존재, '불구자'인데, 이런 사람이 자신의 불우한 생을 오히려 하느님이 주신 귀한 선물로 값지게 받아들이고 있다는 것, 그 자체가 굉장한 의미를 지닌 것입니다. 요즘 우리는 거의 매일 신문에서 청소년들이 젊고 건강한 데도 사소한 일로 절망하여 자살한 사건을 접하게 됩니다.

그들과 안젤라 씨가 생을 대하는 태도에는 얼마나 큰 차이가 있습니까? 삼중고의 헬렌 켈러가 많은 이의 삶을 밝히는 빛이 되었듯이, 안젤라 같은 사람도 분명히 많은 이, 지체 부자유자들뿐 아니라 건강한 우리까지도 포함하여 많은 이를 밝혀 주는 빛의 구실을 하고 있다고 믿습니다.

지금까지 예로 든 것은 좀 특별한 사례일지 모르겠습니다. 그러나 믿음 속에 자신들의 삶을, 그것이 매우 불행하고 고통스러운 것일지라도 있는 그대로 받아들이고 살고 있는 사람들의, 즉 하느님과의 일치 또는 그리스도와의 일치 속에 사는 사람들의 아름다운 모습을 전해 주고 싶어서였습니다. 이런 사례에서도 보듯이 그리스도와의 일치는 우리의 삶을 분명히 기쁨과 평화에 차게 하고, 보다 깊은 의미의 생명과 빛으로 가득 차게 해 줍니다.

그럼 왜 인간에겐 이 같은 일치가 필요하게 되었는지를 생각해 보고 싶습니다. 인간에게 가장 필요한 것은 무엇입니까? 역시 인정과 사랑입니다. 누군가에게 인정을 받고 사랑을 받는 것이 인간에게는 가장 필요한 것입니다. 만일 인간이 어느 누구에게서도 인정과 사랑을 받지 못한다면, 인간은 그 고통을 도저히 이겨 낼 수 없을 것입니다. 그런 환경이 지속되면 인간의 인격 형성은 비틀어지고, 더 심하면 미치든지 아니면 절망하여 자살까지도 불사하게 될 것입니다.

그런데 우리는 과연 이 인정과 사랑을 항상 기대할 수 있습니까? 보통 인간의 사랑이란 얄팍합니다. 인간은 흔히 자기 마음에 드는 사람을 사랑합니다. 인물이 좋다든지, 성품이 좋다든지, 혹은 자기에게 잘해 준다든지 하는 사람을 말입니다. 그런데 인간은 누구나 늘 인물이 고울 수도 없고, 늘 착할 수도 없습니다. 건강한 이도 병들 수 있으며, 젊은 사람도 언젠가는 늙습니다.

우리말에 '긴 병에 효자 없다'는 말이 있습니다. 아무리 효자라도 삼 년씩이나 아버지 또는 어머니가 긴 병을 앓게 되면 효성을 다할 수 없다는 말입니다. 이 말은 결국 병상의 부모를 소홀히 하기 쉽고, 속으로 빨리 돌아가셨으면…… 하는 마음까지도 품을 수 있다는 것을 뜻합니다. 이것은 이해할 만합니다. 누구나 그럴 수 있을 것입니다.

그러나 병자 본인의 처지에서 볼 때에는 슬픈 일이 아닐 수 없습니다. 사람에게 가장 사람이 필요할 때에는 바로 이런 때입니다. 보잘것없는 존재, 쓸모없는 존재가 되었을 때에 무엇보다도 사랑이 필요합니다. 그런데 인간의 사랑은 바로 그런 때에 물러서고 맙니다.

예수님이 "내가 굶주릴 때에 먹을 것을 주었고, 내가 목마를 때에 마실 것을 주었으며, 내가 병들었을 때에 찾아 주었다"라고 말씀하시면서 "가장 보잘것없는 형제 하나에게 해 준 것이 곧 나에게 해 준 것이다"(마태 25,31-46)라고 하신 말씀은 참으로 바로 이런 때를 두고 하신 말씀 같다는 생각이 듭니다. 우리가 예수님을 만나지 못하는 큰 이유 중의 하나는 바로 그 버림받은 자, 곧 예수님을 그 시간에 버리고 지나치고 말았기 때문이 아닌가 생각합니다.

이 이야기를 하는 것은 내 자신이 언젠가는 바로 그런 상황에 놓일 수 있다는 것을 알자는 것입니다. 그런 때 사랑의 돌봄이 가장 필요한데, 인간에게서는 사랑을 기대할 수 없는 상태, 이런 상태에서도 나를 버리지 않는 사랑이 반드시 있어야 한다고 믿습니다.

이런 경우의 사랑은 이미 인간의 사랑이 아닙니다. 그것은 그리스도의 사랑이요, 하느님의 사랑입니다. 이렇게 볼 때에, 모든 인간에게 이 사랑은 필요하다는 것을 깨닫게 됩니다. 이 말은 곧 모든 인간에게 그리스도가 필요하다, 하느님이 필요하다는 말입니다.

이를 또 다른 측면에서 보고 싶습니다.

한 일 년쯤 전에 결혼한 지 40주년을 맞는 노부부와 저녁 식사를 같이 하고 이런저런 이야기, 인생에 대한 이야기를 나눈 적이 있습니다. 그때 부인이 자기 남편을 가리키면서 나를 보고는 "참 이상하지요, 40년을 함께 살았지만 저 양반이 나를 다 알까 하는 생각이 들고, 또 나도 저 양반을 다 아나 하는 의문이 듭니다"라고 말했습니다. 그때 남편은, "왜 몰라, 알지"라고 했지만, 그것은 꼭 안다는 뜻은 아닌 것처럼 들렸습니다. 어떻든 이 부인의 말은 의미심장한 것입니다. 이들 내외는 금실이 좋았습니다. 그런데도 서로 알 수 없는 무엇이 있다는 것을 사십 년을 함께 산 후에도 깨닫게 된 것입니다.

이 부부의 예를 들지 않아도 인간은 누구나 고독합니다. 이를 실존적 고독이라고 부르고 싶습니다. 이 고독은 결코 부정적인 의미의 고독이 아닐 것입니다. 이 고독이 어디서 오는지 생각해 봅니다. 그것은 인간이 하느님의 모습으로 창조된 데서 온다고 믿습니다. 인간은 유한한 존재이지만, 그에게는 무한하고 영원하신 하느님의 모습이 깊이 찍혀 있습니다. 그래서 모든 인간은 마음속 깊은 곳에 영원에 대한 향수를 지니고 있습니다. 이것은 세상 어떤 것으로도 채울 수 없습니다. 하느님만이 채울 수 있습니다.

모든 인간에게는 자신의 반쪽을 찾는 갈망이 있습니다. 자신의 짝을 찾는 것이지요. 흔히 사람들은 어쩐지 끌리고 사랑을 짙게 느끼는 상대를 만나면 그가 바로 천생연분이라고 생각합니다. 불타는 사랑을 하는 연인들 대부분이 그렇게 생각할 것입니다. 그리고 행복하게 결혼할 것입니다. 그런데 결혼한 다음에 몇 해를 함께 살고 나면 자신 안에 여전히 짝을 찾고 있는 심리가 그대로 남아 있는 것을 봅니다. 그렇다고 그 때문에 이혼하는 것은 아니지만, 역시 사랑하는 자기 아내나 남편이 있는데도 또다른 반쪽이 있을 것 같은 느낌을 갖기도 합니다.

신학생들, 수녀들, 신부들은 하느님 나라를 위해서 독신 생활을 택하였는데도 사랑의 노래를 좋아합니다. 그 원인이 무엇인가 생각해 봅니다. 그것은 결국 아우구스티노 성인이 말씀하신 대로 우리 인간이란 본시 하느님의 모습을 따라 창조되었고, 또 하느님을 향해서 만들어졌기에 그 영원한 님을 향한 향수 때문이 아닌가 생각합니다. 참으로 우리는 이 향수를 세상 무엇으로도 달랠 길이 없습니다. 하느님만이, 그분의 현존, 그분의 신비만이, 이를 채워줄 수 있습니다.

프랑스의 유명한 가톨릭 문인이요, 사상가인 레옹 블루아(Léon Bloy)는 이렇게 말한 적이 있습니다. "인간은 빵 없이 살 수 있다. 술도, 집도, 사랑도 행복도 없이 살 수 있다. 그러나 신비 없이는 살 수 없다. 인간의 본성이 이를 갈망하고 있기 때문이다." 결국 인간은 하느님 없이 하느님의 계시 자체인 그리스도 없이는 보다 깊은 의미로, 진실로 인간답게 살 수 없습니다. 저는 여러분이 이 점을 깊이 깨달아 주셨으면 합니다.

레옹 블루아는 평생을 두고 이 하느님을 찾은 사람입니다. 그래서 자신을 '절대자를 찾아 거리를 헤매는 거지'라고 표현했습니다.

그런데 우리가 성서를 보면 간절히 찾는 쪽은 인간이라기보다는 오히려 하느님이십니다. 성서는 인간을 찾고 인간을 사랑하여 이 인간과의 결합을 위해서 모든 것을 버리시고 나선 하느님의 모습을 우리에게 잘 전해주고 있습니다. 그 절정은 인간을 위해 당신을 비우시고 사람이 되어 오셨을 뿐 아니라 십자가에서 돌아가시기까지 하신 예수 그리스도에게 잘 나타납니다. 그렇게도 하느님은 인간을 사랑하십니다. 하느님의 최대 관심사, 그것은 인간입니다. 인간은 하느님의 꿈입니다. 이 꿈의 실현이 인간의 구원입니다. 하느님은 우리들 하나하나에게 이 꿈을 지니고 계십니다.

이 사랑의 하느님과의 만남은 진정 기쁨 자체입니다.

세상의 애인들이 서로 첫사랑을 깊이 체험했을 때, 또는 서로 그리워하면서 오래 떨어져 있다가 다시 만났을 때 그 기쁨은 말할 수 없을 것입니다. 그런데 사랑 자체이신 하느님과의 만남은 물론 그 이상일 것입니다. 자신이 이 하느님으로부터 얼마나 큰 사랑을 받고 있는지 깨달았을 때 그 기쁨을 말로써 표현할 수는 없을 것 같습니다. 그때는 진정 감사, 기쁨, 평화, 감동, 눈물……, 모든 것이 한꺼번에 쏟아질 것입니다. 그리고 온 세상이 아름답고, 우주 만물 속에서 주님을 만나고 찬미하게 될 것입니다.

안젤라 씨는 '하느님은 어디'라는 시에서 이렇게 쓰고 있습니다.

졸졸 흐르는 시냇가에 앉아 살펴보셔요.
물속에 하느님 얼굴이 비치지 않습니까?
고기들이 놀고 있는 맑은 물 사이 눈 비비며
가만히 살펴보셔요.
창밖 구석구석 살펴보셔요.
그분의 인자하신 미소가 보이지 않습니까?

작년 언젠가 한국 천주교 여자 수도회 장상 연합 회의가 있어서 수원 '말씀의 집'에 가는데, 한 수녀가 내 차에 동승하게 되었습니다. 차가 말씀의 집 입구에 들어서니까 그 수녀가 희색만면한 표정으로 "여기 오면 집에 오는 것 같아요" 하며 기뻐했습니다. 이유를 물으니까, 수개월 전 거기서 한 달 피정을 했는데, 그때 사랑하는 아버지를 만났기 때문이라고 했습니다.

이런 체험을 누구나 쉽게 하는 것 같지는 않습니다. 나도 거기서 한 달 피정을 했지만, 그 수녀만큼 깊은 만남의 기쁨은 맛보지 못했습니다. 그러나 언젠가 더 깊게 만나기를 갈망합니다. 여러분도 하느님과의 만남, 그리스도와의 일치를 갈망하시기 바랍니다.

● 신앙 강좌, 1981. 5. 6. 진주 중앙 성당

'나' 빼기 그리스도

어제 달라스(Dallas)에 이어서 오늘 포트워스(Fort Worth) 신자 여러분의 환영에 감사드립니다. 이번 여행 중에 생각한 것인데, 여러분이 저를 따뜻이 맞아 주시는 근본 이유는 무엇이겠습니까? 제가 단순히 인간 아무개라면 저를 그렇게 환영할 충분한 이유가 없을 것입니다. 하지만 저는 제가 그리스도의 사제요, 종이라는 의미로 여러분에게 목자도 되고 형제도 되기 때문에 환영받는 거라고 생각합니다.

저는 사실 그리스도를 떠나서, 그리스도 없이는 아무것도 아닙니다. 김수환 추기경 빼기 그리스도 하면 남는 것은 늙고 약한 한 인간뿐입니다. 마찬가지로 우리 신부님들, 수녀님들도 그럴 것입니다. 그런데 여러분은 어떻습니까? 각자 자기 자신에서 그리스도를 제하면 무엇이 남는지 생각해 보십시오.

여러분들은 그리스도를 제하여도 무언가 남아 있는 것이 있는 것처럼 느낄지도 모르겠습니다. 아내가 있고 남편이 있고 또 자식들도 있고, 혹은 집도 있고 돈도 있고……, 그리스도를 제해도 무언가 많이 남아 있는 것처럼 느낄지 모르겠습니다.

또한 여러분은 자기는 그리스도와 일치되어 있지 않기 때문에, 또는 그리스도는 거룩하신 분이고 자기는 죄인이기 때문에, 그리스도와 관계가 없기 때문에 그리스도를 빼고 말고는 자기에게 상관없다고 생각할지도 모르겠습니다. 그러나 그리스도께서는 그렇게 생각하지 않으십니다. 그리스도는 모든 인간을 위해서 오셨고, 모든 인간, 우리들 하나하나, 누구도 빠짐 없이 모두의 죄를 대신 지신 분이십니다. 그분은 당신의 수난과 죽음을 통하여 모든 인간, 특히 가난한 이, 약한 이, 보잘것없는 이와 하나가 되셨습니다.

그러나 여러분, 다시 한번 깊이 생각해 보십시오. 그렇게 남은 집이나 돈으로 여러분의 마음이 행복합니까? 여러분은 만족과 평화를 누릴 수 있습니까? 아마 그렇지는 않을 것입니다. 여러분도 우리와 마찬가지로 그리스도 없이는 세상 모든 것을 다 얻는다 해도, 평화도 행복도 없고 오히려 더욱 공허하고 허전한 것만을 느낄 것입니다. 신자만이 아니고 그리스도를 모르는 사람이라도 자기가 가진 현세적 부귀영화로만 만족하는 사람은 거의 없습니다. 왜 그렇습니까?

하느님은 인간을 당신 모습을 따라 지으셨습니다. 인간에게는 하느님의 모습이 깊이 새겨져 있습니다. 그 때문에 하느님 없이는 어디서도 마음의 평화를 누릴 수 없습니다. 참행복을 누릴 수 없습니다. 오늘 복음에서 예수님은 마침 "나는 하늘에서 내려온 생명의 빵이다"라고 하셨습니다. 참으로 뜻깊은 말씀입니다. 예수님은 하느님의 외아들이십니다. 요한 복음 3장 16절에 따르면, 하느님께서 세상을 극진히 사랑하시어 그분을 믿는 이는 누구든지 구원을 얻도록 세상을 구하기 위해 보내신 분이십니다. 그분은 십자가가 잘 말하고 있듯이 우리 모두의 죄를 대신 지시고 당신 자신을 속죄의 제물로 바치신 분이십니다. 더 나아가서 그 주님이 우리 영혼의 양식으로 당신을 주십니다. 우리 영혼의 모든 굶주림, 진리에 대한 영혼의 갈구, 사랑에 대한 영혼의 목마름, 참생명에 대한 영혼의 굶주림, 그 모든 것을 채워 주시고 우리가 당신과 영원히 함께 살 수 있도록 당신을 빵으로, 먹을 양식으로 주십니다.

우리를 위해 돌아가시기까지 사랑하시는 예수님, 우리를 위해 밥이 되기까지 하신 예수님, 우리는 참으로 우리에 대한 예수님의 이 사랑을 이해할 수 있습니까? 이해하기 힘듭니다. 사도 바오로는 인간의 모든 지식을 초월한 그리스도의 사랑이라고 하였습니다. 믿음이란 다른 것이 아닙니다. 주님의 사랑, 그리스도를 통하여 드러나는 하느님의 이 사랑을 믿는 것입니다. 신앙생활은 주님이 우리를 사랑하신 그 사랑으로 우리도 서로 용서하고 사랑하는 것입니다. 서로 위하고, 서로 돕고, 서로 받아 주고, 서로 나눔으로써 참으로 그리스도와 같이 사는 것입니다.

● 연중 제19주일 미사, 1994. 8. 7. 미국 포트워스

죽음으로써 산다

러시아를 다녀왔습니다. 레닌그라드에서인가, 모스크바에서인가 한 학생이 저에게 사인을 해 달라고 하였습니다. 그 학생은 피아노를 전공하는 학생이었습니다. 저는 그에게 "훌륭한 피아니스트가 되기 위해서는 죽어야 한단다"라고 써 주었습니다. 그 학생은 그 말에 충격을 받은 것 같았습니다.

그런데 제가 그 말을 쓴 것은 유명한 피아니스트인 한동일 씨가 언젠가 TV에서 그와 같은 말을 했기 때문입니다. 그분의 말이 '음악을 참으로 알기 위해서는 자기라는 것이 몇 번이나 죽어야' 했다는 것입니다. 어떤 때는 음악과 자기 사이에 놓인 두꺼운 벽을 깨지 못해 죽고 싶은 마음도 들었다고 했습니다. 이렇게 음악을 아는 데도 자신의 죽음이 필요합니다. 음악뿐 아니라 스포츠에서도 훌륭한 선수가 되기 위해서는 지옥 훈련을 받아야 합니다. 마라톤 선수 황영조 씨도 그런 극기 훈련을 거듭했노라고 했습니다.

저는 그 말을 듣고서 '나는 예수님을 전하는 사제로서 진정 그분을 알고 있는가? 예수님을 알기 위해서 나는 죽어야 하는데 그런 죽을 각오를 가져 본 일이 있는가?'를 생각하였습니다. 주님도 "나를 따르려는 사람은 누구든지 자기를 버리고 제 십자가를 지고 따라야 한다"(마르 8,34)라고 하셨습니다.

우리 모두에게 가장 큰 바람은 무엇입니까? 아무도 내 생이 죽음으로 끝나 버리기를 바라지 않을 것입니다. 우리는 누구나 인생의 종착점에서 하느님이 주시는 월계관을 쓰기를 원할 것입니다. 그것은 영생입니다. 천국에서 영원히 하느님과 함께 사는 것입니다. 그런데 그것을 위해서는 죽어야 합니다. 그리스도와 함께 죽어야 그리스도와 함께 영원히 살 수 있습니다.

오늘 복음(루가 12,49-53)에서 예수님은 당신이 세상에 오신 것은 불을 지르기 위해서였다고 하시면서 당신이 받을 세례가 있다고 하셨습니다. 불을 지르는 것은 성령의 불로써 이 세상의 모든 사람의 죄와 모든 피조물의 때를 하느님이 창조하신 본래의 모습대로 깨끗하게 씻고 다시 빛나는 존재로 태어나게 하는 것입니다. 예수님은 또한 당신은 이를 위해 세례를 받아야 한다고 하시면서 그것을 겪어 낼 때까지는 당신 마음이 얼마나 괴로울지 모른다고 하셨습니다. 그 세례란 바로 십자가의 피 흘림과 죽음이기 때문입니다. 이렇게 주님은 우리를 영원한 생명으로 새롭게 태어나게 하시기 위해서 당신 스스로 죽음의 산고를 겪으셨습니다.

● 지속적인 성체 조배 봉사자 학교 파견 미사, 1995. 10. 26. 가톨릭 회관

나를 누구라고 생각하느냐

오래전 어떤 잡지에서 읽은 이야기인데, 그것은 지옥에 관한 것이었습니다. 어떤 사람이 깊은 명상 속에서 지옥에 가 보게 되었습니다. 그랬더니 거기 있는 사람들이 모두가 어둡고 캄캄한 벽을 향해 앉아 고민에 빠져 있더랍니다.

그래서 물어보았답니다. 무엇을 그렇게 고민하고 있느냐고. 그랬더니 한 사람이 대답하기를 "우리는 모두 한 사람의 이름을 알지 못해서 이렇게 고민에 빠져 있습니다. 그 이름만 알면 우리가 여기서 해방될 텐데" 하더랍니다.

그래서 "아니, 그 사람이 누군데 그럽니까? 그 사람에 대해서 아는 것이 전혀 없습니까?"라고 하니, "아닙니다. 그 사람은 약 이천 년 전 예루살렘 어느 언덕에서 두 강도와 함께 못 박혀 죽었는데 그 이름을 모르겠습니다. 세상에서 살 때는 이름은 알았었는데……. 그때는 그 사람에 대해서 관심도 없었고 누군지 알려고도 하지 않았기 때문에 지금은 그 이름도 잊어버려 기억이 나지 않습니다"라고 하더랍니다.

그래서 "그 이름이야 쉽지 않습니까? 예수 그리스도가 아닙니까?" 하고 말해 주었습니다. 그러나 그는 "네? 네? 뭐라고요?" 하면서 도무지 알아듣지를 못하는 것이었습니다.

귀가 좀 먹었나 해서 "예수 그리스도!" 하고 크게 소리쳐 보았으나 다른 말은 다 알아들으면서도 '예수 그리스도'라는 이름만은 전혀 알아듣지 못하더랍니다.

지옥에 있는 사람들은 결국 예수 그리스도를 모르는 사람들이구나 하고 생각했을 때, 그는 깊은 명상에서 깨어났습니다.

오늘 복음(마태 16,13-20)은 예수님을 누구라고 생각하는가에 대한 말씀입니다. 필립보의 가이사리아는 갈릴래아 호수 북쪽에 있는 지방으로, 갈릴래아 호수와 그 아래 요르단 강으로 흐르는 물의 원천이 지하에서 흘러나오는 곳입니다. 말하자면 팔레스타인 땅의 생명수와 같은 물의 원천이 여기 있습니다.

이곳에 이르렀을 때, 예수님께서 제자들에게 물었습니다.

"사람들이 나를 누구라고 하더냐?"

"어떤 사람들은 세례자 요한이라 하고 어떤 사람들은 엘리야라 하고 또 예레미야나 예언자 가운데 한 분이라고 하는 사람들도 있습니다" 하고 제자들이 대답하자 예수님께서는 "그러면 너희는 나를 누구라고 생각하느냐?" 하고 다시 물으셨습니다. 그러자 제자들 가운데 수제자인 베드로가 대답했습니다.

"선생님은 살아 계신 하느님의 아들 그리스도십니다."

예수님의 질문과 제자들의 답을 보면 예수님께서는 결코 사람들이 당신을 어떻게 알고 있고 어떻게 평하고 있는지 그것이 궁금하셨던 것이 아닙니다. 당신에 대한 사람들의 평이야 어떻든 제자들만은 당신에 대해서 참된 지식과 믿음을 갖기를 바라셨던 것입니다.

그 믿음, 즉 예수님을 살아 계신 하느님의 아들 그리스도, 곧 구세주라고 알고 믿는 그 믿음에 우리의 생명과 구원이 달려 있습니다.

예수님을 예언자 중의 하나라고만 본다면, 비록 그것이 예수님을 높이 평가한 것이라 해도, 그것은 곧 하느님께서 약속하신 그 구원의 때가 오지 않았음을 뜻하는 것입니다. 그랬을 때 우리는 아직 메시아 이전의 시대, 즉 구약 시대에 사는 사람들과 같습니다. 그렇게 되면 우리는 예수님을 통하여 하느님께서 주시는 구원과 생명을 얻지 못하게 됩니다.

더구나 예수님을 평범한 사람으로밖에 보지 않는다든가, 더 나아가 당시의 바리사이파 사람들처럼 예수님의 기적도 악하게 보고 마귀가 들렸다느니, 마귀 중에도 대마귀인 베엘제불의 아들이니 하며 악평하고, 그를 하느님을 모독하는 자, 사회와 인심을 소란시키는 위험한 존재 등으로 본다면 결국 그를 배척하고 십자가에 못 박게 됩니다.

예수님에 대해 무관심한 사람도 마찬가지로 생명의 주님을 보고도 모르고 그냥 지나치게 됩니다.

예수님께서 살아 계신 하느님의 아들 구세주 그리스도라고 믿는 그 믿음에는,

　1) "당신은 하느님께서 약속하신 구세주이십니다"

　2) "당신은 우리를 구원하시는 주님이십니다"

　3) "우리의 주님이십니다"

　4) "우리의 삶의 의미, 삶의 목적, 삶의 완성, 그 모든 것입니다."

라는 내용이 다 포함되어 있습니다. 그러기에 예수님을 참으로 아느냐 모르느냐에는 우리의 삶과 죽음이 달려 있습니다.

요한 복음 17장 2절에서 3절을 보면 예수님 친히 하느님 아버지께서 모든 사람에게 영원한 생명을 주는 권한을 아들이신 당신에게 맡기셨다는 것을 말씀하시고서 "영원한 생명은 곧 참되시고 오직 한 분이신 하느님 아버지를 알고 또 아버지께서 보내신 예수 그리스도를 아는 것입니다"라고 말씀하고 계십니다.

이렇게 아버지이신 하느님을 알고 그 아들이신 예수 그리스도를 아는 것은 우리에게 구원과 생명이 됩니다. 그분을 아느냐 모르느냐에 생명이 달려 있습니다.

그래서 모든 사도들은 복음을 전파할 때 목숨을 걸고 예수 그리스도를 복음 자체로 선포했습니다. 또한 사도 바오로는 보다 뚜렷하게 "나에게 있어 그리스도는 생명이다"라고 하고, "나에게는 내 주 그리스도 예수를

아는 지식이 무엇보다도 존귀합니다"라고 말했습니다. 그리고 그 밖에 다른 모든 것, 지금까지 귀하고 값지다고 여겨 온 모든 것들을 쓰레기로 여긴다고 밝히고 있습니다(필립 3,8).

예수 그리스도를 아는 것은 이렇게 중요합니다. 우리는 어떻습니까? 예수 그리스도를 아는 것은 단순한 지식이 아닙니다. 믿음이요 사랑입니다.

예수 그리스도에 관해서 학문적으로 뛰어난 책을 쓸 수 있는 사람도 믿음과 사랑이 없으면 예수 그리스도를 참으로 아는 것이 아닙니다. 예수 그리스도를 아는 지식은 인간의 지혜만으로 얻을 수 없습니다. 오늘 복음에서 예수님이 친히 말씀하셨듯이 그것은 참으로 하느님이 알려 주시는 내적 믿음의 은혜입니다. 하느님이 당신의 성령으로 우리를 밝혀 주실 때, 우리는 그리스도를 참으로 알고 또 아버지이신 하느님을 알 수 있습니다.

인간이 자기의 지혜와 능력만을 믿고 대들 때는 아무리 오래 탐구해도 끝까지 예수님을 알 수 없습니다. 오히려 복음에서도 잘 나타나 있듯이 예수님을 참으로 아는 사람은 바리사이나 율법 학자 같은 지성인 또는 권력자들이 아니었습니다. 제자들을 포함하여 대체로 무식한 이, 병든 이, 죄인들, 그리고 지난주의 복음에 나온 가나안 여인처럼 이방인이지만 자기 딸을 위해 예수님께 울며불며 간절히 애원한 이들입니다.

그러기에 예수님은 "하늘과 땅의 주인이신 아버지, 안다는 사람들과 똑똑하다는 사람들에게는 이 모든 것을 감추시고 오히려 철부지 어린아

이들에게 나타내 보이시니 감사합니다. 그렇습니다. 아버지! 이것이 아버지께서 원하신 뜻이었습니다"(마태 11,25-26; 루가 10,21-22)라고 기도하셨습니다.

여기 철부지 어린아이란 단지 생리적 연령의 어린이만을 가리키는 것이 아닙니다. 어린이처럼 순진하고 겸손한 이, 약한 이, 가난하고 병들고 힘없는 이, 오직 하느님께 의지할 수밖에 없는 사람들을 가리킵니다. 우리도 바로 이런 사람들처럼 겸손한 자세로 주님께 마음의 문을 열어야겠습니다.

● 주일 미사, 1981. 8. 23.

빛 속에 살기를 원한다면

재작년 가을, 제가 독일 아헨(Auchen)에 갔을 때였습니다. 그날 저는 아헨에 있는 미씨오(Missio)라는 교회 기관에 있는 분들과 만나서 그분들과 레스토랑에서 점심을 먹고 기차로 브룩셀(Bruxelles)로 갈 작정이었습니다. 그런데 레스토랑의 식사 준비가 늦어지는 바람에 점심이 늦어져 기차를 놓치게 되었습니다. 사람들과의 약속도 있고 해서 꼭 그날 저녁 안으로 브룩셀에 가야 했기 때문에 다음 기차 시간이 몇 시인가에 대해 식사하는 사람들과 이야기하고 있었습니다.

그런데 옆에서 이야기를 듣게 된 사람이 자기와 함께 식사를 하는 사람이 바로 브룩셀 사람인데 점심 식사가 끝나는 대로 자동차를 타고 떠나니 혹시 원하시면 함께 가도 좋다고 제의해 왔습니다. 저는 잠시 생각하다가 그러는 편이 **빠**를 것 같아서 그 제의를 받아들였고, 식사 후에 함께 떠나게 되었습니다. 그 사람은 차를 몰고 가면서 자기 차에 "추기경을 모시게 되어 영광이다"라고 하면서 자기소개를 했습니다. 그 사람은 흑인이었는데 본래 가톨릭 집안에서 났고, 11남매 중 둘은 신부가 되었고, 누나 하나는 수녀인데 자기는 약 10년 전부터 성당에 나가지 않는다는 것이었습니다. 그 이유를 물으니 교회가 너무 보수적이고 현대의 감각을 전혀 따라가지 못하기 때문이라는 것이었습니다.

제가 무엇이 그렇게 보수적으로 보이냐고 물었더니 예를 들면, 산아 제한 문제에 있어서 교회는 너무 완고하며 결혼 생활을 하는 신자들의 입장을 전혀 이해하지 못한다는 것이었습니다. 그러면서 이 사람은 세 시간 가까이 여행하는 동안 계속해서 날씨나 한국 이야기 외에도 여러 가지 질문을 했습니다. 그것은 인생의 의미, 사랑, 고통, 죽음 등 근본적인 것이었습니다. 그 사람은 불어밖에 몰랐고 저는 불어가 아주 서툰 데다가 질문도 대답하기 곤란할 만큼 어렵고 중요해서 시원한 답을 할 수는 없었습니다.

그럭저럭 이야기를 하다가 보니 브뤼셀에 가까이 오게 되었습니다. 저는 그와 작별할 시간이 다 된 것 같아서 그에게 이렇게 말하였습니다. 오늘 나를 태워 줘서 고맙고, 헤어지면 언제 다시 만날지 모르는데 당신이 오늘 나를 믿고 물은 여러 가지 인생에 관한 질문에 답을 주지 못해서 미안하다고 했습니다. 그리고 그에게 한번 생각해 보도록 하기 위해 물었습니다.

"당신은 당신이 오늘 던진 그런 질문들, 당신이 아마도 늘 지니고 있는 그런 문제에 대한 답을 오늘날 세계를 지배하고 있는 이데올로기 속에서 찾을 수 있다고 생각합니까?"

그가 "아니요"라고 말했습니다.

"그럼 우주여행까지 할 정도로 발전한 자연 과학이 답을 준다고 봅니까?"

그는 더욱 힘 있게 "절대로 아닙니다"라고 했습니다.

"그럼 당신이 버는 돈이 답을 줍니까?"

그는 "그것은 더더욱 아닙니다"라고 말했습니다.

그다음에 저는 "그러면 성서는 어떻습니까? 당신이 성서를 읽는다면 그 속에서 질문에 대한 답을 금방 얻지는 못할지도 모르나 차차 그런 문제를 밝혀 주는 빛을 얻을 수 있다고 보지 않습니까?"라고 물었습니다.

그 사람은 한참을 생각하더니 "그럴지도 모르겠습니다"라고 신중하게 말했습니다.

그래서 그다음에 저는 "당신이 오늘 나에게 차편을 제공해 준 데 대해서 감사하는 뜻으로 권하고 싶습니다. 당신이 성당에 가든지 안 가든지 그것은 당신 자유입니다. 그러나 만일 당신이 그래도 빛 속에 살기를 원한다면 매일 10분씩 기도하는 마음으로 성서를 읽었으면 좋겠습니다"라고 하였습니다. 그 사람은 즉시 그렇게 하겠다는 약속은 하지 않았지만 무언가 도움이 되는 권고를 받은 듯한 표정으로 고맙다고 하였습니다.

제가 오늘 여러분에게 이 이야기를 하는 것은 여러분에게도 같은 권고를 하기 위해서입니다. 때마침 오늘 주일 말씀, 특히 제1 독서와 복음에서,

하느님 말씀에는 이같이 우리 마음의 어둠을 밝혀 주는 빛이 있고, 시력을 잃은 사람의 눈을 뜨게 하듯이 우리 마음의 눈을 뜨게 하며 마음으로 억눌리고 갇힌 이에게 자유와 해방을 주는 힘이 있음을 밝히고 있습니다.

말에는 쓸데없는 말과 유익한 말이 있습니다. 인간을 해치는 말, 인간을 위로하고 격려하고 용기를 주고 좌절과 실망을 안겨 주는 말……. 말의 힘은 이렇게 큽니다. 그러니 하느님의 말씀은 더 큰 힘을 가졌습니다. 하느님은 사랑과 생명 자체, 빛이신 분, 그분의 말씀은 이 사랑과 생명, 빛을 줍니다.

제1 독서에서 사람들은 하느님의 법전, 즉 하느님의 말씀을 듣고 눈물을 흘렸다고 합니다. 그것은 물론 슬픔의 눈물이 아닙니다. 하느님의 말씀을 받아들였을 때, 그 말씀이 주는 빛으로 마음의 어둠이 사라지고 기쁨으로 가득 차서 나오는 눈물입니다. 세상에 이보다도 더 큰 기쁨이 어디 있겠습니까? 그리고 복음은 예수님께서 당신이 바로 그 구원의 기쁜 소식을 전하시는 분이심을 말씀하십니다. 복음은 '한 처음 말씀이 하느님과 함께 계셨고 이 말씀은 하느님과 같은 분이시며, 만물은 이 말씀을 통하여 창조되었다. 생겨난 모든 것은 이 말씀에서 생명을 얻는다. 말씀은 생명의 빛이다……'라고 말합니다.

누구든지 예수님과 내적으로 만나면 그 같은 해방과 자유의 기쁨을 누릴 수 있습니다. 언제 누리느냐? 바로 오늘입니다. "이 성서의 말씀이 오늘 너희가 들은 이 자리에서 이루어졌다" 하고 예수님은 오늘 우리가 들은 복음 끝에서 말씀하십니다.

성서에서 '오늘'은 구원의 때입니다. 예를 들어 루가 복음 19장 5절에 보면 예수님께서 자캐오에게 "자캐오야, 어서 내려오너라. 오늘은 내가 네 집에 머물러야 하겠다"라고 하셨고, 이어 9절에서는 "오늘 이 집은 구원을 얻었다"라고 하셨습니다. 또 루가 복음 23장 43절에 보면 십자가에서 예수님께서 우도(右盜)에게 "오늘 네가 정녕 나와 함께 낙원에 들어가게 될 것이다"라고 하십니다.

주님의 구원은 '오늘' 이루어집니다. 내일, 모레, 10년 뒤가 아닙니다. 프랑스의 유명한 학자 자크 마리탱(Jack Maritain)의 부인 로사 마리탱(Rosa Maritain)은 "우리가 하늘나라에 들어가는 것은 내일, 모레, 10년 뒤가 아니라 예수 그리스도와 함께 십자가에 못 박힌 때, 오늘 들어간다"라고 하였습니다.

우리가 한평생을 살아도 몇 십 년을 살고, 몇 백 년을 산다 해도 우리에게 가장 중요한 때는 구원을 얻는 때입니다. 다른 모든 시간은 이 구원의 때의 중요성에 비추어 보면 아무것도 아닙니다. 이것은 참생명을 얻는 때입니다. 이것을 놓치면 세상 모든 것이 다 소용없습니다. 그런데 그것은 바로 하느님의 구원의 말씀을 받아들이는 때입니다. 우리는 나 같은 것이 하느님의 말씀, 구원의 말씀인 예수님과 만날 수 있을까? 하고 생각할지 모르겠습니다. 그럴 염려는 없습니다.

앞서 예를 든 자캐오의 경우, 그는 세리였습니다. 돈은 많았으나 사람들로부터 멸시를 받던 죄인이었습니다. 그런데 예수님은 자캐오를 만나 주실 뿐 아니라 구원이 내렸다고 하셨습니다.

이 이야기는 예수님께서 예리고에 계셨을 때의 일입니다. 사람들이 그분을 보려고 몰려들었습니다. 자캐오는 키가 작아서 예수님을 볼 수 없었으므로 돌무화과나무 위에 올라가 있었습니다. 예수님께서 말씀하셨습니다. "자캐오야, 어서 내려오너라. 오늘은 내가 네 집에 머물러야 하겠다"(루가 19,5). 자캐오는 재빨리 내려와 기쁘게 예수님을 맞이했습니다. 이것을 보고 사람들은 "저 사람이 죄인의 집에 들어가 묵는구나!"(루가 19,7) 하며 못마땅해 했습니다. 그러나 자캐오는 일어서서 "주님, 저는 제 재산의 반을 가난한 사람들에게 나누어 주렵니다. 그리고 제가 남을 속여 먹은 것이 있다면 그 네 갑절은 갚아 주겠습니다"(루가 19,8). 예수님은 "오늘 이 집은 구원을 얻었다. 이 사람도 아브라함의 자손이다. 사람의 아들은 잃은 사람들을 찾아 구원하러 온 것이다"(루가 19,9-10)라고 하셨습니다.

죄인이라는 것은 문제가 안 됩니다. 자캐오처럼 예수님을 보고 싶어 하느냐가 문제입니다. 그리고 회개가 문제입니다. 예수님은 우리 모두를 새사람으로 다시 나게 해 주시고 하느님의 자녀로, 그래서 서로 형제가 되어 사랑 속에 하나 되게 하여 주십니다. '하나'는 획일적 일치가 아니고 공동체적 일치이며, 오늘 독서는 이 점을 말하고 있습니다.

● 육 · 해 · 공군 합동 미사, 1983. 1. 23. 육군 중앙 성당

순교로써 참생명을 얻은 선열들

오늘은 우리 순교 선열 103위가 시성되고 처음으로 맞이하는 한국 순교 성인 대축일입니다. 제가 미리 생각하지 못해서 준비가 늦는 바람에 아주 조촐한 모임이 되었습니다만, 그 나름대로 우리는 오늘을 맞이하여 다시금 우리 순교 선열들의 얼을 기리고자 합니다. 무엇보다도 그분들의 믿음을 본받고자 합니다.

우리 선조들은 어떤 믿음을 가지고 사셨습니까? 그분들이 겪은 고초는 "우리는 종일토록 당신을 위하여 죽어 갑니다. 도살당할 양처럼 천대받습니다"(로마 8,36) 하는 오늘 제2 독서의 말씀 그대로였습니다. 오늘날 우리들이 상상할 수 없는 박해의 고초를 겪어야 했습니다.

그러나 그분들을 그리스도의 사랑에서 떼어 놓을 수 있는 것은 없었습니다. 오늘 독서 중 사도 바오로의 말씀 그대로 어떤 환난도, 역경도, 굶주림과 헐벗음도, 죽음마저도 그분들을 하느님과 그리스도의 사랑에서 떼어 놓을 수는 없었습니다.

그분들은 참으로 하느님을 만물의 조물주, 만물을 다스리는 주재자로 믿었고, 우리가 가진 모든 것이 다 주님이 주신 것이며, 삶과 죽음 모든 것이 그분 손에 달려 있고, 그분께서 인생과 역사의 주인이심을 믿었습니다. 하느님은 그분들에게 진실로 모든 것을 뜻하였습니다. 그 때문에 하느님 없이는 모든 것은 의미도 없고 허무에 불과했습니다.

무엇보다도 그분들은 하느님이 사랑의 아버지이심을, 사랑으로 우리에게 온갖 은총을 다 주시고, 우리를 구원하시기 위하여 당신의 외아들까지 아낌없이 내주셨음을 믿었고, 그 외아들 그리스도는 생명까지 바치셨음을 믿었습니다. 우리 인간에 대한 하느님의 이 한없는 사랑을 우리 선조들은 굳게 믿었습니다. 그 때문에 이 사랑에서 그들을 떼어 놓을 수 있는 것은 아무것도 없었습니다. 또 그 때문에 그분들은 그 환난과 박해 속에서 서로 사랑하기를 친형제같이 했습니다.

교우들이 모여 사는 신자 마을은 믿음과 사랑의 공동체였습니다. 그분들은 의인들이면서도 벌을 받았고, 재산과 생명, 모든 것을 잃었습니다. 그러나 그분들은 "제 목숨을 살리려고 하는 사람은 잃을 것이요, 나를 위하여 제 목숨을 잃는 사람은 살 것이다"(루가 9,24)라는 예수님 말씀 그대로 순교하심으로써 참생명을 얻었습니다.

형제자매 여러분.

우리의 믿음은 어떠합니까? 우리의 하느님, 내가 믿는 하느님은 어떤 분이십니까? 내 마음과 내 생활 속에서 하느님이 차지하시는 비중은 어느 정도입니까? 오늘 이 축일에 우리는 깊이 반성해 보아야 하겠습니다. 그리하여 하느님에 대한 진실한 믿음과 사랑을 다시 찾아야 하겠습니다.

지난번 사목 회의 때 교황님께서 하신 강론에서 한국 교회는 "이번 사목 방문의 주제인 삶의 증거, 회개를 통한 화해, 그리고 사랑의 나눔이라는 세 항성으로 방위를 찾으라"라고 하셨습니다. 우리가 순교 선열들을 본받아 하느님을 깊이 믿고, 그리스도께서 우리의 길이요, 진리요, 생명이심을 믿으면서 "내가 너희를 사랑한 것처럼 너희도 서로 사랑하여라" (요한 15,12) 하신 주님의 말씀대로 서로 사랑하며 산다면, 서로 용서하고, 서로 받아 주고, 가진 것을 나누며 산다면, 우리는 진정 이 땅에 빛이 될 것입니다.

● 한국 성인 대축일 미사, 1984. 9. 20.

성모님의 믿음을 본받아

좀 세속적인 이야기를 해 보면 서울은 한국의 수도이며 중심입니다. 거기에서 대주교를 30년 동안이나 했다는 것은 출세한 것이지요. 그리고 명동은 그 서울의 중심, 거기서 30년을 살았다는 것 역시 여한이 없을 영광입니다.

이제 이 명동을 떠나면서 여러분과 마지막 드리는 미사라고 생각하니 뭐라 표현하기 힘든 감회가 있습니다. 무엇보다도 주교님과 신부님, 수녀님과 직원 여러분 모두에게, 그동안의 봉사에 대해 감사드립니다.

어떤 분과는 30년 동안이나 어려웠던 일, 기뻤던 일 등 희로애락을 함께 나누며 살아왔습니다. 그 외에도 10년, 20년을 함께하신 분들이 많지요. 아무튼 오래 함께 있었건 아니건 모든 분들에게 참으로 고마움을 아니 느낄 수 없습니다. 그동안 교구청 식구가 늘어나면서 전에는 다 알던 얼굴과 이름도 잊어버리고, 어떤 이들에게는 아마도 몇 번씩이나 어디 근무하는지,

누구인지 물었을 것입니다. 마음으로는 다 기억하고 싶었는데 나이와 함께 기억력도 감퇴되고 능력이 한계점에 온 것이지요. 그래도 예수님께서는 당신 양들을 다 아신다고 하셨습니다. 비록 저는 여러분을 몰라도 예수님은 여러분을 아신다는 것을 확실히 믿으시고, 예수님은 여러분을 절대적인 사랑으로 사랑하신다는 것을 믿으며 사시기를 바랍니다. 거기에 우리 삶의 의미가 있고 우리가 바라는 모든 소원, 즉 참된 사랑과 행복이 있습니다.

우리는 성모 마리아를 본받아야 하겠습니다. 성모님의 위대하심은 하느님을 절대적으로 믿고 하느님의 뜻이 당신 안에 이루어지도록 당신을 완전히 내맡기신 데에 있습니다.

바로 그런 믿음 때문에 성모님은 구세주의 모친이 되셨으며, 구세주 그리스도께서 하느님과 본질을 같이하시기 때문에 하느님의 어머니, 천주의 모친이라는 칭호까지 받게 되었습니다. 성모님이 하느님의 뜻을 믿고 받아들인 것은 결코 그 뜻을 깨달아서가 아닙니다. 전혀 깨닫지 못했습니다. 오늘 복음(루가 2,41-51)에서 보듯이 성모님은 이해하지 못하셨습니다. 다만 마음속에 간직하셨습니다.

우리도 성모님과 같이 될 수 있습니다. 예수님께서는 "하늘에 계신 내 아버지의 뜻을 실천하는 사람이면 누구나 내 형제요 자매요 어머니이다"(마태 12,50)라고 말씀하셨습니다.

● 교구청 직원 및 관계 기관 종사자와의 감사 미사, 1998. 6. 20.

제2장

사랑은 기적보다 강하다

사랑은 기적보다 강하다

아버지 하느님의 사랑
가장 인간다운 인간, 예수님
불속으로 뛰어 들어와
나는 죄인을 위해서 왔다
하느님의 사랑을 부어 주시는 성령
우리는 주님을 사랑합니까?
사랑은 기적보다 강하다
사랑이 없으면 삶은 빈 껍질
내적 성숙은 사랑을 통하여
소외된 이와 함께하는 삶
사랑해야 하는 이유
사랑으로 살아야 하는 이유
사랑받기보다 사랑하게 하소서
성가정
사랑의 출발점인 가정
북한의 형제들을 위해 기도하십시오

아버지 하느님의 사랑

친애하는 형제자매 여러분.

오늘은 삼위일체 대축일입니다. 오늘은, 우리의 창조주이시며 구세주이신, 생명과 사랑의 하느님, 우리가 믿는 그 하느님이 홀로 고독하신 분이 아니시고, 성부, 성자, 성령으로 삼위이시면서 같은 하느님이심을 기리는 날입니다.

이것은 우리의 신앙의 근본입니다. 그래서 우리가 바치는 사도신경을 보면, "전능하신 천주 성부, 천지의 창조주를 저는 믿나이다. 그 외아들 우리 주 예수 그리스도님……. 성령을 믿으며……"로 되어 있습니다. 이렇게 같은 하느님 안에 삼위가 계실 뿐만 아니라, 삼위가 우리를 창조하시고 구원해 주시고, 또 영원한 생명을 주심을 고백하고 있습니다. 그 때문에 우리는 모든 기도에 앞서서 긋는 십자 성호에서도 "성부와 성자와 성령의 이름으로"라고 기도드립니다.

이 같은 하느님의 도리는 인간이 탐구해 낸 교리가 아니고, 예수님께서 친히 말씀해 주신 복음에서, 또한 이 복음을 전한 사도들의 가르침에서 알게 됩니다.

성서, 특히 신약 성서에서는 이렇게 하느님은 삼위일체이심을 강조하고 있습니다. 아버지 하느님은 한없는 사랑에서 우리를 구원하시기 위해 당신 성자를 보내 주셨고, 이 성자가 바로 예수 그리스도시며, 그분은 우리에게 '하느님을 아버지'로 밝혀 주셨습니다. 그뿐만 아니라 예수 그리스도는 하느님으로부터 오셨으며, 오직 그분의 뜻을 따라서 우리를 구원하시는 것이 당신의 사명이요, 또한 그 때문에 당신 자신을 바치셨음을 알려 주고 있습니다. 이어서 부활하신 후에는 당신이 십자가에서 돌아가시고 부활하심으로써 얻으신 그 구원의 생명을 우리 모두에게 주시고자, 아버지 하느님의 얼이시고 또한 당신의 얼도 되시는 성령을 보내 주실 것을 확실하게 말씀하십니다.

성령은 과연 오순절에 사도들에게 임하셨고, 그때부터 믿는 모든 이들 안에 살아 계시면서 그들을 하느님의 사랑으로 일치시키십니다. 이렇게 믿는 이들이 사랑 속에 일치해 있는 것이 교회입니다. 그러기에 교회 공동체 안에서는 모두가 형제들이며 일체의 차별이 없어야 합니다. 우리는 성령께서 교회 공동체 안에서 이렇게 힘차게 일하고 계심을 사도행전과 모든 서간에서 볼 수 있습니다.

우리는 이 성령에 힘입어 그리스도의 생명을 받았고 다시 태어났습니다. 그리하여 하느님의 자녀가 되었습니다. 모두 함께 하느님을 아버지라 부르고 서로 형제가 됩니다. 이것이 세례입니다. 그리고 이 성령은 우리가 계속 힘차게 믿음 속에서 성장하고 당신의 은혜를 넘치게 받을 수 있도록 해 주십니다. 특별히 성령 칠은, 곧 지혜, 깨달음, 의견, 굳셈, 지식, 효경, 경외심의 은혜, 즉 하느님의 도리, 그리스도의 복음을 깊이 깨닫고 앎으로써 그리스도 안에서 힘차게 자라도록 은혜를 주시는데, 이것이 오늘 많은 분들이 받게 되는 견진입니다. 견진은 그 때문에 세례를 완성시켜 주는 성사이며, 우리를 믿음의 성인 되게 해 주는 성사, 말과 행동으로 믿음을 증거하게 해 주는 성사입니다. 성령은 이런 은혜를 주심으로써 우리가 그리스도와 일치되어 살고, 그리스도와 하나 되게, 그리스도를 닮은 사람이 되게 해 주십니다.

그리하여 우리 역시 그리스도와 같이 하느님으로 충만된 사람들이 되게 하여 주십니다. 날로 더욱 그리스도를 닮고, 그리스도의 충만에 이르게 합니다. 하느님으로 충만하신 그리스도를 닮게 되기 때문에 우리도 하느님으로 충만해질 수 있습니다.

이렇게 보면, 이 성사는 인생의 참된 삶과 깊은 관련이 있습니다. 성서에 따르면 인간은 하느님의 모습으로 창조되었고, 하느님을 향해서 창조되었기에 하느님을 섭취하며 살아야 한다고 되어 있습니다. 우리가 인생을 이렇게 살 때에 우리 삶은 의미가 있고, 완성됩니다. 그렇지 않으면, 죽음과 멸망밖에 남는 것이 없습니다.

사실 그렇습니다. 이 세상에서 육신 생명은 어느 날 죽어 썩고 맙니다. 죽음보다 더 확실한 것은 없습니다. 모두가 죽습니다. 이 죽음을 보면 너무 허무합니다. 부자도 강자도 결국 파멸시키고 마는 죽음, 만일 그것이 결말이라면, 그 이상의 무엇이 없다면, 인생은 의미가 없습니다. 인생은 모순이요, 허무에 불과합니다. 또한 세상만사가 그렇습니다. 그렇다면 하느님은 무자비하고, 인간을 희롱하는 분에 불과하십니다.

그런데 우리의 하느님은 결코 그런 무자비한 하느님, 인간을 희롱하는 하느님이 아니십니다. 자비와 사랑 자체이신 하느님이시며, 우리가 살아가기를 원하시는 하느님이십니다. 살아도 보통 사는 것이 아니고, 당신이 지니신 생명과 당신이 누리시는 영광에 참여하여, 당신과 함께 영원히 빛나게 살게 하십니다. 하느님은 이렇게까지 우리를 사랑하십니다. 사랑 자체이신 이런 하느님을 말해 주는 것이 성서입니다. 사도 바오로는 이 모든 것을 고린토 전서 2장 9절에서 이사야 예언서를 인용하여 "눈으로 본 적도 없고, 귀로 들은 적도 없으며, 아무도 상상조차 할 수 없는 일을 하느님께서는 당신을 사랑하는 사람들을 위하여 마련하고 계시다"라고 하였습니다.

사실 하느님은 우리를 이렇게 당신의 생명으로 구원하시기 위해서 모든 것을 다하셨습니다. 옛날에는 예언자들을 통해서 말씀하셨지만 지금은 우리 모두의 마음속에 양심을 주셔서 항상 당신께로 돌아오도록 재촉하십니다.

또한 하느님은 아브라함을 부르시고 이스라엘 백성을 선택하시어 드디어 때가 되어서는 당신의 외아들을 보내 주십니다. 그분은 우리를 위해서 사람이 되어 오시고, 또 우리를 위해서 돌아가시기까지 하셨습니다. 예수 그리스도가 바로 그분이십니다.

그뿐만 아니라 하느님은 바로 그 죽음을 쳐 이기시기 위해 예수님을 죽은 이들 가운데서 부활시키심으로써 이분이 모든 이의 부활과 생명의 원천이 될 수 있게 하셨습니다. 또한 이 부활과 생명을 우리가 모두 실제로 얻을 수 있게끔 성령을 보내 주셨습니다.

이렇게까지 하느님은 우리를 사랑하십니다. 특히 그리스도를 보면 잘 알 수 있습니다. 그분을 통하여 드러나는 사랑은 기막히게 큽니다. 그래서 로마서 8장 35절부터 39절을 보면 사도 바오로는 이를 깊이 묵상하신 끝에 "누가 감히 우리를 그리스도의 사랑에서 떼어 놓을 수 있습니까? 환난입니까? 역경입니까? 박해입니까? 굶주림입니까? 헐벗음입니까? 혹 위험이나 칼입니까? …… 현재의 것도, 미래의 것도, 어떤 피조물도 우리 주 예수 그리스도를 통해서 나타날 하느님의 사랑에서 우리를 떼어 놓을 수 없습니다"라고 말했습니다.

저는 오늘 견진을 받으시는 모든 분들이 성령에 힘입어 사도 바오로와 같이 믿음이 깊어지기를 바랍니다. 특히 하느님의 사랑을 깊이 깨닫고 사는 사람이 되시기를 기원합니다.

예수님께서 당신을 박해한 바오로에게 이런 큰 은혜를 주셨다면 우리가 아무리 큰 죄인이라 할지라도 우리에게도 분명히 같은 은혜를 주실 것이 분명합니다. 그래서 우리가 모두 바오로처럼 힘차게 복음에 살고, 복음을 증거하는 사도가 되기를 빕니다.

이런 도리를 보면 하느님은 우리를 위해서 당신을 남김없이 주시는 분이심을 알 수 있습니다. 아버지 하느님은, 당신이 가장 사랑하시는 외아들을 우리를 위해 제물로 바치기까지 하셨습니다. 아버지로서는 자신을 주는 것보다 더 큰 희생입니다. 인간의 아버지도, 나라를 위해서 자신을 바치겠느냐, 아니면 사랑하는 아들을 바치겠느냐 하면, 아들 대신 자신을 바치겠다고 할 것입니다. 그만큼 아들을 주는 것이 자신을 주는 것보다 더 힘듭니다. 그런데 하느님 아버지는 당신의 아들을 주셨습니다. 당신을 아껴서가 아니고, 세상을 그렇게까지 사랑하시기 때문입니다. 그 때문에 요한은 요한 복음서 3장 16절에서 "하느님은 세상을 극진히 사랑하신 나머지 외아들을 보내시기까지 하셨다"라고 말합니다.

우리는 이렇게 한없이 큰 하느님의 사랑을 깊이 깨달아야 합니다. 그래서 사도 바오로는 로마서 8장 31절 이하에서 "그러니 이제 무슨 말을 더 하겠습니까? 하느님께서 우리 편이 되셨으니 누가 감히 우리와 맞서겠습니까? 우리 모든 사람을 위하여 아들까지 아낌없이 내어 주신 하느님께서 그 아들과 함께 무엇이든지 다 주시지 않겠습니까?"라고 했습니다.

이제 그 아들이신 예수님은 어떠하십니까? 아버지의 뜻을 따라서, 본시 하느님이신 분이신데, 당신을 낮추고 비우시어 사람이 되어 오셨을

뿐만 아니라 당신 생명을 십자가의 제물로 바치셨습니다.

그분의 겸손, 사랑, 우리를 부유하게 만들기 위해 당신을 비우시고, 가난한 이가 되신 모습을 우리는 언제나 십자가에서 잘 볼 수 있습니다. 이제 그리스도는 우리를 살리시기 위해 당신의 얼을 풍성히 부어 주십니다. 이분이 성령입니다. 이는 우리와 함께 사시고, 우리를 당신과 같은 존재로 높이시기 위해서입니다. 또한 우리 모두를 삼위일체이신 하느님 안에서 하나로 만드시기 위해서입니다. 이제 이 견진 성사를 통해서 그리스도를 우리에게 주시는 성령을 풍성히 받읍시다.

● 견진 성사, 삼위일체 대축일, 1978. 5. 21.

가장 인간다운 인간, 예수님

오늘 우리의 역사 속에 갇혀 있는 예수님의 정체(Identity)는 무엇입니까? 예수님의 정체를 안다는 것은, 지식의 문제가 아니라 신앙의 문제라고 생각합니다. 예수님 시대의 사람들은 예수님을 직접 보고, 그분의 말씀을 듣고, 그분이 행하시는 기적을 목격했지만, 정작 그분의 정체는 알아보지 못했습니다.

그래서 세례자 요한도 한때는 답답한 생각이 들었는지, 제자들을 보내서 "오시기로 되어 있는 분이 바로 선생님이십니까? 그렇지 않으면 우리가 다른 분을 기다려야 하겠습니까?"(마태 11,2-6; 루가 7,19) 하고 질문을 했고, 나아가서 예수님 스스로 제자들에게 "사람의 아들을 누구라고 하더냐?"(마태 16,13)라고 질문을 던지기도 했습니다.

시몬 베드로가 "선생님은 살아 계신 하느님의 아들 그리스도이십니다"(마태 16,16)라고 한 것은 — 바로 이어서 예수님이 지적하신 대로(마태

16,17-19) – 인간의 지식에 따른 것이 아니라, 하느님이 가르쳐 주신 것이었습니다.

제자들이 예수 그리스도를 확실히 믿고 알게 된 것은 부활하신 후이고, 그것도 성령의 강림을 받은 뒤였습니다. 이렇게 믿음의 눈이 아니면 예수님의 정체는 항상 감추어져 있습니다.

오늘도 마찬가지겠지요. 믿음의 관점에서 보면, 오늘도 예수님께서는 확실히 역사하고 계십니다. 그분은 교회 안에 현존하시고, 말씀 속에 현존하시며, 가난하고 굶주리고 병들고 고통받는 이웃 속에 현존해 계십니다. 이 현존을 증거하는 것은 예수님의 몸인 교회 곧 우리들인데, 우리는 그 사명을 오늘날 다하고 있지 못합니다. 예수님께서 요한의 제자들의 질문을 받고 그들에게 하신 답은 이러했습니다.

"너희가 듣고 본 대로 요한에게 가서 알려라. 소경이 보고, 절름발이가 제대로 걸으며, 나환자가 깨끗해지고, 귀머거리가 들으며, 죽은 사람이 살아나고, 가난한 사람들에게 복음이 전하여진다"(마태 11,4-5).

오늘날에도 이와 같이 실의에 차고 소외된 사람, 삶을 절망하고 정신적으로 죽어 가는 사람들이 다시 일어설 수 있도록 사랑의 실천이 교회, 즉 우리를 통해서 이루어진다면, 그리하여 인간의 눈이 참으로 열려 진리를 보게 된다면, 사람들은 예수님께서 오늘도 역사하고 계심을 보다 뚜렷이 깨닫게 되겠지요. 그때 예수님의 현존은 드러날 수 있습니다. 역사 속에 갇힌 예수님의 정체를 알아보기 힘들게 한 첫째 책임은 교회에 있다고 봅니다.

복음적 삶을 살고 귀가 열린 이에게는 예수님의 일하심이 드러난다고 믿습니다. 다만 우리의 역사를 겉으로만 보면 전혀 그것을 깨닫지 못합니다. "역사의 의미가 과연 있을까?" 할 정도로 의심스럽습니다. 역사를 주관하는 것이 돈과 권력인 것처럼만 보입니다.

그러나 이런 암담해 보이는 역사 가운데서도 사람들은 인간의 존엄, 평등, 상호 우호적 관계에 대해서 전에 없이 깊이 깨닫고 있습니다. 이는 단지 인간 지식의 소출이 아닙니다. 지식으로는 인간의 존엄성과 평등을 증명할 수 없습니다. 또한 사회 정의에 대해서도 사람들은 점차 더욱 뚜렷한 개념을 갖게 되었습니다.

예수님은 해방자인가?

'해방'이란 어떤 의미를 갖습니까?

정치적 억압에서의 해방, 또는 경제적 착취로부터의 해방을 말하는 것입니까? 참된 해방은 폭력이나 강요에 의해서 오지 않습니다. 인간의 마음의 변화에서 옵니다. 결국 인간다운 인간으로서의 해방일 것입니다. 그러면 누가 나에게 그러한 참인간상을 제시해 줄까요? 바로 예수님입니다.

예수님이야말로 가장 인간다운 인간이십니다. 그분의 사랑, 용서, 자비, 특히 가난한 자, 약한 자, 버림받은 자들에 대한 관심과 그들과 완전한 일체를 이루고 있는 그 마음은 가장 아름답고 거룩한 인간상을 제시해 주고 있습니다. 우리가 예수님의 마음을 간직할 수 있다면, 그리고 그 사랑과 자비와 용서를 산다면 우리도 스스로 인간다워질 수 있을 것입니다. 이것이 해방입니다. 예컨대 오늘의 정치인, 경제인, 그리고 누구보다도 오늘의 교인들이 이 예수님의 마음을 자기의 빈 마음으로 지닐 수 있다면 세상은, 해방될 수 있습니다.

예수님께서는 "내가 너희를 사랑한 것처럼 너희도 서로 사랑하여라"(요한 15,12)라고 하셨습니다. 예수님께서는 결코 자신을 우리에게 강요하시지 않습니다. 우리의 자유를 존중하고, 우리의 자유의사로 당신을 받아들이게 하십니다. 그리고 받아들인 사람들에게는 당신을 남김없이 주십니다. 그뿐 아니라 당신 안에 살게 하고, 당신을 닮은 사람으로 성장시키십니다. 예수님은 죄를 빼고는 우리와 똑같이 약한 인간, 고통받는 인간이 되셨습니다.

예수님의 죽음

예수님은 하느님의 아들이었으나, 그와 함께 하느님과 같은 본성을 지닌 분으로, 바로 하느님이셨습니다. 그렇다면 예수님의 죽음은 곧 하느님의 죽음입니다.

신학자 몰트만이 〈십자가에 매달린 하느님〉이라는 책을 썼듯이, 하느님은 십자가에 매달려 처형되신 것입니다. 그리고 그것은 바로 우리를 위해서였습니다. 우리는 이 엄청난 사실을 정녕 깊이깊이 생각해 보아야 합니다.

"하느님이 나를 위해 돌아가시다니······. 왜? 무엇 때문에?"

"내가 무엇이기에 나를 위해 그분이 돌아가시기까지 해야 했는가?" 하고 만사를 제쳐 놓고 생각해 보아야 합니다. 왜냐하면 여기에 우리의 삶과 그 의미가 있기 때문입니다.

하느님은 우리를 너무나 사랑하십니다. 그 사랑을 우리에게 전하시고, 우리도 그 사랑 속에서 당신과 같이 살기를 간절히 원하셔서, 그렇게 사람이 되어 오시고 돌아가시기까지 하셨습니다.

요한 복음 8장 28절에 보면, 예수님은 이런 말씀을 하셨습니다.

"너희가 사람의 아들을 높이 들어 올린 뒤에야 내가 누구라는 것을 알게 될 것이다."

하느님의 사랑

하느님은 우리를 사랑하십니다. 그러나 우리에 대한 하느님의 사랑은 우리가 이 세상에서 부귀영화를 누리며 행복하게 살기를 바라시는 그런 것이 아닙니다. 영원한 행복을 위한 것입니다. 그렇다고 우리로 하여금 이 세상에서 불행하게 살게 하시려는 것도 아닙니다. 다만 확실한 것은 현세만으로는 절대로 만족할 수 없게 만드셨다는 것입니다. 그렇게 인간을 당신의 모습으로 만드셨던 것입니다. 그리하여 인간은 유한한 존재이면서도 영원을 갈망하게 되었습니다.

인간에게는 영원하고 무한한 것, 곧 하느님으로만 채워질 수 있는 마음이 있습니다. 그것은 인간에게는 일종의 비극이라고 할 수 있습니다. 그러나 인간이 이를 깊이 깨닫는다면, 그리하여 하느님을 알고 사랑하게 된다면, 현세에서도 그는 마음의 행복을 지니고 살 수 있을 것입니다.

십자가

현세를 무엇으로 바꿀 수 있습니까?

인간의 마음을 무엇으로 바꿀 수 있습니까?

물리적인 힘으로? 그것은 불가능합니다.

기적으로? 역시 불가능합니다. 죽은 사람이 부활하는 기적이 일어난다면, 잠시 감동하고 흥분할지는 모르겠습니다. 그러나 얼마 안 가서 인간의 마음은 전과 같은 상태로 되돌아갈 것입니다.

물질의 힘으로는 바꿀 수 있습니까? 부의 힘으로 바꿀 것입니까? 그러나 부는 오히려 인간의 마음을 공허하게 만듭니다. 인생을 무의미하게 만듭니다. 오늘날 풍요한 서구 세계의 젊은이들을 보면 알 수 있습니다. 또 노인들을 보면 알 수 있습니다. 젊은이들은 풍요 속에서도 왜 인간에겐 고통이 있고 번뇌가 있는지 이해하지 못하며, 그 때문에 방황하고 반항하고, 끝내는 그 갈등을 극복하지 못하여 방종과 폭력이라는 수단으로 쌓인 울분을 토해 내려고 합니다. 노인들은 풍요 속에서 오히려 고독해지고, 끝내는 삶의 의미를 잃어 자살로까지 치닫는 경우가 적지 않습니다.

물질적 풍요 그 자체는 좋은 것입니다. 그러나 인간의 마음까지 충족시켜 주고 행복하게 해 주는 것은 아닙니다. 그것은 인간의 마음을 오히려 이기적으로 만들고 더 타락시키기 쉽습니다.

인간 세상을 인간다운 세상으로 바꿀 수 있는 것은 다름 아닌 정신적 가치인 것입니다. 희망, 정의, 사랑, 자유 등입니다.

특히 인간의 사악한 마음까지도 변화시킬 수 있는 것은 사랑입니다. 항구한 사랑, 조건 없는 사랑, 목숨까지 바치는 사랑 앞에서 비로소 마음이 변화될 수 있습니다. 살인 강도와 같은 극악무도한 죄인일지라도, 희망이 없어 보이는 인간일지라도 이런 사랑이 자기를 위해 있다는 것을 깨닫는다면, 그때 인간은 변할 것입니다. 참으로 다른 인간이 될 것입니다.

그런데 누가 이런 사랑을 줄 수 있습니까?

인간적인 사랑에서는 기대하기 힘들다고 할 수 있습니다. 결국 하느님만이 그러한 사랑을 우리에게 주실 수 있습니다. 그런데 하느님께서는 그러한 당신의 사랑을 우리 인간들에게 어떻게 알리실까요? 그것은 하느님이 보이지 않는 상태에서는 원하셔도 잘 되지 않을 것입니다. 인간은 볼 수 있고 잡을 수 있는 방법으로만 사물을 파악하기 때문입니다.

바로 그렇기 때문에 하느님은 인간이 되실 수밖에 없었던 것입니다. 같은 인간으로서 하느님은 그 사랑을 증명할 수밖에 없었습니다. 성자이신 분이 인간이 되어 오신 것입니다. 그리스도가 바로 그분이십니다. 그리스도께서는 절대적이고 조건 없는 사랑, 변함 없는 사랑, 죽음 앞에서도 물러서지 않는 사랑을 지니셨기에 모든 인간의 죄와 상처를 대신 지고 십자가에서 돌아가실 수밖에 없었습니다.

그래서 그리스도의 십자가만이 인간에게 큰 희망을 줍니다. 의미를 줍니다. 따라서 십자가는 빛이요 생명인 것입니다.

희망의 정의

현재에 만족하지 못하고 있는 마음이 희망입니다. 미래에 대한 바람도 희망입니다. 미래의 보다 더 좋은 것, 더 아름다운 것, 더 큰 것, 더 완전한 것을 소망하는 것입니다.

그것은 또 현재에서는 아직 성취하지 못한 것이기도 합니다. 그런데 이 미래의 것은, 비록 분명치는 않다 하더라도, 충분히 믿을 만한 것이어야 합니다. 그러므로 절대적으로 충족된다는 확신 위에서만 희망을 말할 수 있습니다.

또한 희망은 믿음과 깊은 관계가 있습니다. 믿음이 전제되지 않는 희망은 있을 수 없습니다. 그렇기 때문에 그리스도인의 희망은 그리스도인의 믿음을 전제로 해야 합니다.

산다는 것은 참으로 보람 있게 살 때만 산다고 할 수 있습니다.

그런데 "오늘은 참으로 보람이 있었다"라고 말할 수 있는 날은 평생에 며칠뿐이며, 그런 날마저도 "그날은 100% 보람되었는가?" 하고 자문한다면, 그렇지는 못했다고 고백할 수밖에 없습니다. 설령 99% 보람되었다

해도 나머지 1%가 충족되지 못했다면 결국 단 하루도 완전한 의미로 보람 있게 살았던 날이 없었다는 것이 됩니다. 인간은 본질적으로 이미 이룩된 것으로는 만족하지 못합니다. 누구나 참된 삶은 아직 살지 못하고 있습니다. 그것은 참된 '나'는 아직 있어 보지 못한 것이나 같습니다.

참된 '나'는 아직도 희망의 '나'입니다. 그래서 모든 인간은 미래에 대한 꿈과 향수, 바람을 지니고 삽니다. 이 같은 미래에 대한 동경 혹은 그리움은 인간의 실존 상태를 가장 잘 말해 주고 있습니다.

오늘날처럼 인간이 '나' 의식을 느껴 본 적이 없을 것입니다. 동시에 오늘날처럼 '나'의 비참, '나'의 고독, '나'의 불완전, '나'의 굶주림, '나'의 헐벗음을 느껴 본 적은 없을 것입니다.

그만큼 오늘의 인간은 '나' 아닌 다른 무엇, 나를 위한 남 – '너' – 을 추구하고 있습니다. 고독의 심저에서 '나'를 위한 '너'를 만나고 싶은 것입니다. 그 이름을 간절히, 간절히 부르고 있습니다. 그러나 돌아오는 것은 내 소리의 메아리뿐입니다.

'너'를 찾아 거리를 헤매고, 방랑의 길을 떠나 봅니다. 유흥가를 헤매고 아우성치기도 합니다. 그러나 내가 찾는 '너'는 어디서도 발견하지 못합니다. '너'를 발견하지 못하는 참된 이유는 '너'가 없어서가 아닙니다.

● 1971

불속으로 뛰어 들어와

예수님은 왜 십자가의 죽음으로 우리를 구하셨는가?

예수님 안에는 하느님 아버지께서 계십니다. 예수님은 사랑이시면서 하느님의 성자이십니다. 하느님과 같으신 분, 바로 하느님이십니다. 그럼 왜 하느님이 우리를 구하기 위해서 십자가에서 돌아가셔야 하는가? 지난 주일 강론 때에도 이 문제에 대해서 말씀드리면서 그것은 우리에 대한 하느님의 사랑이 얼마나 큰지를 말해 주는 것이라고 말씀드렸습니다.

"하느님은 돌아가시기까지 우리를 사랑하셨다. 그 사랑 때문에 하느님의 성자가 사람이 되어 오셨고, 또 우리를 위해 죽으셨다. 이렇게 하느님은 아낌없이 우리를 사랑하신다."

우리들의 죄와 배반에도 불구하고 죄와 죽음에 갇혀 있는 우리를 위해서 당신 스스로 죄 없으시면서도 죄인이 되셨고 모든 사람의 죄를 지시고, 너와 나의 죄를 지시고, 죄의 결과인 죽음까지 그것도 가장 처참한 십자가의 죽음까지 겪으심으로써 우리를 구하셨다고 말씀드렸습니다.

이렇게 하느님은 우리를 돌아가시기까지 사랑하셨습니다. 또 지금도 사랑하십니다. 정녕 이 사랑만이 우리를 구원해 줄 수 있습니다. 그럼에도 우리는 아직 십자가의 의미, 그 깊은 뜻을 다 헤아릴 수 없어, 다시금 묻게 됩니다. 왜 하느님은 우리를 죽음으로부터 구하셨는가?

어떤 분이 쓴 책에서 이런 말을 읽었습니다.

"불타는 집에 있는 어린 아기를 구해 내기 위해서 그 불타는 집 속에 뛰어들어가지 않을 부모가 누가 있으며, 또 불길에 상처를 입을 위험을 무릅쓰지 않고서 어떻게 그 아기를 구해 낼 수 있는가?"

이 말은, 하느님이 왜 우리가 사는 죄와 죽음의 세상 속에 들어오시고, 또 죄와 죽음에 갇혀 있는 우리를 구하기 위해서 스스로 죽음 속으로 들어가셨는지 이해하도록 우리를 도와줍니다.

우리는 불타는 집에 갇혀 있는 아기와 같습니다. 나 자신의 힘으로는 도저히 나를 구할 수 없습니다. 누군가가 내가 갇혀 있는 불속에 들어와서 나를 안아 들어내 주지 않으면 나는 살길이 없습니다. 그런데 하느님이 우리를 너무나 사랑하신 나머지, 사람이 되어 오시어 이 불속에 뛰어드신 것입니다. 스스로 화상을 입으시면서 스스로 고통을 겪고 죽음을 겪는 하느님 외에 다른 어떤 신도 우리를 구원할 수 없습니다. 이것이 십자가에서 돌아가신 하느님의 이치입니다. 그분 사랑의 이치입니다.

현대인만의 문제가 아니겠지만, 오늘날 인간의 가장 괴로운 문제는 고독일 것입니다. 고독한 인간을 누가 그 고독에서 구해 낼 수 있습니까? 여러 가지 좋은 위로의 말도 잠시뿐이고, 나를 고독의 근원에서 구해 낼 수는 없습니다. 나를 지극히 사랑하고, 사랑하는 나머지 나의 고독의 밑바닥까지 내려와서 그 고독을 나와 함께 나눌 수 있는 사람, 만일 그런 사람이 있다면 그 사람만이, 그렇게 한없이 깊고 큰 사랑을 가진 사람만이 나의 구원자가 될 것입니다. 예수님이 바로 그런 분이십니다. 그렇기 때문에 그분은 고독한 인간 중에서도 가장 고독한 인간이 되셨고, 버림받은 인간 중에서도 가장 버림받은 인간이 되셨습니다.

한 십여 년 전에 제가 잘 아는 한 여성 평신도가 쓴, 외국인 선교사인 자신의 개종담과 한국에 오게 된 동기, 한국에 와서 하고 있는 일을 책으로 엮은 것을 읽은 일이 있습니다. 그분은 그 당시 여러 가지 좋은 일을 많이 하고 있었지만 그중에서도 매춘 여성을 선도해서 재생시키는 아주 힘든 일을 하고 있었습니다. 그 가운데 한 매춘 여성에 관한 이야기가 있었습니다. 이야기는 이렇습니다. 지도하는 사람은 물론이요, 본인도 최선을 다해서 갱생해 보려고 했습니다. 그러나 이 여성은 너무 마음이 약한 탓인지 또는 착한 탓인지 남자들이 집 밖에 와서 휘파람을 불며 유혹하면 버티지 못하고 다시 뛰어나가고, 찾아내서 데려오면 다시 나가고 이러기를 몇 차례 했습니다. 그러다가 결국 이 사람은 영영 떠나고 말았는데, 그분이 백방으로 알아보았지만 이 매춘 여성은 어느 겨울 포항의 한 길가 배수로에서 시체로 발견된 뒤였습니다. 아마 그 여성은 밤길에 고독을 달래기 위해 마신 술에 취해 비틀거리다가 배수로에 빠져 얼어 죽은 것 같습니다.

저는 이 이야기를 읽고서, 저의 상상이긴 합니다만, 그 버림받은 고독한 여성의 모습 속에 비록 자신의 탓이 없지 않았다 하더라도 결국 약한 인간의 고독한 모습, 버림받은 인간의 고독하고 비참한 모습을 보지 않을 수 없었습니다. 그러나 이 사람의 그 비참 속에 그 고독, 특히 그 임종의 고독 속에 스스로 제일 낮은 인간이 되신 예수님이 함께 계셨다는 생각이 들었습니다.

예수님의 사랑을 생각해 볼 때 그분은 반드시 바로 그런 인간 속에 계시고 또 그와 함께 그 비참과 고독을 다 겪으시면서 그를 사랑으로 구해 내시는 분이십니다. 그분의 사랑 가득한 모습은 성서 속의 탕자의 이야기, 잃은 양 한 마리를 찾아 헤매는 착한 목자의 이야기, 또 당신은 의인을 구하러 오지 않고 죄인을 구하러 왔다는 말씀 가운데 계십니다.

이런 예수님을 생각할 때, 또 마태오 복음 25장 31절부터 46절에 나오는 바와 같이 세상에서 가장 버림받은 사람에게 해 준 것이 바로 당신 자신에게 해 준 것과 같다고 하시면서, 그 버림받은 사람이 곧 당신이라고 하신 그 예수님을 생각할 때, 포항 밤거리 하수구에서 얼어 죽은 가장 버림받은 한 매춘 여성 속에도 예수님은 계셨다고 믿습니다. 이는 결코 저 자신의 상상만일 수는 없습니다. 그것은 복음의 예수님의 모습과 말씀, 그 사랑의 결론입니다. "사람아 너는 흙에서 왔으니 흙으로 돌아가리라." 모든 인간은 어떻게 죽든 죽음의 종말을 맛보아야 합니다.

그 시간은 절대적으로 고독합니다. 사랑하는 아내, 남편, 부모, 형제, 그 누가 옆에 있어도 나의 죽음의 그 절대적인 고독 속까지 들어오지는 못합니다. 하느님이시면서 인간이 되시고 스스로 죽음을 겪으신 예수님만이 그 시간에 나와 함께 있을 수 있습니다. 예수님의 사랑은 이만큼 깊고 한없이 큽니다. 지극히 인간적이시면서 순결하고 거룩합니다. 그렇기 때문에 하느님이신 예수님은 우리를 위해 죽으실 수밖에 없었습니다. 우리 모두를 그 죽음에서 영생의 부활로 건지시기 위해서입니다. 이것이 진정한 인간 해방입니다. 곧 구원입니다. 옛날 이스라엘 사람들이 광야에서 하느님께 죄를 지었다가 불 뱀에 물려 죽게 되었는데, 백성들이 잘못을 뉘우치고 하느님께 용서를 빌자 하느님은 모세로 하여금 구리로 뱀을 만들어 기둥에 달고 뱀에 물린 사람들마다 이 구리 뱀을 쳐다보면 살도록 마련해 주셨습니다(민수 21,6-9).

이 구리 뱀처럼 우리를 구원하기 위해 십자가에서 돌아가신 예수님을 우리도 진정 뉘우치는 마음으로 바라봅시다. 그러면 우리도 사도 바오로가 에페소서에서 말씀하신 대로, 죄로 죽을 몸이지만 한없이 자비로우신 하느님께서 그 크신 사랑으로 잘못을 저지르고 죽었던 우리를 그리스도와 함께 다시 살려 주셨다는 것을 깨닫게 될 것입니다.

● 연도 미사

나는 죄인을 위해서 왔다

저는 오늘 사형 언도를 받고 언제 집행될지도 모르는 상황에 놓여 있는 여러분을 만나서 미사를 봉헌하고 있습니다. 여러분에게 무슨 말씀을 드려야 위로가 되고 격려가 될지 알 수가 없습니다. 저는 여러분 중 한 사람만이라도 사형만은 면하게 되었으면 좋겠다는 생각을 합니다만, 제가 그런 생각을 한다 해서 구체적인 무엇이 없는 한 그것이 여러분에게 위로가 될 수는 없을 것입니다.

그러나 저는 여러분이 믿는 예수님이 누구보다도 여러분 가까이 계시고, 여러분과 함께 계신다는 것을 말씀드릴 수 있습니다. 때마침 오늘 미사 복음에서 예수님은, 당신이 죄인들과 함께 계시는 것을 비난하는 바리사이파 사람들에게 그들의 비난이 그릇됨을 밝히면서 "나는 의인들을 위해 오지 않고 죄인들을 위해 왔다"라고 말씀하십니다.

예수님은 하느님의 아들이십니다. 우주 만물을 창조하시고 모든 존재와 생명의 원천이신 그 하느님의 아들이십니다. 따라서 하느님과 신성을 같이하시는 분이십니다. 그런 분이 당신의 신적 본성을 버리시고 당신을 비우시고 낮추시어 우리와 같은 사람이 되어 오셨습니다. 이것은 참으로 우리 신앙의 눈으로 볼 때 엄청난 사건입니다. "하느님이 사람이 되어 오셨다." 믿어지지 않는 신화와 같은 이야기입니다. 그런데 이것은 사실입니다. 이것은 그리스도교 신앙의 핵심입니다. 그런데 왜 하느님이신 분이 사람이 되어 오셨을까요? 그 이유와 목적은 무엇일까요?

이 근본적인 물음에 예수님께서는 스스로 답하십니다. "나는 의인을 위해 오지 않고 죄인을 위해 왔다." 그 말씀은 우리 인간을 죄와, 그 죄로 말미암은 영원한 죽음에서 구하여 당신의 생명, 죽지도 않고 썩지도 않는 영원한 생명으로 구하기 위해 오셨다는 것입니다. 예수님은 이렇게 우리 모두를 구하기 위해 우리 모두의 죄를 대신 지시고 십자가에서 돌아가시기까지 하셨습니다. 그분은 아무런 죄도 없으신 분이십니다. 그런데 우리 모두의 죄를 대신 지셨기 때문에 죄인과 같이 재판을 받고, 사형 언도를 받고, 십자가 위에서 참혹히 처형되셨습니다. 예수님도 사형수였고, 사형수로 처형되셨습니다. 두 강도와 함께 처형되셨습니다. 죄 많은 우리를 구하기 위해서입니다.

여러분이 사형수라는 것은 분명히 큰 불행입니다. 이 세상의 삶이 인생의 전부라면, 여러분의 처지는 바로 절망입니다. 그러나 세상의 삶이 인생의 전부라면, 여러분만이 아니고 우리 인간 모두의 처지가 결국은 죽음으로 끝나고 마니 절망입니다. 언제 어떻게 죽느냐 하는 차이는 있어도 결국은 다 죽을 수밖에 없는 운명에는 여러분이나 저나, 이 자리에 있는 누구나 세상 사람 모두 같습니다.

그러기에 사형수라는 처지가 결정적인 것은 아닙니다. 결정적인 것은 주님과 함께 영원한 생명을 얻느냐 얻지 않느냐 하는 것입니다. 그런데 그 주님은 바로 우리 인간이 죽음의 운명을 쓰고 절망에 빠져 있을 때 우리를 위해 오셨고, 십자가의 죽음을 통해 구원하셨습니다.

● 사형수들과의 미사, 1999. 7. 2. 서울 구치소

하느님의 사랑을 부어 주시는 성령

예수님은 "물과 성령으로 다시 나지 않으면 아무도 하느님 나라에 들어갈 수 없다"라고 하셨습니다. 이것은 요한 복음 3장에 니고데모라는 사람과의 대화에서 나오는 말씀입니다.

이는 여러분이 이미 받은 세례와 오늘 받으시는 견진을 함께 뜻합니다. 세례로 우리는 그리스도 안에 새 생명을 얻어 다시 태어났고, 오늘 견진으로는 이 생명을 더욱 굳세게 해 주고, 성장·성숙시켜 주는 것입니다. 그래서 세례를 견고하게 해 주는 것이 견진 성사입니다. 또한 세례에서 물에 의미를 두었다면, 견진에서는 성령의 역할에 주 무게를 두고 있습니다.

성령은 어떤 분이십니까? 아버지와 아들과 성령, 삼위일체이신 하느님의 제삼위입니다. 예수님은 수난하시기 전에 이 성령에 대해서 가끔 말씀하시고, 이 성령을 받음으로써 우리 안에 하느님의 생명이 충만해질 것을 예고하신 일이 있습니다. 요한 복음 7장 37절부터 39절을 보면 이런 말씀이 있습니다. "목마른 사람들은 다 나에게 와서 마셔라. 나를 믿는 사람은 성서의 말씀대로 그 속에서 샘솟는 물이 강물처럼 흘러나올 것이다." 그러고는, 이것은 예수님께서 당신을 믿는 사람들이 받을 성령을 가리켜 하신 말씀이었다고 주석을 붙이고 있습니다.

다시 말해, 성령을 받는 사람은 그 성령의 힘으로 하느님의 생명을 충만히 받아서, 그것이 마치 샘솟는 물이 강물처럼 흘러 넘치듯 그렇게 넘칠 것이라는 것입니다. 우리가 성령께 우리의 마음을 열고 언제나 그렇게 겸손되이 성령에 따라서 산다면, 우리는 이 같은 은혜가 내 안에 시작되고 있음을 감사하게 될 것입니다. 이것은 물론 단순한 느낌의 문제가 아닙니다. 믿음의 문제입니다. 우리가 예수님께서 우리에게 약속해 주신 그 말씀을 믿고, 그분께 끊임없이 나아가서 그분의 말씀과 그분 자신을 마치 목마른 사람이 물을 마시듯 마실 때에, 우리는 분명히 우리 안에 하느님의 신선한 생명이 샘솟고, 드디어는 강물처럼 흘러내리는 것을 깨닫게 될 것입니다.

그리하여 성령은 우리의 마음을 하느님의 사랑으로 가득 채워 줄 것입니다. 그래서 우리는 어떤 믿음의 시련을 겪더라도 인내로써 이겨 낼 수 있고, 삶의 어두움 속에서도 희망을 잃지 않을 것입니다. 심지어 인간적인 나약으로 죄에 떨어졌을 때에도 실망과 좌절에 빠지지 않을 것입니다. 하느님의 사랑을 굳게 믿기 때문입니다. 그래서 사도 바오로는 로마서 5장 5절에서 "이 희망은 우리를 실망시키지 않습니다. 우리가 받은 성령께서 우리 마음속에 하느님의 사랑을 부어 주셨기 때문입니다"라고 하였습니다.

우리가 이런 하느님의 사랑으로 살 때 참으로 남을 형제와 같이 사랑할 수 있습니다. 나에게 잘못한 사람도 용서해 줄 수 있고, 심지어 원수까지도 용서하고 형제적 사랑으로 받아들이는 넓고 깊은 사랑을 할 수 있습니다. 인간적 사랑만으로는 내가 좋아하는 사람, 나에게 잘해 주는 사람, 마음에 드는 사람을 사랑할 수는 있지만, 싫은 사람, 더구나 원수를 용서하고 사랑할 수는 없습니다. 그러나 성령은 우리 마음속에 하느님의 사랑을 부어 주심으로써 이를 가능케 합니다. 성령은 모든 이들, 인종, 국경, 민족, 언어, 피부색, 사회적 계급 등 모든 차별의 장벽을 무너뜨리고, 사랑으로 하나로 엮는 힘을 가진 분입니다. 그래서 일치의 성령이라고 합니다.

이런 현상은 사도행전 2장을 보면 바로 성령 강림일, 곧 성령이 처음 임하신 날 일어났습니다. 그날 많은 사람들이 사도들의 설교를 듣고, 개종하고 믿음을 갖게 되었습니다. 그런데 그들은 예루살렘에 사는 사람들만이 아니라 메소포타미아, 유다, 아시아, 이집트, 리비아 등 여러 나라에서 여러 가지 언어를 쓰는 사람들이었는데, 그들은 다 성령의 힘으로 사도들의 복음 말씀을 자기 말로 알아듣고, 언어나 민족, 인종의 차를 넘어서 한 믿음의 가족이 되었습니다. 사도행전에 보면 그들은 그후 서로 재산까지 나누어 가질 만큼 형제적 사랑으로 일치되었습니다.

오늘도 우리는 이런 현상이 일어나고 있다고 말할 수 있습니다. 우리 믿음에 사는 사람들은 백인이든 흑인이든 믿음으로써 그리스도 안에 형제로 봅니다. 수많은 민족, 사회에서 온 사람들이 그리스도의 한 교회를 이루고 있습니다. 거기에 아직도 참된 의미의 형제적 사랑을 느끼지 못하면, 그것은 성령의 탓이 아니라 우리가 성령께 우리 자신을 온전히 열지 않기 때문입니다. 이렇게 성령께서 우리를 하느님의 생명, 하느님의 사랑으로 가득히 채워 주실 때에, 우리의 내적 모습은 그리스도의 모습을 닮게 됩니다. 바로 오늘 주일 복음에서 보듯이, 다볼 산에서 태양같이 빛나고, 눈같이 흰빛으로 싸인 그 그리스도의 모습을 마지막 날, 부활 때에 온전히 닮게 됩니다.

그리스도를 닮는 것이 견진 성사가 지닌 깊은 의미입니다. 우리는 날로 그리스도를 더욱 닮을 수 있도록 살아야겠습니다. 그것은 그리스도께서 가신 길, 수난과 십자가의 길까지 같이 가는 것입니다. 예수님도 오늘 그와 같은 찬란한 모습을 보여 주신 후, 그것이 당신의 수난과 연결됨을 말씀하셨습니다. 수난을 겪고 십자가에서 돌아가신 후 부활하심으로써 그런 영광된 모습을 취하게 하심을 암시하신 것입니다. 여러분은 바로 그 그리스도의 수난을 기념하는 이때에 이 견진 성사를 받게 됩니다. 이 성사를 받음으로써 그리스도를 닮는 사람답게, 우리의 일상생활에서부터 지고 가야 하는 여러 가지 십자가, 정신적, 물질적 어려움과 고통, 그 외 부딪치는 모든 것을 믿음으로써 받아들이고, 기쁘게 짊어짐으로써 날로 더욱 그리스도를 닮게 되기를 기원합니다.

● 견진 성사, 1980. 3. 2. 명동 대성당

우리는 주님을 사랑합니까?

여러분은 모두 현역 장성의 부인들이지요? '별들의 전쟁'에서 승리하신 분들의 부인들이십니다. 그런데 어떻습니까? 별이 얼마나 오래 떠 있습니까? 혜성같이 떠올랐다가 유성같이 떨어지는 별이 아닙니까?

세상 영광이 다 그렇습니다. 전에 교황님께서 등극하실 때 베드로 대성당 입당 시 교황 성하께서 큰 촛불을 밝혔다가 곧 끄시면서 "세상 영광은 이렇게 지나갑니다"라고 말씀하셨습니다.

인간은 누구나 언젠가는 죽음을 맞이하게 됩니다. 기라성 같은 장군도 죽고, 부자도 죽고, 힘센 자들도 죽습니다. 그리하여 어느 날 주님 앞에, 그분의 심판대에 나서야 합니다.

이때 우리에게 가장 요긴한 것, 중요한 것은 무엇이겠습니까? 생전에 어느 장성의 부인이었다는 것입니까? 돈이 많았다는 것입니까? 인물이 잘났다는 것입니까? 재물, 사회적 지위, 인물, 건강, 여기에 우리는 굉장한 의미와 무게를 두고 살아갑니다. 또한 얼마나 많은 시간을 쏟는지 모릅니다. 그런데 주님 앞에 나아갔을 때, 이것이 무슨 힘이 되겠습니까?

제가 어릴 때 이런 이야기를 들은 적이 있습니다. 어느 마을에 아주 지독한 구두쇠인 떡장수 할머니가 있었습니다. 일전 한 푼 남을 위해 쓸 줄 모르고 돈을 버는 데만 혈안이 되어 평생을 억척같이 살았습니다. 그러다가 어느 날 생을 다한 노파는 하느님 앞에 나가서 심판을 받게 되었습니다. 성 미카엘 대천사가 쥔 심판 저울에 할머니의 평생 동안의 삶이 올려지게 되었습니다. 그러나 불행히도 할머니는 평생을 구두쇠로만 살았기 때문에 저울은 악(惡) 쪽으로만 푹 기울어졌습니다. 선(善) 쪽은 텅 비어 있었습니다. 할머니의 비탄은 이만저만이 아니었지요. "이제 죽었구나! 영원히 지옥불에서 어떻게 살아야 하나?" 하고 절망에 빠졌습니다.

하느님이 이를 딱하게 여기시어 "다른 무엇 좀 없는가?" 하시자, 할머니의 수호천사가 "잠깐만" 하고 외쳤습니다. 천사는 어디선지 떡을 한 개 들고 와서 텅빈 선(善) 접시에 그것을 올려 놓았습니다.

아, 그랬더니 웬걸, 떡은 한 개뿐이었는데 저울이 선 쪽으로-아주 힘겹게였지만, 선·악 사이에 어느 쪽이 더 무거운지를 구별할 수 없을 만큼 간들간들하게-기울게 되었습니다. 거기다 하느님이 자비의 입김을 약간 부셨더니 저울이 그만 선 쪽으로 확 기울어져 할머니가 구원되었다는 것입니다. 그런데 그 떡은 무엇이었느냐 하면, 할머니가 워낙 구두쇠라 남을 동정할 줄 몰랐지만, 딱 한 번 굶주림에 고통스러워하는 거지를 보고 측은한 생각이 들어서 떡을 큼직하게 잘라서 준 일이 있었다는 것입니다. 그 한 번의 선행의 무게가 그토록 컸다는 거지요. 이것은 물론 지어낸 이야기이고, 이웃에 대한 사랑이나 자선만이 우리를 영생으로 끌어 준다는 것을 강조하기 위한 예화입니다.

오늘 복음에 "나더러 '주님, 주님' 하고 부른다고 다 하늘나라에 들어가는 것이 아니다. 하늘에 계신 내 아버지의 뜻을 실천하는 사람이라야 들어간다"는 말씀이 나옵니다. 이것은 아주 중요한 말씀입니다. 아무리 "주님, 주님" 하고 기도를 많이 한다 할지라도, 신앙생활의 내실이 없으면 아무 소용이 없다는 것입니다. 심지어 '주님의 이름으로 예언을 하고 주님의 이름으로 마귀를 쫓아내고 또 주님의 이름으로 기적을 행한다 할지라도 하느님의 뜻을 실행하지 않으면 아무 소용이 없다'는 것입니다.

그럼 하느님의 뜻은 무엇입니까?

예수 그리스도를 말로만 주님이라 부르지 않고, 입으로만 주님이라 찬미하지 않으며, 참으로 나의 길이요 진리요 생명이며, 나의 주님으로 진심으로 믿고 사랑하고 따르는 것입니다. 예수 그리스도를 나의 삶의 진정한 바탕으로, 중심으로, 목적으로 삼는 것입니다. 그리하여 그분이 우리를 사랑하시듯이 우리도 서로 사랑하는 것입니다. 그분이 우리를 용서하시듯이 우리도 서로 용서하는 것입니다.

이것이 없으면 우리가 어느 날 주님의 심판 대전에 나아갔을 때, 주님은 "나는 너를 모른다"라고 하실 것입니다. 제 경우 "주님, 저는 주님에 대한 강론을 많이 했습니다. 주님에 대한 글을 많이 쓰고, 주님의 사제로서 평생을 살았습니다" 해도 소용이 없을 것입니다. 여러분 경우에는, "주님, 저는 신자로서 주일마다 미사를 드리러 갔습니다. 주일 헌금을 얼마씩 했습니다. 데레사 회원으로서 활동도 많이 했습니다" 해도 소용이 없을 것입니다.

우리는 주님을 사랑합니까? 예수님은 참으로 나의 주님이십니까? 그분은 내 마음에 어떤 자리를 차지합니까? 나는 진정으로 그분을 위해서 나의 모든 것을 바칠 수 있습니까?

아브라함이 주님의 부르심을 받아서 "살던 고향과 일가 친척과 집을 떠나서 내가 가르쳐 주는 곳으로 가라"는 말씀을 들었을 때, 그는 즉시 모든 것을 버리고 떠났습니다. 주님께서 그를 어디로 인도하는지도 모르면서 주님을 믿고 떠났습니다. 우리도 그런 부르심을 받으면 모든 것을 버리고 떠날 만큼 주님을 믿습니까? 주님이 참으로 나의 마음의 가장 중요한 자리, 첫째 자리를 차지합니까?

또 아브라함은 외아들 이사악을 바치라는 분부를 받았을 때에도 조금도 주저하지 않고, 주님은 죽은 자도 다시 살리실 수 있는 분이라는 것을 믿고 바치려 했습니다. 우리도 그렇게 주님이 요구할 때 나의 가장 사랑하는 이사악을 바칠 수 있습니까? 그리고 우리는 참으로 주님께서 우리를 사랑하시듯이 그렇게 우리 이웃을 사랑합니까?

'이웃 사랑이 주님 사랑입니다.' 고린토 전서 13장의 사랑의 찬가에 보면, 사랑이 없으면 인간의 여러 언어를 말한다 해도, 천사의 말까지 한다 하더라도 소용이 없습니다.

또 내가 하느님의 말씀을 받아 전할 수 있다 하더라도, 온갖 신비를 환히 꿰뚫어 보고 모든 지식을 가졌다 하더라도, 사랑이 없으면 나는 아무것도 아닙니다. 내가 비록 모든 재산을 남에게 나누어 준다 하더라도, 또 내가 남을 위해서 불속에 뛰어든다 하더라도, 사랑이 없으면 아무 소용이 없습니다. 그런 선행은 명예를 얻기 위해서, 자기 위로와 자기만족을 얻기 위해서 할 수도 있습니다. 자기를 완전히 비우고 오직 남을 사랑하는 마음으로 하지 않을 때는 그것도 소용이 없다는 뜻입니다.

사실 그렇습니다. 우리가 오늘 이렇게 모여서 미사를 봉헌하고 아름답게 노래 부르고 많은 기도를 바친다 해도, 만일 우리가 서로 사랑하지 않고 또 남에게 사랑을 베풀 줄 모르면, 이 모든 것이 무슨 소용이겠습니까?

하느님이 우리를 보고 가장 기뻐하실 일이 있다면 무엇이겠습니까? 우리가 당신 성자 예수 그리스도를 믿고 사랑하고 따르는 사람으로서 참으로 그분을 닮아 사랑하는 것일 것입니다. 그분처럼 가난한 이, 병든 이, 약한 이, 우는 이, 고통 중에 있는 이들과 함께 고통을 나누며 자비를 베푸는 일일 것입니다. 이것이 하느님의 뜻을 실천하는 삶입니다.

● 육군 본부 데레사회 미사, 1985. 6. 27. 육군 중앙 성당

사랑은 기적보다 강하다

지난 11월 하순에 팔레스타인 성지 순례를 했습니다.

예수님이 나신 자리, 사신 곳, 전교하신 곳, 수난하시고 죽으신 곳 등을 - 예수님의 발자취를 - 따라가 보기 위해서였습니다. 그런데 인상 깊은 것은, 예수님 당신이 남긴 유적은 그 어느 곳에도 없었다는 것입니다. 예수님 이전에 이스라엘의 왕들과 민족이 남긴 성전을 비롯한 여러 유물이 있었고, 예수님이 탄생했을 때 그를 살해하려던 헤로데 왕이 남긴 건축은 특히 크고 웅장한 것들이 많았습니다.

그 외 로마인들이, 십자군들이, 모슬렘 교도들이, 터키인들이 남긴 유적이 많았습니다. 모두 자신들의 힘을 과시하고 자신들의 부와 권세, 명예와 영화를 영속하려고 남긴 것이었습니다. 물론 지금은 대부분 폐허가 되었든지, 그저 역사적 유물로만 남아 있습니다.

그런데 오늘도 세계를-적어도 많은 사람들을-정신적으로 감복시키는, 예수님께서 남긴 것은 아무것도 없습니다. 그분이 남긴 것은 사실 눈으로는 볼 수 없습니다. 그럼에도 우리가-복음을 읽으면서-그 자취를 따라가노라면 깊은 감동을 그곳에서 받게 됩니다. 무엇보다도 사람들을, 그중에서도 가난하고 배고픈 사람들, 병들고 지친 사람들, 죄인으로 천시받던 사람들을 구하시려고 모든 것을 바치신 그분의 모습에서 감동을 받습니다. 그러나 그런 사랑에도 불구하고 예수님은 바리사이들과 율법학자들, 예루살렘의 대제관들 등 이스라엘 지도자들의 미움을 사서 수난하시고 죽으셨습니다. 이것은 예수님이 이를 미리 내다보시면서, 또한 거기에 성부의 뜻이 있다는 것을 아시고 자발적으로 그 수난을 받아들이신 것입니다. 우리를 사랑하신 분이 그렇게도 참혹히 죽으셨다는 것에 더욱 깊은 감동을 받습니다. 동대문 시장같이 여러 인종의 사람들이 거리를 메우는 예루살렘의 거리는 그 속에서 예수님을 만날 수 있을 것만 같은 착각을 불러 일으킵니다.

그러나 그분은 오늘도 고난의 길이라고 불리는 그 길을 십자가를 지고 가신다는 생각이 더 듭니다. '왜, 예수님은 당신의 능력으로, 당신의 지혜로 세상을 구하시지 않고 수난과 십자가로써 세상을 구하셨는가' 하는 의문이 떠오릅니다. 이 의문에 대한 답을 얻기는 쉽지 않습니다. 그러나 예수님은 많은 기적을 당시에 행하셨고, 그것으로 믿음을 가진 이도 있지만, 결국 그것이 사람을 내적으로 구하지는 못했습니다.

이는 이미 예수님 스스로 개탄하신 것을 보아도 알 수 있습니다. 예수님이 전교를 하시고 기적을 많이 행하신 곳은 갈릴래아 지방이었고, 그 중에서도 가파르나움, 코라진, 베싸이다였습니다. 그러나 이곳들은 마치 예수님이 저주하신 그 말씀이 들어맞은 양 완전한 폐허였습니다. 사실 예수님이 가장 기적을 많이 행하신 곳이 이 세 군데였는데, 거기서 회개하고 믿음을 가진 사람들은 불과 소수였습니다.

기적의 힘이 반드시 사람을 감동시키는 것도, 특히 마음의 변화를 일으켜 회개시키는 것도 아니라는 것을 잘 증명하고 있는 것 같았습니다. 그러나 십자가는 우리를 사로잡습니다. 그 사랑은 사람의 마음을 깊이 회개시킵니다.

십자가는, 하느님이 우리를 얼마나 사랑하시는가를 잘 드러냅니다. 돌아가시기까지 우리를 사랑하신다는 것을 말하고 있습니다. 그리하여 인간을 마음속 깊이 회개시켜 주고 인간의 마음속에 하느님의 사랑을 부어 넣음으로써 거룩한 마음, 하느님을 닮은 마음으로 변화시킵니다.

바로 이 같은 마음이 세상의 어둠을 밝히고, 메마른 땅을 생명의 물로 적셔 주며, 죽어 가는 인간을 재생케 합니다.

● 1979

사랑이 없으면 삶은 빈 껍질

인생 공부의 가장 큰 문제는 무엇일까요? 그것은 정말 사랑할 줄 아는 것입니다. 프랑스의 유명한 시인이며 작가인 아라곤(Aragon)은 "인생에 있어서 내가 배운 것은 오직 하나, 곧 사랑하는 것이다. 내가 당신들에게 바라는 것도 오직 하나, 곧 사랑할 줄 아는 것이다"라고 하였습니다. 이 말은 며칠 전 읽기 시작한 책의 한 장(章)의 머리에 쓰여 있었습니다.

나도 오늘 여러분한테 같은 말을 하고 싶습니다. 그런데 나는 아직 참으로 사랑할 줄 안다고 말할 수는 없고, "인생에 있어서 제일 중요하고 제일 값지고 삶을 풍부하게 해 주고 구원해 주는 것이 있다면, 그것은 사랑이다"라는 말은 할 수 있을 것 같습니다. 사랑이 없으면 삶은 결국 빈 껍질입니다.

나는 가끔 이런 생각을 하게 됩니다. 어느 날 갑자기 내가 살던 집을 떠나게 되어 꼭 한 가지만 가지고 갈 수 있다면, 그것은 성서 하나뿐일 것이라고 말입니다. 다른 것은 나에게 있어도 그만 없어도 그만입니다. 이것을 물론 청빈이라고 말할 수는 없습니다. 내가 청빈해서라기보다는, 오히려 애착을 느낄 만큼 무엇과도 친숙해지지 않아서입니다. 이것은 물건에 대해서만이 아니고 사람에 대해서도 같을지도 모르겠습니다. 청빈은 사랑하면서도 끊을 수 있을 때 잘 드러나는 것이겠지요. 물건 같으면 욕심을 느끼면서도 깨끗이 버릴 수 있을 때 청빈함을 증명할 수 있을 것입니다. 그런데 내 경우에는 애착이나 사랑이 없는 데서 오는 답답함입니다.

그럼 왜 성서는 가져가고 싶을까요? 그것에는 어떤 애착이 있어요. 아직도 하느님과의 생생한 만남을 갖지 못한 까닭에, 그분의 말씀, 그분의 생명, 사랑이 담긴 이 책을 버릴 수 없고, 지님으로써, 읽음으로써 그분과 더 가까이 만날 수 있기를 바라는 마음에서입니다. 사실 나는 하느님을 더 알고 싶고, 예수 그리스도를 더 알고 싶습니다. 신학이라는 학문으로서보다 생활한 체험으로서 말입니다. 그렇다고 무슨 기적 같은 광경(vision)을 보고 싶은 것은 아닙니다. 내 마음속 깊이 주님의 존재를 체험하고 싶은 것입니다. 그러면 내 삶도 사랑에 충만한 삶이 되지 않을까 생각합니다. 왜냐하면 하느님은 사랑이시기 때문입니다. 이렇게 나는, 주님이 내 속에 임하시기를 갈망합니다. 그런데 내 자신 안에 모순이 있습니다. 그래서 나는 동시에 그분을 피합니다. 그분에게로 완전히 회두하는 것을 두려워하는 것이겠지요.

얼마 전 일본 예수회 신부님 한 분이 인사 차 오셨습니다. 이 신부님과 대화 중에 피정 이야기가 나왔습니다. 신부님은 일본의 한 주교님과 한 달 피정을 같이 했다면서—이 신부님이 지도하고 주교님이 피정한 것이지요—은근히 나한테도 권하는 투였습니다. 그런데 그 시간 내가 느낀 것은 두려움이었습니다. 한 달이 길다는 두려움도 있었지만, 내심 주님과 바로 마주 대면한다면 큰일이 나겠다 하는 두려움이 있었습니다. 얼굴과 얼굴을 맞대듯이 그렇게 보는 것은 아니겠지만, 그 신부님 표현에 의하면, 한 달 피정을 하면 믿음을 잃는다고 합니다. 믿음을 잃는다는 것은 마치 주님을 뵙다시피 직접 체험을 하니까 믿는다는 말이 적합치 않다는 것입니다. 그런 주님과의 만남을 저는 한편으로는 원하면서도 다른 한편으로는 피하고 싶었던 것입니다.

내 생활과 존재에 너무 깊이 주님이 들어오시는 것이 두렵습니다. 그러니까 내 안에는 예수님의 부활 전 베드로처럼, 한편은 "주님, 주님께서 영원한 생명을 주는 말씀을 가지셨는데 우리가 주님을 두고 누구를 찾아가겠습니까?"(요한 6,68) 하고, 또 "비록 모든 사람이 주님을 버릴지라도 저는 결코 주님을 버리지 않겠습니다"(마태 26,33; 마르 14,29), "주님과 함께 죽는 한이 있더라도 결코 주님을 모른다고는 하지 않겠습니다"(마태 26,35), 이렇게 장담을 하면서 결국은 세 번씩이나 모른다고 배반한 베드로와 흡사합니다. 한편 사랑하면서도 막상 정말 사랑의 증거가 필요한 때에는 저버리는 약함을 그대로 지니고 있습니다.

주님을 사랑하지 않는 사람들에 대해서야 오죽하겠습니까? 사람들 중에서도 사랑하기 곤란한 사람들, 거지, 나환자, 천덕꾸러기 등을 사랑한다는 것이 정말 문제입니다. 우리(나)는, 결국 마음에 드는 사람은 사랑하고—사실 그것도 어느 정도인지는 지극히 의심스럽고—그렇지 않은 사람은 말로만 또는 체면상 형식적으로 사랑하고 있는 것은 아닙니까? 그럼 결국 우리는 사랑과 평화를 차별과 멸시와 미움, 다툼과 전쟁의 세상에 선포할 수 있는가를 생각해 보아야 하겠습니다. 이렇게 우리는 모두 비슷비슷하지 않은가 모르겠습니다.

우리를 구할 메시아는 어디서 오는가? 오늘 우리는 모두 메시아, 해방자를 기다립니다. 우리를 이 부정과 불의에서, 미움과 억압에서 구원해 줄, 우리를 구하고 온 세상을 정의와 평화로 다스릴 메시아를 기다립니다. 주교나 신부, 수도자가 AFI(국제 가톨릭 형제회)의 사명, 교회의 사명, 메시아의 도래를 알리는 것이라면 우리는 적어도 메시아가 어디서 오시는지는 알아야 합니다. 그리고 모든 이를 사랑할 수 있어야 합니다. 우리는 그 힘을 그분께 의탁해야 하겠습니다. "나에게 능력을 주시는 분을 힘입어 나는 무슨 일이든지 할 수 있습니다"(필립 4,13).

● 사랑, 1977

내적 성숙은 사랑을 통하여

우리는, 사랑이라는 것이 우리에게 없어서는 안 될 본질적인 무엇이라고 느끼고는 있지만, 왜 이것이 인간에게 본질적인 무엇인지에 대해서는 잘 알지 못하니, 한번 깊이 생각해 **볼** 필요가 있을 것 같습니다. 그보다 먼저 사랑이 무엇인가를 생각해 보아야 겠습니다.

우리는 사랑에 대해서 가장 많은 말을 합니다. 만일 사랑이라는 말, 또는 그것을 직접·간접적으로 묘사하는 것을 시, 소설, 문학, 예술에서 **빼** 버리면, 생명 없는 마른 **뼈**들만 남을 것입니다. 왜 사랑이 빠지면 이렇게 됩니까?

어떤 종교이든 그 종교에서 사랑을 **빼**면, 그것은 종교로 성립할 수도 없거니와, 설령 있다고 해도, 그런 종교는 인간을 위선자로 만들고 가장 비인간화시키는 우상 숭배와 미신에 불과할 것입니다.

왜 사랑이 없으면 종교는 비종교가 됩니까? 사랑이 없으면, 어떤 인간관계도 참된 인격적인 관계로 성립할 수 없습니다. 인간은 서로 해치고 죽이는 존재로 변하고 맙니다. 왜 그렇습니까?

사랑이 없으면, 가정은 파탄이 납니다. 사랑이 없는 부부, 부모 자식, 형제 관계보다 더 비극적인 것은 없습니다. 왜 사랑은 이같이 가정 행복의 본질입니까?

우리는 한 사회가 성립하기 위해서 법률적인 의미의 질서만 지켜지면 될 것같이 생각하기 쉽지만, 사랑이 없는 사회는 진정 인간적인 사회라고 부를 수 없을 것입니다. 그러한 사회는 매정하고 가장 비인간적인 집단일 것입니다. 거기에는 평화도, 안녕도, 번영도, 발전도 없을 것입니다. 그 사회는 죽음을 향해 갈 뿐입니다.

저는 연초에 저에게 세배를 온, 성직을 희망하는 고등학생들을 보고서 이런 말을 한 적이 있습니다. 저는, "여러분이 남을 위해서 봉사하는 신부가 되어 보겠다고 생각하는 것은 참으로 가치 있다고 생각한다. 여러분이 정말 신부가 될 것인지 아닌지는 더 두고 보아야 할 일이지만, 그러나 어떤 삶의 길을 가든지 남을 위해 자신을 온전히 바친다는 사랑의 정신만은 부디 잊지 말아다오. 한 민족이나 사회가 얼마나 위대하고 앞날이 밝아지는가는 그 나라, 그 사회의 사람들, 특히 젊은이들 안에 이같이 남을 위해서 자신을 바치는 봉사와 사랑의 정신을 가진 사람들이 많으냐, 아니냐에 달려 있다"라고 했습니다. 사실 저는 그렇다고 믿습니다.

우리나라는 지금, 1980년대에 들어서서 많은 문제를 안고 있습니다. 난국에 처해 있습니다. 정치 발전도 해야 하고 경제 불황도 극복해야 합니다. 그런데 우리가 민주 시민으로서 충분한 자질을 갖추었는지 의문이 듭니다. 모든 사람이 민주주의를 추구하고 있습니다. 심지어 어제까지는 유신 체제야말로 이 나라, 이 민족이 살 수 있는 유일한 길이다, 생존을 위해서도 유신 체제가 절대로 필요하다고 외치던 유신의 기수들까지도, 지금은 유신이라는 말조차 쓰지 않습니다. 오히려 그네들이 민주주의 선두에 서고자 안간힘을 쓰고 있습니다. 어디에 진실이 있는지 모를 지경입니다. 누가 참으로 민주주의의 신봉자이고, 누가 기회주의자인지 알 수가 없습니다.

나는 누구를 탓하려고 이 말을 하는 것이 아닙니다. 저를 포함해서 우리 모두가 어제까지는 민주주의를 감히 입 밖에 내지도 못하다가 오늘 갑자기 민주주의를 외친다면, 이것이 정말 민주주의에 대한 확신에서인지 아닌지 의심스럽기에 하는 말입니다. 앞으로 헌법을 개정하고 우리는 민주주의로 나아가겠지요. 그러나 우리가 민주 시민으로서 자부하려면 십 년은 더 걸려야 한다고 생각합니다. 그만큼 우리의 민주주의는 시련과 난관을 앞에 두고 있습니다. 경제 불황을 극복하는 데는 피부로 느끼는 고통이 더 클 것입니다.

석유도, 자원도 없는 우리가 가진 것이라고는 인력밖에 없습니다. 그러나 이렇듯 정치·경제적으로도 문제가 많지만, 오늘의 한국인들, 특히 젊은 세대를 인간애에 있어서 남을 위해, 사회와 나라와 인류를 위해서 자신을 바치는, 봉사와 사랑의 정신에 있어서 가장 뛰어난 이들이라고 말할 수 있다면 우리는 세계 어느 나라보다도 가장 위대하고 가장 희망 찬 미래를 가진 민족이라고 볼 수 있을 것입니다.

이렇게 보면 인간애, 곧 사랑은 석유나 어떤 자원보다도, 어떤 기술이나 지식보다도, 어떤 물리적인 힘보다도 인간에게 없어서는 안 될 가장 중요한 본질적인 그 무엇입니다. 사랑은 왜 이같이 인간에게 본질적인 무엇입니까? 사랑이 도대체 무엇이기에…….

사랑이 없는 인간은 인간이 아닐 만큼 사랑은 인간에게 본질적입니다. 한 인간이 누구로부터도 사랑받지 못한다고 가정해 봅시다. 사랑받지 못한다는 것은, 이것과 함께 따라오는 인정이나 존경도 받지 못한다는 뜻입니다. 그러면 그 인간은 어떻게 되겠습니까? 그것은 정말 완전한 소외입니다. 그 인간은 인간으로서 성장할 수도, 살 수도 없을 것입니다.

이렇게 보면 사랑은 분명히 인간에게 있어서 생명과 같은 것입니다. 그래서 저는 더욱 이 생명과 같은 사랑은 무엇인가 하고 생각하게 됩니다. 그런데 저는 여기서 '사랑이 무엇이다'라고 명확히 답을 드릴 수가 없습니다. '생명이 무엇이다'라고 답을 할 수 없듯이 말입니다.

● 1980

소외된 이와 함께하는 삶

나환자를 사회에서 소외시킨 것은 비단 우리나라만이 아닙니다. 모든 사회가 다 그랬고, 오늘 제1 독서를 보면, 구약 시대 이스라엘 민족도 그랬습니다.

우리는 지금도 그들을 소외시킵니다. 소록도와 기타 나환자촌에 격리시킵니다. 다른 사람들의 전염을 막기 위한 예방의 의미도 있으나, 그들이 다 나아 전염될 위험이 없어져도 좀처럼 받아 주지 않습니다.

그들의 자녀들, 이른바 미감아들은 환자가 아닌데도 사회는 그들을 받아 주지 않습니다. 교회는 받아 줍니까? 받아 주는 척하지만, 교회도 안 받아 줍니다. 그들만의 마을이나 성당은 지원도 하고 도와주기도 하지요. 그러나 그런 미감아가 사제를 지망하여 신학교에 오겠다고 할 때, 수녀원에 가겠다 할 때, 그런 예가 아직은 있었는지 없었는지 모르겠으나, 신학교에서 과연 받아 줄까, 수녀원에서 과연 받아 줄까 의심스럽습니다.

그런 아이가 커서 여러분의 자녀와 결혼하겠다고 하면 며느리, 또는 사위로 받아 줄 수 있습니까?

나병의 경우가 대표적인 예이지만 폐병 환자, 결핵 환자도 지금 전국적으로 굉장히 많은데, 그중 상당수가 가정과 사회로부터 소외되어 있습니다. 얼마 전 '시몬의 집'에서 만난 젊은 여자 환자는 집이 부산인데, 부모도 없고, 형제도 없고, 외할아버지만 계시다고 했습니다. 제가 받은 인상은 그를 받아 줄 가정이 없다는 것이었습니다.

이렇게 우리들은 많은 사람을 의식, 무의식중에 소외시킵니다.

나병이나 폐병의 경우에는 병을 이유로, 전과자인 경우에는 죄를 이유로, 또는 지체 부자유자이기 때문에, 소경이기 때문에, 벙어리이기 때문에, 뇌성 마비이기 때문에 소외시킵니다.

시인인 어느 뇌성 마비 환자의 글에 보면, 언젠가 자기 집에 손님이 와서 어머니와 이야기하는 중에 자녀가 몇이냐고 묻는 질문에 자기 어머니는 자기를 빼놓고 다섯이라고 대답하더랍니다. 이 소리를 뇌성 마비인 딸이 옆방에서 듣게 된 것입니다. 어머니는 자기 자식 중에 그런 자식이 있다는 것이 부끄러웠던가 봅니다. 이렇게 인간은 이웃을, 형제자매를, 때로는 자식까지도 소외시킵니다. 그런데 오늘 복음의 예수님은 얼마나 훌륭하십니까? 모든 인간이 저주하고 소외시킨 나환자를 사랑으로 고쳐 주셨습니다. 참으로 예수님은 누구도 소외시키지 않으시는 분이십니다.

마태오 복음 23장을 보면, 그분은 굶주린 이, 헐벗은 이, 병든 이, 옥에 갇힌 이, 가난하고 외로운 이, 나그네 등 가장 보잘것없는 이들과 함께하십니다. 그분은 잃은 양 한 마리를 찾아 나서는 착한 목자이시기 때문에 의인이 아니라 죄인을 위해 오셨을 뿐 아니라 그들과 음식을 나누고, 벗이 되어 주셨습니다.

이것이 예수님의 사랑입니다. 예수님이 원하시는 것은 이 세상 모든 이가 모든 인간적, 사회적 차별을 초월하여 하나가 되는 것입니다.

요한 복음 17장의 기도를 보면, 예수님께서는 "모든 이로 하여금 하나가 되게 하소서. 아버지와 내가 하나인 것처럼, 그들도 우리 안에 하나가 되게 하소서. 내가 아버지 안에 있고, 아버지가 내 안에 계시듯이 그들도 우리 안에 있게 하소서"라고 기도하셨습니다.

예수님은 바로 이 일치를 위하여 십자가에 못 박히셨습니다. 가로와 세로로 된 십자가는 이를 상징한다고 볼 수 있습니다. 세로는 하느님과 인간의 일치를, 가로는 이 사랑 속에 모든 인간이 일치됨을 의미합니다. 예수님은 자신을 모든 이를 위하여 바치셨다고 볼 수 있습니다. 빈첸시오 아 바오로의 활동은 이러한 예수님의 사랑의 연장이 아니겠습니까?

여러분은 단순한 자선만 행할 것이 아니라 인간과 인간 사이에 담을 허는 사람이 되어야 합니다. 증거의 해에 우리는 한 사람이라도 더 우리 자신의 마음에 받아 줌으로써 소외에서 구해 봅시다.

● 성 빈첸시오 아 바오로회 정기 총회 미사, 1985. 2. 17. 명동 문화관

사랑해야 하는 이유

"아버지께서 나를 보내신 것과 같이 나도 너희를 보낸다."

이 말씀이 이번 청소년 대회의 주제입니다. 그리고 오늘의 주제는 '사랑'이라고 들었는데, 맞습니까?

'사랑'은 좋은 것이지요. 여러분 모두 사랑받기를 원하지요? 사랑하기도 원하십니까? 아마 누군가를 사랑하기를 원하겠지요?

사랑은 산소 같은 것입니다. 산소가 없으면 우리는 숨을 쉴 수가 없어 죽습니다. 사랑이 없으면 어떻게 되겠습니까? 가령 가정에 사랑이 없으면, 그 가정은 파탄하고 맙니다. 사회에 사랑이 없으면, 그 사회는 사랑이 없는 그만큼 사람이 살기 힘든 사회가 될 것입니다.

어떻습니까? 이렇게 볼 때, 과연 우리나라는 사람이 사람답게 살 수 있을 만큼 사랑이 넉넉히 있는 사회라 할 수 있겠습니까? 세상 역시 마찬가지일 것입니다. 오늘의 우리 사회도, 오늘의 세상도 물질적으로는 많이 발전하였지만, 그만큼 사랑이 많아진 것 같지는 않습니다.

이런 세상을 누가 바꾸어야 합니까? 바로 우리가 해야 합니다. 누구보다도 신앙인이라고 하는 우리가 해야 합니다. 특히 젊은이들이 해야 합니다. 왜냐하면 내일, 곧 미래는 여러분의 것이기 때문입니다. 그러기 위해서 우리는 예수님을 믿는 사람으로서 예수님처럼 사랑해야 합니다.

우리는 왜 사랑해야 합니까? 그 이유는 우리가 참으로 사람답게 살기 위해서입니다. 나아가, 보다 더 근원적인 이유는 하느님이 우리를 사랑하시기 때문입니다.

여러분, 믿음이 무엇인지 아십니까? 우리는 신자, 즉 믿는 사람들입니다. 우리는 무엇을 믿습니까? 물론 하느님을 믿습니다. 그러나 단순히 하느님이 계시다는 것만을 믿는 것이 아닙니다. 하느님이 우주 만물을 창조하셨음을 믿고, 무엇보다 당신 모습을 닮은 인간으로 우리를 창조하셨음을 믿습니다.

그런데 이 하느님, 만물을 창조하신 지극히 능하신 하느님, 또 만물을 다스리시는 지극히 높으신 하느님, 그렇게 위대하신 하느님이 우리를 지극한 사랑으로 사랑하십니다. 하느님은 우리를 사랑으로 창조하시고 사랑으로 구원하십니다. 이것을 믿는 것이 믿음입니다. 우리에 대한 하느님의 사랑은 참으로 절대적이고 조건 없는 사랑입니다.

무엇으로 알 수 있습니까?

그것은 물론 성서에서 자세히 말하고 있습니다. 신·구약 성서 말씀이 많지만, 그 모든 말씀을 다 요약한다면, 그것은 하느님은 사랑이시고, 사랑이신 하느님은 우리를 절대적이고 조건 없는 사랑으로 사랑하신다는 것입니다. 이사야서 54장 10절을 보면 이런 말씀이 나옵니다. "산이 밀려나고 언덕이 무너져도 나의 사랑은 너를 떠나지 않는다."

이렇게 하느님의 사랑은 절대적입니다. 그것을 증거하는 것이 십자가입니다.

십자가에 달려 계신 분, 그분은 누구십니까? 예수님이십니다. 예수님이 왜 십자가에 달려 계십니까? 십자가는 도대체 무엇입니까?

우리는 십자가를 보며 성호를 긋고 절을 합니다. 십자가를 공경합니다. 그래서 십자가를 거룩한 것으로만 생각할 수 있습니다. 그것은 사실입니다. 지금은 십자가가 거룩한 것입니다. 그러나 본래 그런 것은 아니었습니다. 십자가는 본래 사람을 죽이는 형틀이었습니다. 그것은 극악무도한 죄인, 나라에 반역한 자, 또는 흉악한 살인 강도를 처형하는 형틀이었습니다.

그런 형틀에 예수님이 왜 매달려 계십니까? 예수님이 무슨 잘못을 하셨습니까? 물론 아닙니다. 예수님은 믿지 않는 사람들에게도 인류가 낳은 대성인 중 한 분으로 꼽힐 만큼 거룩한 분이십니다. 더구나 예수님은 하느님의 아들이십니다.

요한 복음서 3장 16절에 이런 말씀이 있습니다. "하느님은 이 세상을 극진히 사랑하셔서 외아들을 보내 주시어 그를 믿는 사람은 누구든지 멸망하지 않고 영원한 생명을 얻게 하여 주셨다."

여기서 세상은 물론 우리 인간 세상, 바로 우리 인간들입니다. 예수님은 바로 이렇게 하느님이 우리 인간을 사랑하신 나머지 우리를 구원하기 위해 보내신 하느님의 아들 그리스도십니다. 따라서 하느님과 같이 거룩하신 분입니다.

그런 분이 십자가에 달려 계시는 것은 바로 우리 모두를 구원하기 위해서입니다. 우리 모두를 죄와, 죄의 결과인 죽음에서 구원하기 위해서 예수님이 우리 모두의 죄를 대신 지신 것입니다. 그래서 예수님이 십자가에 달려 계십니다. 달리 표현하면, 우리 모두의 죄 사함을 위해서 예수님이 당신 자신을 아버지의 뜻에 따라 속죄의 제물로 바치신 것입니다. 하느님의 아들 되시는 분이 이렇게까지 우리를 사랑하십니다. 돌아가시기까지 사랑하십니다.

아버지이신 하느님은 당신을 배반하여 죄를 지은 우리를 구하기 위해서 당신의 외아들을 보내셨습니다. 외아들이면 아버지에게는 가장 소중한 존재입니다. 그런 외아들을 하느님은 우리를 위해 내어 놓으셨습니다. 그만큼 우리를 사랑하십니다.

외아들 그리스도는 역시 하느님과 같으신 분인데, 필립비서 2장 6절에서 9절의 말씀대로, 당신을 비우시고 낮추시어 우리와 같은 사람이 되어 오셨습니다. 그뿐만 아니라, 우리를 죄에서 구하시고 당신과 같이 영원히 살게 하기 위해서 우리 모두의 죄를 대신 지시고 돌아가시기까지 하셨습니다.

사람이 되신 그리스도는 우리를 위해 돌아가실 만큼 우리를 사랑하십니다. 우리를 위해서 당신의 외아들까지 내 놓으시는 하느님 아버지, 또 우리를 위해서 사람이 되시고 돌아가시기까지 하신 그리스도, 이렇게 우리를 사랑하시는 분이 우리가 믿는 하느님이십니다.

'믿음'이란 우리에 대한 하느님의 사랑을 믿는 것입니다.

왜 이렇게까지 하느님은 우리를 사랑하십니까? 우리가 무슨 자격이 있습니까? 무슨 권리가 있습니까? 우리는 죄인이고, 사랑받을 아무런 자격도, 권리도 없습니다. 하느님이 우리를 사랑하시는 것은, 오로지 하느님이 사랑이시기 때문입니다. 우리에 대한 하느님의 사랑은 참으로 절대적이고 조건이 없습니다. 그래서 사도 바오로는 이런 하느님의 사랑을 깊이 묵상한 후 로마서 8장에서 이렇게 말했습니다. "누가 감히 우리를 그리스도의 사랑에서 떼어 놓을 수 있습니까? 환난입니까? 역경입니까? 박해입니까? 굶주림입니까? 헐벗음입니까? 혹, 위험이나 칼입니까? 나는 확신합니다. 죽음도, 생명도, 천사들도, 권세의 천신들도, 현재의 것도, 미래의 것도, 능력의 천신들도, 높음도, 깊음도, 그 밖의 어떤 피조물도 우리 주 예수 그리스도를 통하여 나타날 하느님 사랑에서 우리를 떼어 놓을 수는 없습니다."

그러면 이제 우리는 이렇게까지 우리를 사랑하시는 주님께 어떻게 하면 좋겠습니까? 예수님은 "아버지께서 나를 세상에 보내신 것같이 나도 이 사람들을 세상에 보냈습니다"(요한 17,18)라는 말씀과 함께 이렇게 말씀하셨습니다. "나는 너희에게 새 계명을 주겠다. 서로 사랑하여라. 내가 너희를 사랑한 것처럼 너희도 서로 사랑하여라"(요한 13,34).

우리가 사랑해야 할 가장 중요한 이유는 이것입니다. 즉 하느님이신 분이 '나'를, 이 죄 많은 '나'를, 이 부족한 '나'를, 이 못난 '나'를 지극한 사랑으로 사랑하신다는 것입니다.

그렇다면 나도 첫째는 물론 주님을 사랑해야 하겠습니다. 주님처럼 나도 마음을 다하고 정성을 다하여 주님을 사랑해야 하겠습니다. 동시에 나의 이웃을 사랑하고, 나에게 혹 누가 잘못했다 할지라도 주님이 '나'를 용서하시듯 나도 그 사람을 용서하고 사랑해야 한다는 결심으로 살아야 하겠습니다. 이것이 곧 신앙생활입니다.

우리는 희망찬 새해를 맞이하였습니다. 1995년 광복 50주년은 여러 가지 의미로 뜻깊습니다. 광복 50주년은 우리나라 분단의 50년이기도 합니다. 우리는 올해 이것을 극복해야 합니다. 이런 의미 저런 의미로 우리는 새로운 마음으로 새로운 미래를 창조해야 합니다.

● 세계 청소년 대회 한국 참가자들에 대한 교리 교육, 1995. 1. 13. 마닐라

사랑으로 살아야 하는 이유

친애하는 형제자매 여러분.

1995년 을해년 새해를 맞이하여, 먼저 참으로 아무런 공이 없는데도 불구하고 우리에게 또 한 해를 주신 자비로우신 하느님께 감사를 드리면서, 여러분 모두에게 진심으로 "새해 복 많이 받으십시오"라고 축복의 인사를 드립니다.

오늘 제1 독서(민수 6,22-27)에서 하느님은 모세를 통하여 이스라엘 백성에게 그들을 귀엽게 여기시는 마음에서 당신의 축복과 평화를 내리십니다. 그 같은 축복과 평화를 오늘 새해를 맞이한 우리들과 우리 민족과 온 세계에 은총과 평화의 주님이신 하느님이 자비로이 내려 주시기를 빕니다.

사실 깊이 생각해 보면, 우리가 이렇게 새해를 맞이하였다는 것 자체가 하느님의 은혜입니다. 성서 말씀대로 우리 중의 누가 원한다고 자기 목숨을 한 시간인들 늘릴 수가 있겠습니까? 저는 이제 일흔네 살로, 상당히 나이가 든 편이라서 그런지, 이렇게 사는 하루하루가 주님의 은혜라는 것을 더욱 깊이 느끼게 됩니다. 주님은 지난해에 저의 가까운 친척들, 조카나 사촌 형제, 또는 동창 신부님들을 불러 가셨듯이 저도 불러 가실 수 있었습니다. 그뿐만 아니라 성수 대교 붕괴와 그 밖의 여러 큰 사고에 휩싸일 수도 있었습니다. 그럼에도 또 한 해를 주셨습니다. 그래서 어제 저녁 1994년 남은 몇 시간을 보내면서, 여느 때와는 달리 저에게 아직 이 세상에서의 생명을 연장시켜 주심에 대하여 감사하는 마음을 아니 가질 수 없었습니다.

주님은 이렇게 우리 모두에게 당신의 뜻에 따라 또 한 해를 주셨습니다. 참으로 우리 모두 아무 공 없이 받은 은혜입니다.

무엇 때문입니까? 그것은 오직 참되게 살고, 당신의 자녀로서 서로 사랑하며 살면서 우리 자신이 필요로 하고, 우리 사회가 필요로 하고, 분단된 조국이 필요로 하고, 오늘의 세계가 필요로 하는 평화를 이룩하기 위해서입니다.

어떤 분이 이렇게 말했습니다. "새날은 결코 동이 트고 해가 떴다고 오는 것이 아니다. 지나는 모든 사람이 네 눈에 형제로 보일 때 새날은 밝아 온다." 우리는 이 뜻깊은 말씀을 가슴 깊이 새겨야 합니다. 사실 모든 인간은 사랑 자체이신 하느님께서 당신의 모상을 따라 창조하신 존엄한 존재입니다. 하느님은 모든 인간을 그렇게 사랑으로 창조하셨습니다. 그리고 그 목적은 모든 인간에게 당신의 자녀가 되어 당신이 누리시는 그 영원한 생명과 영광을 누리게 하기 위해서입니다.

하느님은, 인간인 우리가 당신의 이 뜻을 거스르고 죄를 범하여 당신을 떠났음에도 불구하고 우리를 본래 당신이 뜻하신 대로 당신 자녀로 다시 구원하여 살리기 위해 외아들을 보내셨고, 외아들 그리스도는 우리를 위하여 당신을 비우시고 낮추셔서 사람이 되어 오셨을 뿐 아니라 우리 모두의 죄를 대신 지고 십자가에서 돌아가시기까지 하셨습니다. 우리 모두를 죄와, 그 죄로 말미암은 영원한 죽음에서 구하여 하느님의 자녀로 새로이 태어나게 하기 위해서였습니다.

하느님은 이처럼 우리를 사랑하십니다. 당신 아들까지 주실 만큼 사랑하십니다. 그 아들 예수 그리스도는 우리를 위해 당신 목숨을 버리실 만큼 우리를 사랑하십니다. 그리스도는 우리에게 오직 한 가지 새 계명을 말씀하셨습니다. "내가 너희를 사랑한 것처럼 너희도 서로 사랑하여라." 우리 인간은 이렇게 단순한 도리를 실천하지 못하고 있습니다. 오히려 서로 미워하고 죽이고 있습니다. 인종이 다르다, 종교가 다르다, 이념이 다르다는 등의 이유로 그렇게 끊임없이 해칩니다.

오늘 1월 1일은 평화의 날입니다.

올해 교황님은 평화의 날 메시지에서 오늘날 도처에서 벌어지고 있는 폭력, 전쟁, 불의를 이제 더 이상 용인할 수 없다고 하시면서, 특히 인간 존엄성에 대한 깊은 인식을 확산함으로써 평화를 위한 노력을 오래 지속하며 효과를 거둘 수 있게 되기를 호소하였습니다. 그뿐만 아니라 모든 여성의 존엄과 지위가 향상되고, 모든 여성이 또한 평화의 모후이신 성모 님의 삶을 본받아 그분처럼 가난한 자, 약한 자, 병든 자, 고통받는 자들의 참된 어머니가 됨으로써 평화의 교사가 되어 달라고 호소하셨습니다.

올해는 UN이 정한 '여성의 해'이자 '관용의 해'입니다. 이런 주제가 뜻하는 것은, 결국 인간과 인간 사이에 서로-모든 차별, 즉 인종적, 민족적, 또는 종교적, 문화적 차별을 넘어-먼저 존엄한 인간으로 받아 줄 줄 알고, 더 깊이는 하느님 안에 함께 자녀 되고, 서로 형제 된다는 것을 깊이 인식하자는 것입니다.

우리는 이런 하느님 사랑에 기초한 인간 존엄에 대한 인식, 인간 평등에 대한 인식이 깊어져서 서로 형제로 볼 수 있도록, 우리들 믿는 이들이 먼저 형제적 사랑을 살도록 노력해야 하겠습니다. 이것이 바로 우리가 추구하는 이천 년대 복음화의 핵심입니다.

● 천주의 성모 마리아 대축일 미사, 1995. 1. 1. 명동 대성당

사랑받기보다 사랑하게 하소서

신이여, 저를 절망케 해 주소서.

당신에게가 아니라 제 자신에게 절망하게 하소서.

미친 듯이 모든 슬픔을 맛보게 하시고

온갖 고뇌의 불꽃을 핥게 하소서.

모든 치욕을 맛보게 하소서.

제 자신을 지탱하기를 돕지 마시고

제가 뻗어 나가는 것을 돕지 마소서.

당신이 그렇게 하셨다는 것을

저의 온 자아가 이지러질 때

그때에 저에게 가르쳐 주소서.

기꺼이 멸망하고 기꺼이 죽어 가고 싶은 것은

오직 당신 속에서만 죽을 수 있기 때문입니다. ('기도', 헤르만 헤세)

이 기도가 어떻습니까? 우리는 이렇게 철두철미하게 자신을 내던지는 기도를 할 수 있습니까? 이것은 오직 하느님으로만 가득 차고 싶은 영혼이 자아를 비우고 버리게 해 달라는 기도입니다.

비참함과 절망의 구렁에서만, 또 죽음으로써만 비로소 하느님을 깨닫고, 믿고 살 수 있을 것 같다는 생각, 또는 확신에서 바친 기도 같아 보입니다.

여러분 중에는 이미 이 '기도'를 아는 사람도 있겠지요? 저는 한 달 전쯤에 이 '기도'를 처음 알았습니다. 실은 제게 고등학교 2학년 여학생 친구가 하나 생겼는데, 펜팔이라고나 할까요? 그 학생이 이번 성탄 카드에 써 보내 준 것입니다.

이런 기도를 들어 본 일이 있나요? 우리가 보통 드리는 기도와는 정반대지요? 보통은 "하느님, 제가 절망하지 않게 해 주소서. 우리를 슬픔과 고뇌에서 건져 주시며, 우리를 욕되게 하는 원수를 물리쳐 주소서" 하지 않습니까? 그런데 어쩐지 제게는 이 기도가 마음에 와 닿습니다. 그 학생은 "이 기도는 헤르만 헤세가 쓴 것이랍니다" 하면서 보내 주었는데, '왜 이것을 하필 내게 보내 주었을까?' 하고 생각을 해 보았지요. 그 학생도 분명 이 기도를 좋아하기에 제게 써 보냈겠지요?

그런데 이 기도를 시로서만이 아니라 실제로도 좋아할 수 있을까, 현실에서 절망했을 때 그 고통을 우리는 이겨 낼 수 있는가, 슬픔·고뇌·치욕을 감당해 낼 수 있는가 하고 생각해 보았습니다.

며칠 전 치욕이라고까지는 할 수 없지만 좀 힘든 경험을 했습니다. '그럴 수가 있나?' 하고 몇 번이나 생각했습니다. 그때 이 기도의 내용이 너무나 엄청난 것이며, 감히 그렇게 구할 것이 못 된다는 것을 알게 되었습니다.

아시시의 성 프란치스코의 '평화의 기도' 끝에 "이해받기보다는 이해하며, 사랑받기보다는 사랑하게 하소서. 우리는 줌으로써 받고 용서함으로써 용서받으며, 자기를 버리고 죽음으로써 영생을 얻기 때문입니다"라는 기도 구절이 있는데, 이것도 같습니다.

그렇게까지 철두철미하게 자신을 비울 수 있습니까?

내가 주체로서 무엇을 하는 것, 즉 내가 나를 비우고, 내가 사랑하고, 내가 봉사하고……. 그렇게 내가 원해서, 원하는 대로 한다면, 할 수 있을 것 같습니다. 그런데 더 깊이 생각해 보면, 여기서 '나'라는 것은 언제나 그냥 있습니다. 그대로 유지되고 있어요. 나는 상처받지 않고 있는 것입니다. 그렇다면 사실은 '나'를 비우는 것이 아니지요.

'나'를 비우는 것은 나의 뜻을 거슬러서 내가 원하지 않을 때 일어나는 일, 당하는 일, 싫은 사람을 피곤한 시간에 맞이하고, 받아들이고, 사랑하고, 용서한다는 것, 더욱이 어둠 속에 내던져진 채, 위로도 빛도 없는 가운데서 사랑한다는 것, 그것은 순교와 같습니다. '내'가 상처받고 죽임을 당하지 않고는 '나'를 비울 수 없습니다.

이렇게까지 자신을 비우고 내던질 수 있는 것, 이것이 참사랑입니다.

이런 마음이 참으로 예수님의 마음입니다.

예수님께서는 그런 길을 가셨습니다. 절망·슬픔·고뇌·치욕을 다 겪으셨고, 그러면서도 끝까지 "아버지, 제 영혼을 아버지 손에 맡깁니다"(루가 23,46)라고 하셨습니다.

사람들은 나보고 새해에는 더 밝은 빛이 되어 달라고 합니다. 내가 어떻게 빛이 될 수 있겠습니까? 어둠만 더해 줄 뿐입니다.

내가 '그리스도의 투명체(Transparent Christi)'가 될 때에만 빛이 될 수 있습니다. 즉 빛이신 그리스도의 투명체가 될 때에 가능합니다. 그래서 새해에는 무슨 소망을 가졌느냐 하면, 오직 하나의 소망으로, 뮤지컬 '가스펠(Godspell)'의 노래 '데이 바이 데이(Day by day)'에 나오는 말처럼 "주여, 날로 더욱 당신을 잘 알고, 당신을 더 열절히 사랑하며, 당신을 더욱 가까이 따르게 하소서" 하는 염원만을 지니고 살려고 합니다.

● 포콜라레 젠 대회, 1982. 1. 30.

성가정

오늘은 예수님과 성모 마리아와 요셉, 이 세 분이 이룬 성가정을 기리는 축일입니다. 예수님과 마리아와 요셉의 이 가정이 얼마나 성스러웠겠는가 하는 것은 충분히 짐작이 됩니다.

그러나 우리는 이 가정이 시작부터 남달리 겪은 시련을 결코 잊어서는 안 됩니다. 그것은 오늘 복음의 이야기, 이집트로의 피난이 잘 말해 주고 있습니다. 또 이런 가운데 요셉과 마리아는, 하느님의 뜻이 분명하게 무엇인지, 당신들의 아기 예수님의 운명이 장차 어떻게 전개될 것인지 전혀 알 수 없는 ─ 믿음의 시련 ─ 영혼의 밤, 어둠을 지나가야 했을 것입니다.

복음의 여러 대목을 보면 충분히 짐작할 수 있습니다. 예수님이 잉태되고 태어나실 때 일어날 여러 가지 일들, 동방 박사들의 방문, 예루살렘 성전에서 아기 예수님을 바치려 했을 때 예언자 시므온이 아기 예수님을 구세주로, 만민의 빛으로 표현한 말, 그리고 어머니 마리아를 향하여 "이 아기는 수많은 이스라엘 백성을 넘어뜨리기도 하고, 일으키기도 할 분이십니다. 이 아기는 많은 사람들의 반대의 표적이 되어 당신의 마음은 예리한 칼에 찔리듯 아플 것입니다"(루가 2,34-35)라고 한 말 등에서 성가정이 어떤 믿음의 시련을 겪었는지 짐작할 수 있습니다.

이 모든 것을 마리아나 요셉이 다 알아들었겠습니까? 아닙니다. 특히 "마리아는 이 모든 일을 마음속 깊이 새겨 오래 간직하였다"(루가 2,19)라고 기록되어 있는 것으로 보아, 이분들은 모든 것을 깨달은 것이 아니라, 비록 알아듣지 못하고 캄캄한 밤과 같을지라도 모든 일에 있어서 하느님이 함께 계시고, 그분이 모든 것을, 결국은 선으로 인도해 주실 것을 굳게 믿고 살았을 뿐입니다. 그 밖에도 성가정은 서민들이 겪는 가난과 굶주림도 겪었을 것입니다. 성가정이 거룩한 것은, 하느님에 대한 믿음과, 이를 바탕으로 한 사랑이었습니다.

우리는 1986년을 '성체와 가정의 해'로 정하고 우리의 가정이 성가정을 본받아 믿음과 사랑에 뿌리를 박고, 예수님을 중심으로 모신 가정이 되도록 나름대로 기도하고 노력해 왔습니다. 오늘 이 성가정 축일을 맞아 다시금 우리의 가정을 위해서 기도해야겠습니다.

오늘날 가정 문제가 늘어나, 이혼율이 높아지면서 가정이 파탄되는 경우가 많아지고 있습니다. 참으로 마음 아픈 일입니다. 이는 개개인과 그 가정을 위해서뿐만 아니라, 사회 전체의 불행입니다. 왜냐하면 가정은 사회의 기초이며, 인간의 생명과 삶의 터전이기 때문입니다. 우리는 가정에서 생명을 얻고 자라며, 가정에서 사랑과 용서, 협력과 양보, 믿음과 기도를 배웁니다. 가정은 참으로 인간을 인간답게 만드는 제일 중요한 학교입니다. 가정이 무너지면 사회가 무너집니다. 가정이 건전할 때 사회가 건전할 수 있습니다.

현대에 와서 가정에 문제가 많고, 파탄에까지 이르는 근본 이유는 가치관의 변화 때문일 것입니다. 구체적으로는 물질주의, 개인주의가 앞서고, 사랑과 용서의 정신이 가정 안에서도 희박해져 가고 있기 때문일 것입니다. 그래서 부부간에도 서로 잘못을 용서할 줄 모르기 때문에 많은 가정이 파탄합니다.

어제 아침「한국 일보」에서 한 번 실수로 불륜 관계에 떨어져 아내에게, 또는 남편에게 죄를 범하고, 도저히 용서받을 수 없다는 자책감에 사로잡혀 자살까지 생각했던 사람들이 배우자로부터 용서를 받은 뒤 얻은, 진홍같이 물든 영혼일지라도 하느님은 자비로써 자신들을 눈같이 희게 만들어 주신다는 믿음을 고백하는 편지를 읽었습니다. 이것은 참 좋고 중요한 이야기입니다. 특히 하느님의 용서를 깨닫는 것은 중요합니다. 저는, 하느님이 우리에게 주시는 가장 큰 은혜는 용서라고 생각합니다.

마태오 복음 18장 21절에 이런 이야기가 있습니다. 사도 베드로가 어느 날 주님께 "형제가 잘못하였을 때 몇 번이나 용서해 주면 됩니까? 일곱 번이면 되겠습니까?"라고 여쭈었습니다. 그때 주님은 "일곱 번뿐 아니라 일곱 번씩 일흔 번이라도 용서하여라"라고 하셨습니다. 이 말씀은 용서에는 한이 없다는 말씀입니다. 이것은 바로 예수님의 마음이요, 하느님의 마음입니다. 이 마음을 전하는 것이 복음의 핵심입니다.

하느님은 이런 사랑과 자비로써 우리를 용서하십니다. 거듭거듭 용서하십니다. 이런 용서가 있기에 우리는 감히 하느님 앞에 나아갈 수 있습니다. 그렇지 않으면 하루에도 몇 번씩 생각과 말과 행실로 크든 작든 죄를 짓고 사는 우리가 하느님의 면전에 어떻게 감히 나설 수 있겠습니까?

하느님의 용서는 참으로 우리에게 한없이 큰 위로가 되고, 그것은 곧 우리로 하여금 죄에서 다시 일어서게 하는 힘이 되며, 어둠에서 빛으로, 실망과 좌절에서 희망과 재기로, 죽음에서 부활로 인도하는 구원과 생명이 됩니다. 우리는 하느님의 이러한 용서를 본받아야 합니다. 오늘 제2 독서 골로사이서에서도 사도 바오로는 "주님께서 여러분을 용서하신 것처럼 여러분도 서로 용서해야 합니다"(골로 3,13)라고 하셨습니다. 특히 가정에서 이 용서를 본받고 살아야 합니다. 가정에 용서가 없으면 모두가 탕자가 되어가다시피 하는 우리 인간들은 갈 곳이 없습니다.

우리 개개인의 인간관계에서나 부부 사이, 형제 사이, 이웃 사이에서 우리가 이것을 실천하면, 그리고 더 나아가 사랑을 실천하면, 우리 가정은 성화하고 모든 인간관계는 참으로 아름답게 되며, 평화가 우리 사회에 깃들게 될 것입니다.

● 성가정 축일 미사, 1986. 12. 28. 명동 대성당

사랑의 출발점인 가정

친애하는 형제자매 여러분.

메리지 엔카운터(ME: Marriage Encounter)가 좋다는 말도 많이 들었고, 참가하도록 권유받기도 하였으며, 다른 이들에게 권하기도 하였고, 또 저 자신이 언제 기회가 있으면 참가해 보겠다는 생각도 하고 있었지만, 오늘까지 뜻을 이루지 못한 채 이렇게 여러분과 함께 미사를 봉헌하게 되었습니다.

오늘날 세계적으로도, 우리 사회 안에서도 가정은 심각한 위기에 놓여 있습니다. 부부 관계의 변화, 이혼율의 증가, 부모 자식 간의 소원한 관계 등 많은 문제가 있습니다. 가정이 사회의 기초라는 것은 다 잘 아는 바입니다. 가정이 허물어지면 사회 전체가 허물어집니다. 그런데도 많은 가정이 위기에 처해 있습니다.

거기에는 여러 가지 이유가 있겠지만, 결국 근본적인 이유는 물질주의,

이기주의의 팽배로 말미암아 인간이 자기 중심적이 되어 가면서 남을 사랑하기 힘들어지는 데 있다고 봅니다. 부부간에도, 부모 자식 간에도, 서로 완전히 주고받는 사랑의 결핍이 그 원인이라 하겠습니다. 그래서 가정을 살리는 것이 사회를 구하는 시작입니다. 이 때문에 가정을 살리기 위해서 우리는 참으로 사랑할 줄 아는 사람이 되어야겠습니다. 무엇보다도 부부간의 사랑은 모든 인간 사랑의 원천입니다.

여기서 우리는 사도 바오로께서 에페소서에서 말씀하신 부부 관계를 상기하게 됩니다. 남편의 아내 사랑은 그리스도께서 교회를 사랑하듯 해야 한다고 하시고, 아내된 사람은 교회가 그리스도께 순종하듯이 남편에게 순종해야 한다고 했습니다. 그러나 이 말씀을 오늘의 관점에서 볼 때, 교회가 그리스도와 한 몸을 이루듯 부부도 한 몸을 이루는 만큼, 서로 자기 자신을 사랑하듯이 사랑해야 한다는 말씀입니다.

예수님은 우리를 너무 사랑하셔서, 우리와 같은 사람이 되어 오셨고, 또 우리를 대신하여 십자가의 희생 제물이 되셨을 뿐만 아니라, 성체 성사에서 보듯이 당신을 우리의 양식으로까지 내어 주셨습니다. 우리가 그 사랑을 받을 가치가 있어서가 아닙니다. 오히려 우리는 죄많은 백성들입니다. 주님께 불충실했습니다. 그런데도 주님은 이렇게 당신을 남김없이 주십니다. 참으로 조건 없는 사랑, 그것이 주님의 사랑입니다. 그리스도를 통해서 드러나는 하느님의 사랑입니다. 이 예수님이 우리를 보시고 "내가 너희를 사랑한 것처럼 너희도 서로 사랑하여라"라고 분명히 말씀하십니다.

그래서 남편도, 아내도 예수님이 사랑하시듯 서로 사랑하는 것이 예수님이 뜻하시는 부부애요, 사도 바오로가 말씀하시는 부부애입니다.

이렇게까지 사랑할 수 있을까요? 인간의 힘으로는 불가능해 보입니다. 그러나 사랑 자체이신 하느님의 얼인 성령께서 하느님의 사랑을 우리 마음에 부어 주실 때에는 가능하다고 믿습니다. 여기서 우리에게 필요한 것은 성령과 함께 사는 기도 생활입니다. 각자가 기도해야 하지만, 특히 부부가 함께 기도할 때에 우리는 성령에 힘입어 참으로 사랑할 줄 알 것입니다. 사람이 하느님을 체험하면 아주 딴사람이 됩니다.

저는 흉악무도한 살인강도가 하느님을 믿게 되고, 하느님의 사랑을 체험했을 때 순량한 양과 같이 유순한 사람이 될 뿐 아니라, 남을 사랑할 줄 아는 사람이 되는 것을 여러 번 보았습니다. 그들은 모두 말할 수 없는 내적 평화를 지니며 살고, 또 이 평화를 풍기고 있었습니다. 이렇게 하느님 안에 사는 사람은 새로운 사람이 됩니다. 그들은 다른 마음을 가지고 다른 눈을 가집니다. 밉게 보이던 사람도 곱게 볼 줄 알고, 세상 모든 것을 아름답게만 보게 됩니다.

아시시의 성 프란치스코가 해와 달을 형제라 부른 것도, 별들과 새들과 사귀며 동물들과 친구처럼 지낼 수 있었던 것도, 그가 하느님으로 충만해 있었기 때문입니다. 이런 분들은 참으로 자연의 모든 것이 아름답고 그 모든 것이 주님을 찬미하고 있다고 믿기에, "크시도다 주 하느님" 하며 외칠 수 있습니다. 주님과 화해하면 세상의 모든 이와 화해할 수 있습니다.

여러분도 메리지 엔카운터라는 피정을 통해서 이런 체험을 하셨으리라고 믿습니다. 하느님을 향하여 돌아섰을 때나 그분의 성령을 받았을 때 우리의 마음은 한없이 넓어지고, 어제까지 매력 없어 보이던 아내나 남편이, 또는 귀찮게 여겼던 자식들이 다 사랑스럽고, 귀엽고, 안아 주고 싶고, 그들을 위해서라면 자신을 남김없이 내어 주고 싶은 마음이 생겨나는 체험을 하셨으리라 믿습니다. 하느님과의 만남, 화해는 우리가 구원되고 사랑할 줄 아는 인간이 되기 위해서 절대로 필요합니다. 그러기에 기도가, 특히 가정의 기도가 필요합니다. "Pray together-stay together"라는 말이 있습니다. '함께 기도하는 가정은 화목한 가정'이라는 뜻입니다. 즉 함께 기도하는 가정은 기쁨과 슬픔, 모든 것을 함께 나누면서 모든 시련을 이겨 낼 수 있을 만큼 화합하는 가정이 된다는 뜻입니다.

마더 데레사 수녀님은 이렇게 말씀하셨습니다.

"가정은 모든 사랑의 출발점입니다. 가정 안에 사랑이 없으면서 어떻게 이웃을 사랑할 수 있겠습니까? 우리가 이웃을 사랑하려면 먼저 가정에서부터 시작해야 합니다. 한 가족이 서로 사랑할 때에 하느님이 어떻게 우리를 사랑하셨는지를 배우게 됩니다. 그리고 그 사랑이 넘쳐흘러 자연히 이웃의 가난한 사람까지 사랑할 수 있게 됩니다. 나자렛의 성가정이 그러했습니다. 여러분의 가정이 또 하나의 나자렛 가정이 되기를 바랍니다."

● 메리지 엔카운터 미사, 1981. 6. 29.

북한의 형제들을 위해 기도하십시오

의제 개요(議題槪要) "Instrumentum Laboris"에서 논한 '교회 현실' 제12항은 '생활 환경의 다양성'에 대하여 말하고 있습니다. 그러나 신중히 살펴보면, 북한의 신자들이 오늘날까지 매우 힘들고 참혹하게 살아온 상황에 대한 언급은 없습니다. 그리고 후에 회의 자료 "Relatio ante Disceptationem"(10쪽, 25-26줄)에 그 상황이 짤막하게 언급되어 있긴 하지만, 좀 더 충분히 고찰해야 한다고 생각합니다.

현재, 최근 몇 년 동안 북한의 교회 활동과 연이은 참혹한 기근에 관한 뜻밖의 소식이 가끔씩 전해지고 있어, 많은 관심과 의문을 불러 일으켜 왔습니다. 여기서는 1945년 이후 비극적인 국토 분단, 특히 1950-1953년 한국 전쟁 이후 공산주의 북한과 자유 민주주의 남한의 대립을 자아 낸 모든 잔혹한 역사적인 배경을 차치하고, 이해를 도울 만한 몇 가지 사항을 언급하는 것으로 만족하겠습니다.

고대부터 민족적으로나 언어적으로 통합된 단일 국가였던 한국이 강제로 분단되었을 때, 약 60여 개의 본당과 수많은 공소가 퍼져 있던 북한에는 족히 5만 명이 넘는 가톨릭 신자들이 있었습니다. 주교 두 분, 상당수의 한국인 성직자, 세 수녀회와 베네딕도 대수도원이 있었는데, 모두 열심히 사목 활동을 해 왔습니다. 그러나 1949년 4월을 시작으로 공산주의 정권이 교회 활동을 체계적으로 박해를 하고 압력해 와서, 1950년 가을에 와서는 흔적조차 없어져 버렸고, 많은 가톨릭 신자들이 월남하기도 했습니다. 세상 어디에도 없는 절대적인 침묵의 교회가 태어난 것입니다.

이후 수십 년 동안 남한에 있는 교회와 교황청에서는 북한의 가톨릭 신자에 관한 소식을 접하거나 그들과 접촉하기 위해 소리 없이 지속적으로 노력을 해 왔습니다만, 1986년까지는 어떤 소득도 없었습니다. 그러다가 그해에 교황청이 예상치 못한 접촉을 하게 되었고, 연이은 평양과 로마, 북경에서의 만남이 이루어졌습니다. 1988년, 서울에서는 올림픽이 개최되었고, 평양에서는 사회주의 청소년 체육 제전이 개최되었습니다. 이 행사는 평양에 사제관이 텅 빈 '가톨릭'과 '개신교' 교회 건물이 건설되는 계기가 되었습니다. 역시 같은 해, 다른 유사한 '종교적'인 단체 중에서 조선 천주교 협회를 급작스럽게 형성하고, 조선 기독 연합회(개신교)가 수십 년 만에 재출현하기도 했습니다.

협회가 허울 좋은 선전용 조직일지는 몰라도, 그 체제하에서 그곳의 신자들과 접촉하고 대화하고 교류를 유지할 수 있는 다른 방법은 전혀 없는 상황입니다.

1987년 봄에는 두 명의 가톨릭 신자가 (관리들의 인솔하에) 부활절 성주간에 순례자로 로마에 초대되었고, 1988년 말에는 두 명의 한국인 성직자가 평양에 새로 형성된 '단체'를 방문하여, 그곳에서 38년 만에 처음으로 거행되는 성스러운 미사를 공개적으로 집전하였습니다. 그 이후 한국인과 외국인으로 이루어진 비신자들, 성직자들과 평신도들이 가끔씩 평양을 방문했고, 협회의 회원들은 일본, 미국과 중국으로 초대되었습니다.

협회가 제시한 가톨릭 신자 수를 믿기에는 아무리 보아도 너무 변동이 심합니다. 그러나 우리는 숨어 있는 상당수의 나이 든 가톨릭 신자들이 있을 것이라고 믿고 있습니다. 그런데 슬프게도 우리는 그들을 위해 기도하고, 또 다른 이들에게도 기도해 달라고 부탁하는 것 말고는 할 수 있는 것이 별로 없습니다.

하지만 그것은 단순한 우리의 기독교적 의무가 아니라, 그들에게 조용히 다가가고 계시는 예수님의 사랑의 행동입니다. 그들을 부디 도와주시고, 그들을 위해 기도하십시오.

우리가 좀 더 도울 수 있는 그날을 간절히 기다리는 동안, 북한 복음화 위원회와 국민 화합을 위한 특별 주교 위원회가 활동해 왔고, 다른 조직들은 예비 자원 봉사자들을 가르치고 훈련시켰으며, 공동 자금이 형성되었고, 주요 캠페인을 통해 식품을 모아 북한으로 보내는 등 주로 적십자사를 통한 활동을 해 왔습니다.

이와 연관해 저는, 교황께서 말과 행동으로 북한 주민들에게 동정 어린 깊은 관심을 보여 주신 데 대하여 마음으로부터 깊이 감사를 표하고 싶습니다. 또한 저는, 특별히 아일랜드, 캐나다, 일본의 신자들, 다른 교회들, 미국 CRS가 보내 온 곡물, 비료, 의약품 등의 상당한 원조 물자를 지속적으로 전해 준 국제 카리타스회 홍콩 사무소에도 진심으로 감사를 드립니다.

거대한 요구-친교를 통한 상호 간의 용서, 진실한 화해, 삶에 대한 관대한 나눔, 진정한 평화와 기쁨-가 우리 앞에 놓여 있습니다. 이 시노드가 길을 열려고 하는 것처럼, 이 모든 것이 대희년에 대한 성서의 가르침과 복음화로 향한 구체적인 단계의 실현인 것입니다.

● 세계 주교 대위원 회의, 1998. 4.

제3장

부르심 받은 이들에게

부르심 받은 이들에게

나를 비움

주님의 나귀

당신은 누구입니까?

예수님께서 사마리아 여인을 만나신 뜻

주교와 청빈

예수님의 가난과 겸손

복음적 삶의 봉헌

나를 비움

오늘 저녁, 신학생 여러분과 마주 앉은 이 시간은 제게도 뜻깊은 시간입니다. 여러분이 저를 초대한 것은 제 경험에 비추어 가까운 장래에 사제가 될 여러분에게 뭔가 좋은 말을 해 주기를 바라서일 것입니다. 그런데 솔직히 말해서 저는 여러분에게 "내가 살아온 사제 생활이 이러이러했으니 나를 본받으시오"라고 말할 자신은 없습니다.

다만 저는 오늘, 우리 교우들이 지금 사제들에게는 물론이고 내일 사제가 될 신학생들에게 무엇을 기대하는지를 여러분과 함께 생각해 보고 싶습니다. 특히 신학생 여러분은 내일의 주인공, 우리 미래의 주역입니다. 그러니 역할도 큽니다.

신자들은, 혹은 비신자까지도 우리 사제와 신학생들에게 무엇을 기대하겠습니까? 한마디로 그것은 예수님을 닮은 사제일 것입니다.

신자들의 이 기대가 지나친 것입니까? "우리도 인간인데, 다른 이들과 같은 약한 인간인데, 그런 우리에게 예수님을 닮은 모습을 기대한다는 것은 지나치다" 하고 항의할 수도 있을 것입니다.

신자들도 그 점을 아주 모르는 것은 아닙니다. 사제도 사람이라는 것을 인정하고 이해하면서도 사제는 예수님의 그 무엇을 느끼게 하는 데가 있어야 한다는 기대를 여전히 가지고 있습니다.

여러분 생각에는 어떻습니까? 그런 기대가 너무 지나칩니까?

그러나 세상 사람들은 사제들에게만 그런 기대를 갖는 것이 아닙니다. 모든 그리스도교 신자들에게도 그런 기대를 갖고 있습니다.

'그리스도를 믿으면 그리스도와 어딘지 닮은 데가 있어야 하지 않느냐', '최소한 다른 이들보다는 더 정직하고 성실하며, 이웃을 위할 줄 아는 인정이 있어야 하지 않느냐', '주일에 아무리 열심히 성당에 다니고 예배당에 다녀도 행실이 걸맞지 않으면 무슨 소용이냐' 이런 생각들을 많은 비신자들이 하고 있습니다.

인도 건국의 아버지 간디는 생전에 이런 이야기를 했습니다.

"나는 그리스도를 좋아한다. 그러나 그리스도교 신자들은 좋아하지 않는다. 그들은 그리스도를 닮지 않았기 때문이다."

이번 김대건 신부님 순교 150주년을 기리면서 김대건 신부님이 쓰신 편지를 다시 읽어 보았습니다. 거기에 보면 박해 시대의 신자들은 온갖 시련과 고통을 겪고 고문을 당하고 결국은 목숨까지 잃는 참담한 처지에 놓여 있었지만, 그들을 심문하는 판관이나 포졸 등 박해자들까지도 내심 그들이 훌륭한 인격자들임을 인정할 만큼 인격적으로 모범적이었습니다.

포졸들 사이에서는 정직한 사람이 있다면 그 사람은 필연코 천주학쟁이, 곧 천주교를 믿는 사람일 거라고 의심할 만큼 믿는 이들은 정직했습니다. 그뿐만 아니라 서로 어려운 처지에서 사랑하기를 친형제같이 했습니다. 그래서 나라에서 금하지만 않는다면 자기들도 천주교 신자가 되고 싶다는 이들이 적지 않았고, 개중에는 천주교로 개종한 이, 나중에는 순교까지 한 이가 있었습니다. 그만큼 우리 순교 선열들은 신앙과 생활이 일치되어 있었습니다. 요즈음 우리는 우리 자신도 그렇고, 신자들도 신앙과 현실 생활 사이에 괴리가 크다는 것을 느낍니다.

어떻든, 신자이건 비신자이건 사람들이 우리 사제들에게 한결같이 기대하는 것은 예수 그리스도를 닮은 사제입니다. 그것은 신학적 이치로나 영성적으로나 타당한 요구입니다.

제2차 바티칸 공의회 문헌「사제의 직무와 생활에 관한 교령」에 보면 사제는 "In person a Christi Capitis agere", 즉 "'머리'이신 그리스도의 대리로 행동할 수 있도록 사제이신 그리스도의 모습을 닮게 된다"(「사제의 직무와 생활에 관한 교령」2항 중간 끝)라고 말하고 있습니다.

"In persona Christi Capitis agere." 사제는 교회 안에서 머리이신 그리스도의 대리, 곧 그리스도의 인격, 그리스도의 이름으로 행하는 사람입니다. 생각해 보면 대단히 뜻깊고도 엄청난 내용입니다.

사실 사제는 미사성제에서 빵과 포도주를 그리스도의 몸과 피로 축성합니다. 그때 사제는 "이는 내 몸이다", "이는 내 피다"라고 예수님께서 말씀하신 것을 예수님의 이름으로, 예수님의 대리로 그대로 합니다. 그리고 고해 성사 때는 "나도 …… 이 교우의 죄를 사하나이다"라고 말합니다. 이 세상의 어느 누가―사제 아닌 사람이―그런 말을 할 수 있습니까? 이렇게 사제는 그리스도의 이름으로 복음을 전하고, 성사를 거행하고, 축복을 빕니다.

이러한 사제의 품위란 참으로 엄청납니다. 살아 계신 하느님의 아들 그리스도의 이름으로 그리스도의 권한을 행사하는 사제, 이렇게 높은 품위의 사람은 사제를 떠나 세상에 없습니다.

그래서 우리가 신학생 때는 사제를 '그리스도의 대리자', '다른 그리스도(Alter Christus)'라고 불렀습니다. 그때는 성체를 만질 수 있는 것이 부제품을 받을 때였는데, 부제품을 받고 성체 강복 때 성체 현시를 위해 감실 문을 열 때는 너무나 황송해서 마음도, 손도 떨렸습니다.

하물며 사제가 되어 첫 미사를 드릴 때에는 더욱 흥분할 수밖에 없었습니다. "내가 예수님의 대리자가 되다니!" 사제란 이렇게 고귀한 신분의 사람입니다.

아시시의 성 프란치스코는 "내가 길에서 사제와 천사를 만나면 천사 앞에서는 그냥 모자를 벗고 절하겠지만 사제 앞에서는 모자를 벗을 뿐 아니라 땅에 꿇어 엎드려서 그 손에 친구(親口)하며 절할 것이다. 왜냐하면 사제는 우리 주님 그리스도를 대리하는 분이기 때문이다"라고 말했다고 합니다.

이 논리대로라면 사제는 성모 마리아보다도 더 높습니다. 왜냐하면 성모님은 천주의 모친이시긴 하지만 미사 때 "이는 내 몸이다"라고 하실 수 없고, 고해 성사 때 그리스도의 이름으로 "나도 …… 이 교우의 죄를 사하나이다"라고도 하실 수 없는데 사제는 그것을 할 수 있기 때문입니다.

이렇게 사제는 그리스도의 이름으로 행할 수 있는 사람, 따라서 그리스도의 권능, 곧 하느님의 권능을 행사할 수 있는 사람입니다. 그 때문에 우리 시대에는 사제품을 받는 대부분의 수품자들이 "감히 내가 사제가 되다니" 하고 두렵고 떨리는 마음을 가졌습니다.

그리스도의 권능이 사제에게 주어진 것은 그것으로 자기 이익을 추구하기 위해서가 아닙니다. 그것은 전적으로 남에게 봉사하기 위해서입니다. 그리스도는 당신을 위해서가 아닌, 전적으로 남을 위해서 사신 분입니다. "사람의 아들도 섬김을 받으러 온 것이 아니라 섬기러 왔고, 또 많은 사람들을 위하여 목숨을 바쳐 몸값을 치르러 온 것이다"(마르 10,45).

사람이 신분이 높아지고 막중한 권능을 행사할 수 있게 되면 그것 때문에 두렵고 떨리는 마음도 들지만 반대로 교만해질 수도 있습니다. 교회 안에서 사제들은 이 권능 때문에 권위주의로 흘러 이른바 성직자 위주의 사상, 성직자 중심주의(Clericalism)를 낳고, 이에 반발하는 평신도들의 반(反)성직자 중심주의(Anticlericalism)를 낳아 교회 안에 긴장과 갈등을 조장하는 경우가 적지 않습니다(프랑스의 경우, 한때 매우 심각했습니다).

우리나라에서도 이런 문제가 없지 않습니다. 때때로 외국 사람들이 한국에 와서 교회를 여러 날 돌아보고 난 뒤, 제게 와서 전하는 소감은 대체로 "한국 교회는 대단히 성직자 위주(Clerical)의 교회이다"라는 것입니다.

제가 보기에 아직은 반성직자 중심주의가 강하지는 않습니다. 그러나 미국 교포 사회에서는 반성직자 중심주의가 시작되었다고 합니다. 가톨릭 평신도 연합(약어로 '가평연')이라는 것이 그런 경향의 단체가 아닌가 하는 의견이 있습니다.

한국에서는 분명히 성직자 중심주의가 강한데, 그럼에도 불구하고 평신도들의 교회 활동 참여는 활발합니다. 사실 세계 어느 곳에도 우리나라 평신도들만큼 교회에 헌신적으로 봉사하고, 시간적으로나 금전적으로 관대하며, 성직자를 존경하는 경우는 거의 없다고 해도 과언이 아닙니다. 한국이야말로 성직자들의 천국이라 해도 무방할 것입니다.

'신부'라고 하면 비신자들마저 존경합니다. 신부가 사회적으로 받는 신뢰도가 가장 높다고 몇 달 전 신문에 보도된 일도 있습니다. 교통경찰도 신부인 줄 알면 봐 주는 편이라고 합니다. 그래서 전보다 신부님들이 로만 칼라를 더 잘하게 되었다는 말도 있습니다.

유럽에서는 가톨릭 국가라고 하는 나라, 특히 교회의 장녀라고까지 하는 프랑스에서도 사제라고 해서 특권을 누릴 수도 없고, 대접해 주는 것도 없습니다. 거기서는 법을 지키고 올바로 살 때에만 존경을 받습니다.

프랑스 이야기가 나온 김에 몇 해 전 프랑스에서의 사제 생활이 어떤지 보고 느낀 것을 한마디 하겠습니다.

1984년, 한국 천주교회 설정 200주년이던 해, 103위 순교 성인들의 시성(諡聖) 미사를 거행 한 후, 프랑스 엑상 프로방스(Aix-en-Province)라는 곳에 갔었습니다. 그곳은 성 앵베르 범 주교님의 고향인데, 그곳 대성당에서 시성 감사 미사가 있었습니다.

저는 그곳 대주교관에 묵었는데, 주교관은 교구청을 겸하고 있고 연세가 좀 드신 수녀님 세 분이 살림을 맡아 하고 있었습니다. 그런데 대주교님 말씀이 자기는 참으로 행운아라는 것입니다. 이렇게 수녀님들이 계셔서 살림을 해 주고 식사 준비도 해 주는 곳이 프랑스에서는 극히 드물고, 대부분의 주교들은 아무도 돌봐 주는 이 없이 혼자 산다는 것입니다.

과연 그해 10월에 성 다블뤼 안 주교님의 고향인 프랑스 북부 아미앵(Amiens)에 갔을 때, 그곳 주교님은 낮에 점심만 교구청 직원들과 함께하고, 아침과 저녁은 당신이 손수 지어서 먹는다고 했습니다. 저보다 연세가 많은 분이라 혼자서 힘들지 않느냐고 했더니 전혀 힘들지 않다고 대답했습니다. 그분들은 이미 젊었을 때부터 그렇게 사는 데 익숙해 있는 것 같았습니다.

주교님들 생활이 그렇게 검소하니까 사제들도 마찬가지입니다. 어떤 의미로 더 가난하게 산다고 볼 수 있습니다.

한번은 리옹(Lyon) 근처 어느 변두리 본당에 우리 교구 프라도회 소속인 구요비 신부님이 2년간 가 있던 일이 있어서 그곳을 방문한 적이 있었습니다. 거기에는 4, 5명의 신부님들이 함께 살면서 공동 사목을 하고 있었는데 역시 가정부는 없었고, 신부님들이 교대로 식사 준비를 하고 있었습니다. 내가 간 날에도 한 신부님이 식사를 준비했는데 음식 솜씨가 뛰어나 무척 맛있게 먹었습니다.

그때 이야기를 나누다가 신부님들의 생활비를 물어보았습니다. 한 5년 전이니까 지금은 달라졌겠지만, 그때 리옹 교구에서는 교구장부터 시작하여 모든 사제들이 똑같은 액수의 생활비로 살고, 각기 용돈으로 월 1,700프랑을 받는다고 했습니다. 1,700프랑이면 우리 돈으로 당시 17만 원이었습니다. 프랑스의 국민 소득이 만 달러를 훨씬 넘고, 우리가 6, 7천 달러 정도일 때였습니다. 프랑스는 우리보다 더 잘사는 나라인데, 사제들은 우리보다 훨씬 가난하게 사는 편이었지요.

그래서 내가 질문하기를 "프랑스에 사제 성소가 적은 이유 중 하나는 사제들이 너무나 가난하게 살기 때문이 아닐까요?"라고 했습니다. 그랬더니 신부님들이 모두 이구동성으로 "그것은 절대로 아닙니다"라고 하면서 "만일 사제가 수입이 좋고 경제적으로 잘살기 때문에 사제를 지망한다면 그것은 올바른 성소가 아니지 않겠습니까?"라고 반문하는 것이었습니다. 물론 '지당한 말씀'이었습니다.

그런데 우리 한국에서는 많은 신부들이 성소가 늘기 위해서는 신부들의 생활 모습이 사회적으로 궁해 보여서는 물론 안 되고 오히려 적어도 중상(中上)은 돼 보여야 한다고 생각합니다. 그러나 한국에서도 앞으로 가정부를 구하기는 힘들 것입니다. 이미 파출부를 쓰는 경우가 늘어나고 있습니다. 세월이 더 지나면 사제도 혼자서 밥을 해 먹고 살아야 할 때가 올 것입니다.

이웃 일본에서도 대부분 가정부는 없습니다. 대만에서도 사정은 같습니다. 우리나라가 그렇게 되면 사제 성소는 어떻게 될까 생각해 보게 됩니다. 여러분은 신학교에 들어올 때 이런 생각은 해보지도 않았겠지요? 그러나 이제 여러분은 21세기의 새 시대를 맞게 됩니다. 새 시대에는 사제들이 가정부 없이 손수 밥을 해 먹어야 할 것입니다.

사제가 되면 독신 생활은 은총이면서 큰 십자가이기도 합니다. 큰 십자가를 지고 가정부도 없이 혼자서 밥을 해 먹어야 하는 처지일 텐데, 그래도 사제가 될 것인지 한번 생각해 볼 만하지요.

일본이나 대만은, 나라는 경제적으로 부유한데 오히려 사제들의 생활은 가난합니다. 성소도 적고 장래도 어둡게 보입니다. 거기에 비해 한국은 아직도 사제들에게는 파라다이스입니다. 성직자들은 대체로 존경받고 물질적으로도 넉넉한 편입니다. 그것은 좋은 일이요, 은혜이기도 합니다.

그러나 이는 동시에 영신적으로는 우리 사제들에게 위험한 것이기도 합니다. 우리는 안이해질 위험이 많고, 계속 권위주의적일 수 있으며, 또 그만큼 복음 정신에서 멀어질 위험이 있습니다.

저는 어렸을 때 초가삼간에서 살았습니다. 그런데 지금은 호화스러운 집에 살면서 그동안 얼마나 생각이 변했는지, 화장실이 딸려 있지 않은 방에서 자게 되면 그것마저도 무척 불편해 합니다.

이렇게 나라는 사람은 본시 가난한 옹기장수 집에서 태어났는데 오늘은 추기경까지 되어서 대접을 받다 보니 그렇게 편한 것만 찾고, 대접받기만 원하고, 특권을 누리기를 원하는 등 예수님의 복음 정신과는 아주 다른 반대되는 상황에 놓이게 됩니다.

제가 왜 이런 이야기를 길게 하게 되었는지……. 아무튼 여러분에게 이 이야기를 하는 것은 사제는 분명히 '그리스도의 대리자(Alter Christus)'로서 주 예수 그리스도를 감히 대리할 수 있는 권능을 가진 지위까지 오르는 것은 사실이지만, 바로 그렇기 때문에 그리스도를 본받아서 그분의 겸손, 그분의 비우심, 사랑을 본받는 사제가 되어야 한다는 말을 하기 위해서입니다.

이와 관련하여 필립비서 2장 6절 이하의 말씀, 즉 "그리스도 예수는 하느님과 본질이 같은 분이셨지만"으로 시작하여 "오히려 당신의 것을 다 내어 놓고"라고 이어지는 그리스도의 케노시스(Kenosis, 자기 비움)를 말씀하시는 대목을 우리는 거듭거듭 묵상해야겠습니다.

저는 이 대목을 읽을 때, '그분은 높은 분이셨지만 낮아지시고 부유한 분이셨지만 우리를 위해 가난한 자 되셨는데, 나는 거꾸로 낮은 자가 높이 오르고 가난한 자가 부유하게 되어 주님과 반대로 살게 되었구나' 하는 생각이 자주 듭니다.

나를 비우는 것(Kenosis)……. 우리가 이것을 깊이 깨닫는다면 우리는 거기서 참으로 많은 것을 배우고, 한국의 사제들이 이 비움을 살 줄 안다면 교회는 영적으로 말할 수 없이 깊고 부유해질 것입니다.

그리스도는 분명 그냥 머리로써 알 수 없습니다. 그리스도론을 공부했다고 그리스도를 아는 것은 아닙니다. 그것은 지식에 불과합니다. 참으로 그리스도를 알기 위해서는 '나'라는 것이 죽어야 합니다.

'내'가 죽기 위해서는 그리스도와 함께 고난의 길을 가야 합니다. 매일 십자가를 져야 합니다. 그리고 사실 그리스도께서는 "나를 따르려는 사람은 누구든지 자기를 버리고 제 십자가를 지고 따라야 한다"(마태 16,24)라고 분명히 말씀하시지 않았습니까.

그런데 나는 과연 지금까지 진정으로 죽어 본 일이 있는가, 이렇게 반문하게 됩니다. 묵은 자아가 내 안에서 죽은 일은 한번도 없었던 것 같습니다. 내가 결국 예수 그리스도를 참으로 다른 이에게 전할 수 없는 것은, 내가 지금까지 한번도 그리스도 때문에, 그분을 알고 사랑하기 위하여 죽어 본 일이 없었던 탓이라는 생각이 듭니다.

그리스도를 알기 위해서는 그리스도와 두터운 친교를 가져야 합니다. 그러기 위해서는 기도를 깊이 할 줄 알아야 합니다. 그런데 우리는 기도를 얼마나 합니까?

여러분, 기도가 잘 됩니까? 솔직히 말해서 잘 안 되지요? 왜 안 되는지 그 이유를 생각해 본 일이 있습니까? 가장 큰 이유는 꾸준히 기도하지 않았기 때문입니다.

나는 32년 전 사도직 협조자들의 성소를 알기 위해 루르드에 갔을 때, 기도하는 방법을 그곳의 평신도들에게 배웠습니다. 비록 나는 사제이고, 이론적으로는 남에게 기도를 어떻게 하는지 가르쳐 줄 입장이었지만 실제로는 그분들이야말로 참으로 기도를 실생활, 즉 세속 생활 속에서 잘 하고 있었기 때문입니다.

사도직 협조자를 아십니까? 사도직 협조자는 80여 년 전 벨기에에서 당시 유명한 메르시에 추기경이 시작한 성소입니다. 아무튼 그분들은 남들과 조금도 다름없는 분주한 세속 생활 속에서 매일 미사 참례는 물론이고 한 시간 이상의 기도(대체로 성체 앞에서 묵상 기도)를 빠뜨리지 않습니다. 그래서 그분들에게 기도를 어떻게 하느냐고 물었던 것입니다. 그런데 홍콩에서 온 파울린 청(Pauline Cheung)이라는 중국 분이 "기도는 기도함으로써 어떻게 하는지 알게 됩니다"라고 대답하는 것이었습니다.

저는 사실, 기도를 어떻게 하는지 묻는 말에 이보다 더 좋은 답은 없다고 생각합니다. 우리가 아직도 기도를 어떻게 하는지 모른다면 그 이유는 다른 데 있지 않고 아직도 기도를 꾸준히 해 본 일이 없기 때문입니다. 성체 앞에서 아무 말 하지 않고 하느님 말씀을 듣는 마음가짐으로 겸손되이 앉아 있기를 꾸준히 하면 우리는 기도가 무엇인지 차차 깨닫게 됩니다.

기도는 하느님과 맺는 사랑의 관계입니다. 사랑하는 사람끼리도 서로 자주 만나지 않으면 사랑할 수 없습니다. 이와 마찬가지로 하느님 앞에 자주 나아가서 그분을 사랑하지 않고서는 하느님을 사랑할 수도 없고 알 수도 없습니다.

기도는 참으로 하느님과 함께 사는 생활입니다. 기도 없이는 하느님과 함께 살 수 없습니다. 인간관계에서도 정말 서로 깊이 사랑하려면 함께 산전수전 다 겪어야 합니다. 함께 죽을 고비도 넘기고 고통도 겪어야 합니다. 그렇지 않고서는 서로 참으로 알 수도 사랑할 수도 없습니다. 하느님과의 관계도 이와 같습니다.

얼마 전 기도에 관한 어떤 책에서 "기도는 오아시스 없는 사막을 가로지르는 것"이라는 구절을 읽었습니다. 그때 '아! 나는 이것을 몰랐구나. 나는 그동안 기도를 통해서 갈증을 달래 줄 시원한 물을 마실 수 있는 오아시스만을 찾았지, 사막을 건너야 한다는 생각은 하지 못했었구나' 하고 깨달았습니다.

다시 말하면, '그런 위로와 평화를 찾기 위해 기도를 시도해 보긴 했어도 한번도 죽을 각오를 하고 사막을 건넌다는 생각으로 기도에 임한 적은 없었구나' 하는 생각이 들었습니다.

기도를 잘하려면, 그리고 참된 기도를 하려면 사막의 체험은 반드시 있어야 하는 것입니다. 기도는 결국 하느님과의 만남입니다. 그분과 만나려면 죽을 각오가 되어 있어야 합니다. 구약에서도 하느님을 본 사람은 누구도 살아남지 못한다고 했습니다.

아무튼, 사제는 기도를 비롯하여 모든 면에 있어서 당신을 비우시고 십자가에서 돌아가시기까지 순명하신 예수님을 따르는 사람입니다. 그러면 예수님이 가신 길 외에 다른 사제의 길은 없을까요?

주님께서는 이미 "제자가 스승보다 나을 수 없다"라고 말씀하셨습니다. 그리고 스승인 당신이 고난의 길을 갔다면 그 제자도 당연히 같은 길을 가야 한다는 말씀을 복음에서 거듭거듭 하십니다.

성서에 보면 하느님의 부르심을 받은 사람으로 고난을 겪지 않은 사람이 없습니다. 아브라함·모세·엘리야·예레미야·세례자 요한에 이르기까지 모두 말할 수 없이 큰 고난을 겪었습니다. 사도들 역시 같은 고난을 겪었습니다. 9월에 기리는 김대건 신부님을 비롯한 모든 순교 선열들이 또한 그러했습니다. 여기서 우리는 "그리스도는 영광을 차지하기 전에 그런 고난을 겪어야 하는 것이 아니냐?"(루가 24,26)라는 성서 말씀을 이해할 수 있을 것 같습니다.

그럼 우리의 길이 다를 수 있습니까? 고난이 없으면 그것은 부르심에 충실하지 못한 증거가 아니겠습니까?

● 부산 가톨릭 대학교 신학생들과의 만남, 1996. 9. 21.

주님의 나귀

친애하는 형제자매 여러분.

오늘은 우리 주 예수 그리스도께서 수난하시기 전날 밤에 제자들과 함께 마지막 만찬을 하시면서 당신의 살과 피를 우리의 생명의 양식으로 주시는 성체 성사와 또한 이를 세상 마칠 때까지 거행하는 사제직을 세우신 날입니다. 이날은 실로 우리 사제직의 생일입니다. 그 때문에 오늘 우리는 사제 수품 50주년을 맞으시는 박성춘 신부님의 금경축을 축하드리는 것입니다. 신부님께 진심으로 축하드리며 연로하심에도 불구하고 기도와 고해 성사를 주시고 봉사하심에 진심으로 감사드립니다.

우리는 오늘 그리스도의 사제직이 하나임을 표시하는 뜻으로 교구 사제단이 주교들과 함께 공동 집전하며, 또한 이 미사 중에 주교나 사제들을 통하여 거행되는 세례 성사와 견진 성사에 쓰는 성유를 축성합니다. 이 모든 전례의 뜻은 주님께서 당신의 피를 흘리시고 목숨을 바쳐 이룩하신 그 사제직이 사도들의 후계자인 주교들을 통하여 사제들 안에 이어지고 있음을 잘 드러내고 있습니다.

친애하는 형제 사제 여러분.

참으로 우리는 모두 그리스도의 사제들입니다. 그리스도와 함께 있으므로 우리는 사제일 수 있습니다. 저는 지난 주일, 성지 축성 때 읽은 성서에서 예수님이 예루살렘에 입성하실 때 타고 가신 나귀를 생각하면서 3년 전 세계 성체 대회 때 교황 특사로 오신 에체가레이(Etchgaray) 추기경이 쓰신 자전적 수상집 〈주님의 나귀〉가 떠올랐습니다. 이 제목은 그분이 마르세유 대주교로 임명되었을 때 그곳에 부임하면서 자신은 결코 대주교라는 높은 품위를 갖춘 자로서가 아니라, 단지 예수님을 예루살렘에 모시고 간 나귀처럼 예수님을 모시고 마르세유로 갈 것이라고 말한 데서 비롯되었습니다.

저는 그 제목이 퍽 마음에 들었습니다. 나도 예수님의 나귀에 불과하다고 생각되었습니다. 그런데 이솝 우화에 이런 이야기가 있습니다. 한 나귀가 임금을 모시고 가는데 사람들이 손을 흔들고 환성을 지르며 환영하자 나귀는 사람들이 자기를 환영하는 줄로 착각합니다. 이에 나귀는 그 환호에 답하려 앞발을 들어 올리다가 임금을 떨어뜨렸고, 결국은 자기를 몰고 가던 하인에게 흠씬 얻어맞았다는 이야기입니다.

저도 좀 그렇습니다. 이번에 남미 파라과이를 비롯한 4개국에 사는 우리 교포들을 순방하는 여행을 하고 왔습니다. 그 김에 북미에도 몇 군데를 들렀습니다. 어디를 가나 많은 사람들이 저를 환영합니다. 그럴 때 저 역시 그 나귀처럼 제가 잘나서 그런 줄로 착각하는 때가 많습니다. 그러나 곰곰이 생각해 보면 그렇지 않습니다. 저를 환영하는 것은 궁극적으로는 제가 그리스도의 사제이기 때문입니다. 저 김수환 빼기 그리스도는 제로입니다. 여러분은 어떻습니까? 자신에서 그리스도를 빼면 무엇이 남습니까? 그리스도가 없으면 저는 아무것도 아닙니다. 무엇인가 남는다면 이것은 이익이 아니고 오히려 문제입니다.

그런데 우리는 늘 무엇이 남아 있습니다. 우리는 그리스도 없이는 아무것도 아니라는 이 진리를 깊이 깨달아야 합니다. 그럴 때 우리는 그리스도가 참으로 나의 길이요, 진리요, 생명이심을 깨닫게 됩니다. 사도 바오로는 그리스도를 자신의 생명이라고 했습니다. 그는 그리스도를 알았던 것입니다. 올해 교황 요한 바오로 2세께서는 이 성목요일에 사제들에게 보내시는 말씀에서 이 성서 구절을 말씀하셨습니다. "나는 포도나무요 너희는 가지다. 누구든지 나에게서 떠나지 않고 내가 그와 함께 있으면 그는 많은 열매를 맺는다. 나를 떠나서는 너희가 아무것도 할 수 없다. 나를 떠난 사람은 잘려 나간 가지처럼 밖에 버려져 말라 버린다. 그러면 사람들이 이런 가지를 모아다가 불에 던져 태워 버린다. 너희가 나를 떠나지 않고 또 내 말을 간직해 둔다면 무슨 소원이든지 구하는 대로 다 이루어질 것이다. 너희가 많은 열매를 맺고 참으로 나의 제자가 되면 내 아버지께서 영광을 받으실 것이다. 아버지께서 나를 사랑하신 것처럼 나도 너희를 사랑해 왔다. 그러니 너희는 언제나 내 사랑 안에 머물러 있어라. 내가 내 아버지의 계명을 지켜 그 사랑 안에 머물러 있듯이 너희도 내 계명을 지키면 내 사랑 안에 머물러 있게 될 것이다"(요한 15,5-10).

 우리는 그리스도가 없으면 아무것도 아닙니다. 그리스도 안에 살지 않으면 우리는 살 수 없고 사제직을 수행할 수 없습니다. 그리스도를 닮은 삶을 살아야 합니다. 그리스도가 우리를 모두 구하기 위해 가신 길, 가난과 겸손과 봉사의 길을 우리는 가야 합니다. 우리도 '나에게 있어 그리스도는 생명이다'라는 믿음이 깊이 뿌리내리기를 빕니다.

● 성유 축성 미사, 1992. 4. 16. 명동 대성당

당신은 누구입니까?

우리는 오늘부터 2박 3일간, 비록 짧긴 하지만, 그러나 의미 있는 피정을 하기 위해 모였습니다. 의미가 있다는 것은, 전에 이런 일이 있었는지 모르겠습니다만, 4개 대신학교 학장 신부님과 교수 신부님들, 즉 한국 교회 안에서 사제 양성이라는 가장 큰 사명을 지고 봉사하고 계시는 분들이 함께 모여서 기도한다는 것이 너무나 뜻깊어 보인다는 것입니다.

사실, 함께 사제 양성 문제에 대하여 의견을 나누는 것도 뜻깊은데, 그 전에 2박 3일 동안 함께 기도한다니 생각만 해도 참 좋은 일이라고 칭찬과 격려를 드리지 않을 수 없습니다. 그래서 대구 대교구의 정하권 몬시뇰께서 저를 이 자리에 초대하셨을 때, 신부님들, 그중에서도 교수 신부님들 앞에서 강론해야 한다는 부담감을 느끼면서도 즉시 응했습니다. 신학교 교수 신부님들이 함께 기도하자고 하시는데 거절할 수가 없었습니다.

그리고 때마침 내일은 우리 한국의 모든 사제의 주보이신 김대건 성 안드레아 신부님 축일입니다. 그래서 이 자리가 더욱 뜻깊게 느껴집니다. 우리도 김 신부님께 우리를 위해 전구하여 주시도록 기도해야겠습니다. 그분이 목숨 바쳐 지켰던 그 신앙과 하느님에 대한 사랑, 그리고 이 민족의 복음화를 위한 그 열정을 우리도 지닐 수 있도록 기도해야겠습니다.

김대건 신부님께서도 영적으로 우리와 함께 계시고, 우리 모두를 위하여, 또 우리가 책임지고 있는 신학생들을 위하여 기도해 주시리라 믿습니다. 그뿐만 아니라 우리의 모든 순교 성인 성녀께서도, 그리고 우리보다 앞서 가신 선배들과 형제 사제들, 이 모든 분들이 우리가 믿는 성인들의 통공 속에 우리와 함께 계시고 우리를 위해 기도하고 계십니다.

그중에는 우리의 스승 되시는 분들, 최민순 신부님, 한공열 대주교님, 선종완 신부님, 정규만 신부님, 이문근 신부님, 더 올라가서는 제가 소신학교 학생이었을 때 계셨던 여러 신부님들의 얼굴도 떠오릅니다.

저는 이 모든 분들이 천국의 성인 성녀 중에서 누구보다도 우리에게 관심을 지니시고, 우리를 위해서 기도해 주신다고 믿습니다.

이문근 신부님에 대해서 늘 감명 깊게 기억하는 일이 있습니다. 그분이 돌아가시기 얼마 전의 이야기입니다. 성모 병원이 아직 명동에 있을 때, 그분은 지병인 간의 이상이 있어서 입원하고 계셨습니다. 어느 날 제가 병문안을 갔더니, 그분은 그날 저녁 이상하게도 저에게 마음을 열고 이야기하시는 것이었습니다(한때 그분이 저를 좀 싫어하던 때가 있었는데, 그때는 저를 만나기도 싫어하셨습니다).

아무튼, 그분의 성격은 아시는 분들은 잘 아실 것입니다. 음악가이고 개성이 강하셔서, 좋아하면 무척 좋아하시지만 싫으면 서로 얼굴을 맞대기도 싫어하시는 분이셨습니다.

그런데 그날 저녁, 제게 "이제 누구도 미워하는 마음이 없어졌다"라고 하시는 것이었습니다. 그러면서 여러 가지 이야기를 하시는 가운데, 바로 옆방에 입원하고 계신 양기섭 신부님을 방문하러 갔던 이야기를 하셨습니다. 두 분 사이는, 아시는 분들은 알겠지만, 서로 얼굴을 대하기도 싫어할 만큼 보지도 않고 말도 안 하는 사이였습니다.

언젠가 이문근 신부님이 저 듣는 데서 너무나 양 신부님 흉을 봐서, "그래 가지고 천당은 어떻게 가시겠습니까?" 했더니, "그놈의 새끼, 천당 문 앞에서 만나면 따귀 한 대 때리고 천당으로 휙 들어가지" 하는 것이었습니다. 그만큼 이 신부님은 양 신부님을 인간적으로 싫어하셨습니다. 양 신부님도 아마······.

그런 이 신부님이 '오늘 옆방 양 신부님을 병문안하러 갔더니 계시지 않아 못 뵈었다'라고 하시는 것입니다. 저는 그 이야기를 듣고 참으로 감명받았습니다. 지금까지 그렇게도 싫어하고 미워하던 분을 병문안하러 갔다는 것, 어떻게 그 마음에서 미움과 분노가 모두 사라졌을까 하는 생각과 함께 용서와 화해의 참된 모습을 보는 것 같았습니다. 그 후, 이 신부님이 다시 양 신부님을 방문하셔서 두 분은 만나셨다고 합니다.

제가 이 이야기를 하는 것은, 하느님께서 하시는 사랑과 구원의 역사가 얼마나 오묘하신지를 앎으로써 그 하느님이 우리 자신 안에서도 같은 역사를 하신다는 것을 깨닫게 하기 위해서입니다.

이어 또 한 분의 경우를 말씀드리면, 서울 대교구 소속 사제였던 고 이용선 신부님의 이야기입니다. 이용선 신부님을 아시는지요? 이분은 사제직을 떠날 때 문제가 없었던 것은 아니지만, 동시에 우리 주교들과의 관계에서 아주 깊은 상처와 응어리를 품었던 분이었습니다. 그러다가 암에 걸려서 성모 병원에 입원하시게 되었습니다. 당시 총대리였던 경 주교님이 그분의 마음을 풀어 드리려고 병문안을 갔지만 만나 주지도 않으셨습니다.

그런데 원목 사제인 매 신부님의 노력으로 고해 성사를 보고 병자 성사를 받고 난 후부터 아주 달라지셨습니다. 우리가 가면 기쁘게 맞으며 마음을 열고 이야기도 잘하셨습니다. 그때 제가 있는 곳 바로 옆에 병원이 있었기 때문에 저는 거의 매일 그분을 방문했는데, 그분을 만나는 것이 위로가 되기까지 했습니다.

그분이 임종하기 얼마 전, 제가 외국으로 떠나게 되어 하직 인사를 하러 갔더니 그분은 아주 밝고 평화스러운 표정으로 "걱정하지 마십시오. 기쁘게 살다 갑니다" 하고 인사를 하셨습니다. 이용선 신부님은 이렇게 자신의 말대로 기쁘고 평안히 주님 안에 잠드셨습니다.

이 이야기를 하는 이유 역시 우리도 그런 은혜를 필요로 하기 때문입니다. 우리도 하느님과의 화해, 또 이웃과의 화해를 필요로 하며, 그런 은혜를 얻도록 기도할 필요가 있기 때문입니다.

사랑 자체, 자비 자체이신 하느님께서는, 우리가 잘 아는 분들에게 그렇게 풍성한 은혜를 주셨듯이 우리에게도 주실 것을 확신합니다. 신부님들에게는 어떤지 몰라도, 저에게는 복음의 예수님 모습 중에서 죄인들에게 자비 가득하신 예수님 모습과 말씀이 제일 위로가 됩니다.

잃은 양 한 마리의 비유라든가 탕자의 비유, 죄인 한 사람의 회개를 하늘에 계시는 천사들이 가장 기뻐한다는 말씀, 또는 마태오 복음 18장 22절에서 예수님이 베드로에게 하신 말씀, 즉 "일곱 번뿐 아니라 일곱 번씩 일흔 번이라도 용서하여라", 이런 말씀들이 죄 많은 우리들에 대한 하느님의 무한하신 자비를 잘 반영하고 있기 때문에 참으로 위로가 됩니다.

러시아 정교회의 대주교이신 안토니 블룸(Anthony Bloom)의 책 〈기도의 체험〉에 보면 이런 이야기가 있습니다.

어떤 사람이 블룸 대주교가 신부일 때 그에게 와서 "신부님, 저에게 하느님을 보여 주십시오"라고 했습니다. 그리고 나서 그들이 주고받은 대화 내용은 이렇습니다.

블 룸 _ 당신에게 하느님을 보여 줄 수 없습니다. 그러나저러나 당신이 하느님을 뵙고 싶으면 하느님과 마음이 통하는 것이 있어야 하는데, 당신의 마음이 하느님의 마음과 닮은 데가 있는지 모르겠습니다. 성서를 읽으신 일이 있습니까?

방문객 _ 예, 있습니다. 복음을 읽었습니다.

블　룸 _ 그럼 당신이 복음을 읽고서 가장 감동적인 대목은 무엇이었습니까?

방문객 _ 요한 복음 8장에 나오는 간음한 여인에 대한 이야기입니다.

블　룸 _ 좋습니다. 그 이야기는 확실히 감동을 주는 대목입니다. 그럼 잠시 여기 앉으셔서 생각해 보십시오. 당신은 그 이야기에 나오는 여러 인물 중 누구입니까? 당신은 예수님입니까? 예수님처럼 그렇게 자비롭고, 비록 간음한 죄인이지만 그녀가 하느님의 은총으로 새로이 태어날 수 있고, 맑고 아름다운 영혼이 될 수 있다고 믿습니까? 아니면 당신이 그 죄인입니까? 그 여인처럼 자기가 지은 죄를 깊이 뉘우치고 용서를 청하고 있습니까? 아니면 당신은 그 여인에게 돌을 던져야 한다고 말한 율법 학자나 바리사이파 사람입니까? 당신은 누구입니까?

여러분도 생각해 보십시오. 그 사람은 한참 후에 대답하기를, "저는 아마도 그 자리에 맨 마지막까지 남아 있다가 그 여인에게 끝내 돌을 던졌을 가장 젊은 바리사이파 사람이었을 것입니다"라고 했습니다. 복음서에는 나이 많은 사람부터 하나씩 떠난 것으로 되어 있으나, 이 사람은 자신도 남아서 기어이 돌을 던졌을 거라고 했습니다.

블룸은 "당신은 솔직해서 좋습니다. 그러나 그렇게 끝까지 용서해 줄 줄 모르면 하느님을 뵐 수는 없습니다"라고 말했습니다.

이 사람은 어쩌면 우리 자신인지도 모릅니다. 왜냐하면 우리는 늘 누구를 마음으로 단죄하고 제쳐 놓는 수가 많기 때문입니다.

어떻든, 간음한 여인의 이야기에서도 주님이 얼마나 죄인에 대해 자비로우신 분인지 알 수 있습니다. 우리는 이번 2박 3일 동안 이처럼 자비로우신 주님 앞에서 겸손되이 우리 마음에도 그러한 사랑과 자비를 주시도록 기도합시다.

내일 미사 제2 독서에서 사도 바오로는 '우리가 받은 성령께서 우리의 마음속에 하느님의 사랑을 부어 주셨다'(로마 5,5)라고 말씀하십니다. 사실 우리는 하느님의 한없는 사랑을 늘 받고 있습니다. 그 사랑으로 창조되었고, 그 사랑으로 죄 사함을 받고 구원되었습니다. 또한 그 사랑으로 하느님의 영원한 생명에 참여하도록, 하느님의 생명을 먹고 살도록 초대받고 있습니다. 그런데 우리는 그 사랑을 깊이 깨닫지 못하고 있습니다. 우리가 이를 안다면!

● 4개 대신학교 교수 신부 합동 피정 강론(1), 1988. 7. 4.

예수님께서 사마리아 여인을 만나신 뜻

여러분은 요한 복음 4장에 나오는 예수님과 사마리아 여인이 야곱의 우물가에서 만나는 장면을 아시리라 믿습니다.

요한 복음 4장 10절에 보면 이런 말씀이 있습니다. "하느님께서 주시는 선물이 무엇인지, 너에게 물을 청하는 내가 누구인지 알았더라면 오히려 네가 나에게 청했을 것이다. 그러면 내가 너에게 샘솟는 물을 주었을 것이다."

"하느님께서 주시는 선물이 무엇인지 알았더라면……."

예수님은 지금 이 시간에 우리에게도 이 말씀을 하시지 않을까요? 사마리아 여인과 마주 앉으시듯 나와 마주 앉으신 예수님. 사마리아 여인을 아시듯 나를 또한 아시는 예수님. 이 점을 오늘 묵상해 보고 싶습니다.

복음에 보면, "먼 길에 지치신 예수께서는 그 우물가에 가 앉으셨다. 때는 이미 정오에 가까워 있었다"(요한 4,6)라고 기록되어 있습니다.

우리는 이 말씀을 두고 잠시 상상해 봅시다. 아주 자연스럽고 인간적인 표현입니다. 예수님은 그날 아침부터, 어쩌면 이른 새벽부터 뜨겁게 내리쬐는 태양 아래 먼 길을 오셨습니다. 그 앞줄에 보면 유다 지방에서 당신의 고향 땅인 갈릴래아로 가시는 길이었습니다. 그러려면 사마리아를 지나가야만 했습니다.

유다 지방을 떠나신 데는 곡절이 좀 있는 것 같습니다. 복음에서는 "예수께서 요한보다 더 많은 제자를 얻으시고 세례를 베푸신다는 소문이 바리사이파 사람들의 귀에 들어갔다. 예수께서는 그것을 아시고 유다를 떠나 다시 갈릴래아로 가기로 하셨는데 그곳으로 가려면 사마리아를 거쳐야만 하였다"(요한 4,1-4)라고 그 까닭이 설명되어 있습니다.

기회만 있으면 예수님을 헤치고자 하는 바리사이파 사람들과의 긴장이 이미 시작되고 있습니다. 예수님은 아직 당신의 때가 되지 않아서 그들과의 귀찮은 충돌을 피하기 위해 유다 지방을 떠나신 것 같습니다.

어떻든, 이 대목에서 우리가 상상할 수 있는 것은 예수님도 수배자처럼 쫓기는 분이셔서 심적으로도 좀 피곤하셨던 것 같습니다. 거기다가 그날은 먼 길을 걸어오셨습니다. 그래서 "먼 길에 지치신 예수께서는 그 우물가에 가 앉으셨다. 때는 이미 정오에 가까워 있었다"라고 했습니다.

그런데 예수님은 왜 이날 이곳에 오셨습니까? 왜 이 우물가에 오셨습니까?

그냥 지나는 길에 들르신 것이었다고도 볼 수 있습니다. 그러나 우리가 요한 복음 4장을 잘 읽어 보면 결코 그렇지 않습니다. 뒤에 32절부터 34절에서 제자들에게 "나에게는 너희가 모르는 양식이 있다. …… 나를 보내신 분의 뜻을 이루고 그분의 일을 완성하는 것이 내 양식이다"라고 말씀하신 것을 보면 알 수 있습니다.

예수님은 이날 한 여인을 만나기 위해 오셨습니다. 그 여인은 아주 보잘것없는 여인이었습니다. 여인은 예수님을 몰랐지만 예수님은 그 여인을 너무나 잘 알고 계셨습니다. 그 여인이 지금 누구와 함께 살고 있는지, 과거는 어떠했는지……. 그렇게 속속들이 아셨습니다. 나중에 그 여인이 놀라서 물동이를 버려두고 동네로 달려가 "나의 지난 일을 다 알아맞힌 사람이 있습니다. 같이 가서 봅시다"(요한 4,29)라고 말한 데서도 잘 드러납니다. "나의 지난 일을 낱낱이 아시는 분……."

예수님께서 하잘것없는 한 여인까지 아시는 데 대하여 하느님이시니까 하고 당연한 것으로 넘길 일이 아닙니다. 그분이 그 여인을 아셨다면 나도 아십니다. 나의 과거, 나의 현재의 모든 것을 낱낱이 아십니다. 그렇다면 나는 그분을 보지 못하지만 그분은 지금 이 순간에 나를 보고 계실 것입니다.

예수님의 이 '아심'을 두려움처럼 느낄 수 있습니다. 우리가 어릴 때부터 배운 교리 문답은 그런 인상을 주었습니다. '전지하신 하느님은 모든 것을 낱낱이 아신다. 그리고 심판하신다'라고 생각했습니다.

그런데 성서적인 의미로 하느님의 '아심'은 하느님의 사랑과 같습니다.

왜냐하면 참으로 아는 것은 참으로 사랑할 때만 할 수 있기 때문입니다.

사랑하지 않으면 피상적으로밖에 알 수 없습니다. 그리고 남의 좋은 것보다 나쁜 것만 압니다. 마치 정보부 같은 데서 사람의 뒷조사를 해서 샅샅이 알고 있듯이 말입니다. 그러나 우리는 예수님께서 아시는 것을 결코 그런 식으로 생각해서는 안 됩니다.

우리는 오히려 이 '아심'에서 그분의 현존과, 그분은 언제나 나와 가장 가까이 계시는 분이심을 깨달아야 합니다. 성 아우구스티노는 "하느님은 나 자신보다 나와 더 가까이 계시는 분이시다"라고 했습니다. 시편 139편에서 보듯, "내가 어디로 가든지 당신은 나와 함께 계시나이다" 하는 뜻으로 주님은 항상 우리와 함께 계십니다. 사랑으로 깊이, 그래서 나의 모든 것을 아십니다. 아시기 때문에 내가 존재하는 것입니다.

먼저 내가 존재하고 뒤에 나를 아시는 것이 아닙니다. 그분의 아심에서 내가 존재하게 되었습니다. 그분은 내가 태어나기 전에 이미 나를 아셨습니다(갈라 1,15).

예수님이 아시는 그 여인은 어떤 사람이었습니까? 남편이 다섯이나 있었고, 지금 같이 살고 있는 사람은 남편이 아닙니다. 그럼 그 여인이 어떤 여인인지 짐작이 갑니다. 우리는 그것이 여인의 탓이었는지, 아니면 남자들에게서 그렇게 헌신짝처럼 버림을 받은 것인지 알 수 없습니다. 그러나 아무튼 어느 모로나 볼품 없는 여인임이 틀림없습니다.

예수님은 바로 그날 이 여인을 찾아오셨습니다. 사회적으로 남을 가르치는 스승으로 알려진 사람이면 일반적으로 그런 여인과 접촉하는 것도 부끄럽게 생각할 것입니다. 만일 그런 여인이 아는 척이라도 한다면, "저리 가! 창피하게시리" 하고 야단칠 것입니다. 그런데 예수님은 당신 편에서 먼저 그 여인을 찾아오셨습니다.

여인이 의지하고 사는 남편을 다섯이나 바꾸었다면, 그것은 말할 수 없이 큰 변덕입니다. 정숙치 못한 부정한 여인임은 물론이요, 믿을 수 없고 중심이 없는 사람입니다. 그런데 인간에게는 누구에게나 이런 의미의 변덕이 있습니다. 이스라엘 백성이 남편인 하느님을 배반하고 또 배반하여 몸을 파는 창녀와 같이 된 것처럼.

인간과 인류 세계는 수없이 하느님을 배반했고, 그 여인이 남편을 바꾸듯이 의지하고 사는 가치관, 사상 등을 하느님 아닌 다른 것으로 바꾸면서 삽니다. 그리하여 미신과 우상 숭배, 재물, 권력, 쾌락에 의지하며 살고 있습니다. 예수님이 그날 그 여인을 찾아가신 것은 그 여인처럼 형편없는 처지에 빠진 인간과 인류 세계를 찾아가신 것입니다.

그리고 잘 생각해 보면, 우리 각자 안에 비록 정도의 차이는 있다 할지라도, 이랬다저랬다 하는 변덕이 있습니다. 자기 중심을 자주 바꿉니다. 우리 안에도 얼마든지 그 여자처럼 될 가능성이 있습니다.

예수님께서 그렇게까지 사마리아 여인을 잘 알고 계신 데 비해, 사마리아 여인은 예수님을 전혀 몰랐습니다. 그녀는 물론 그날 메시아를 만났습니다. 그러나 그것은 나중에 안 일이었고, 처음 이 여자의 눈에는 예수님은 단지 한 평범한 남자, 그것도 자기네 사마리아 사람들과는 서로 상종도 하지 않는 유다인 남자에 불과했습니다.

그러기에 "물 한 모금 줄 수 없느냐"는 예수님에게 "당신은 유다인이고 저는 사마리아 여자인데, 어떻게 저더러 물을 달라고 하십니까?" 하고 극히 퉁명스럽고 불친절하게 대했습니다. 그것은 분명히 냉대입니다.

그 시간, 예수님은 그만큼 볼품이 없었습니다. 먼 길에 지치시고 땀에 젖은 모습이라서 더욱 그랬는지 모르겠습니다. 아무튼 한 여인에게도 매력 없는 남자, 요즘 우리 십 대의 표현대로 별 볼 일 없어 보일 만큼 별로였습니다.

우리는 여기서 강생의 신비를 다른 각도에서 다시금 묵상하게 됩니다. 사도 바오로는 필립비서 2장 6절부터 7절에서 "그리스도 예수는 하느님과 본질이 같은 분이셨지만 굳이 하느님과 동등한 존재가 되려 하지 않으시고, 오히려 당신의 것을 다 내어 놓고 종의 신분을 취하셔서 우리와 똑같은 인간이 되셨습니다"라고 말씀하셨습니다.

당신의 것을 모두 버리시고 우리와 똑같은 인간이 되셨습니다. 하느님이신 분이 우리와 똑같은 인간이 되셨습니다.

우리는 이것을 사실 상상할 뿐이지, 그것이 어느 정도의 일인지는 모릅니다. 하느님이신 분이 사람이 되어 오셨다는 사실 자체가 우리에게는 너무나 엄청난 일입니다.

그런데 여기 사마리아 여인과 우물가에 마주 앉으신 예수님은 바로 그

부르심 받은 이들에게

렇게까지 우리와 똑같은 인간이 되신 예수님을 보여 줍니다. 더운 날 하찮은 여인에게서 물도 한 잔 못 얻어 마실 만큼 푸대접받으시는 예수님…….

어떻게 하느님이신 분이 그렇게까지 평범한 인간이 되실 수 있을까요? 한 여인의 눈에는 그저 한 나그네, 한 유다인 남자에 불과해 보일 만큼 평범한 인간이 될 수 있는 것일까요?

하느님은 그렇게까지 당신을 비우고 낮추셨습니다. 이것은 참으로 강생의 신비입니다. 우리는 여기 이 강생의 신비에 나타나는 하느님의 겸덕, 당신을 남김없이 비우시는 하느님의 가난을 이해할 수 있습니까?

전에 어느 교우가 한 성당에 찾아가서 그 성당의 일꾼처럼 보이는 사람에게 본당 신부님이 계시느냐고 물었습니다.

"왜 그러시오?"

"고해 성사를 보러 왔습니다."

"그래요? 그럼 성당에 들어가서 기다리시오."

그래서 성당에 들어가 있었더니, 그 일꾼 같은 사람이 수단을 입고 들어와서 놀랐다는 이야기가 있지요.

저도 국내에서는 너무 쉽게 알아봐서 곤란하지만, 혹간 저를 모르는 외국 사람이 찾아와서 추기경을 만나고 싶다고 할 때가 있습니다. 제가 그러냐고 하면서 들어오라고 하고 마주 앉으면, 그제서야 저를 추기경 비서로만 알았다고 놀라곤 합니다. 그래서 저를 겸손하다느니 하며 추켜 세우기도 합니다. 그러나 저를 포함한 우리는 결국 남이 나를 충분히 알아주고 그렇게 대접해 주기를 바랍니다.

하느님의 아들 성자 예수님의 경우에는 그 겸덕과 가난이 얼마나 깊은지 우리는 상상도 할 수 없습니다. 그분은 한없이 가난하고 겸손하셨습니다. 바로 이 때문에 당시의 사람들은 예수님을 알아보지 못했습니다.

자기들이 생각하고 기대하던 메시아와 실제로 오신 메시아는 너무나 달랐습니다. 사마리아 여인은 초면이니까 그렇다고 하지만, 예수님의 고향 사람들은 오히려 더 몰랐습니다. 그들의 눈에는 예수님이 목수인 요셉의 아들이었고, 예수님도 목수에 불과했습니다(마태 13,53-58; 마르 6,1-6).

그들은 "그는 요셉의 아들이 아닌가? 그 형제들은 아무개 아무개가 아닌가? 그의 누이들도 우리와 같이 여기 살고 있지 않은가?"라고 말했습니다. 이렇게 어릴 때부터 예수님을 보아 온 사람, 늘 대하던 사람들이 더 몰랐습니다.

우리는 흔히 무의식중이나마 내가 이천 년 전에 살았더라면 예수님을 반드시 알아보고 믿었을 거라고 생각합니다. 하지만 정말 그럴까요? 예수님의 제자들이 예수님을 정말 알아본 것은 언제였습니까?

복음서를 보면, 베드로의 고백(마태 16,16)에서 알 수 있듯이, 일찍부터 알아보았던 것으로 보입니다. 그러나 또 수난 때 배반한 것을 보면, 예수님을 깊이는 못 알아본 것도 같습니다. 그들 역시 평범한 인간의 모습 속의 주님을 알아보기는 힘들었을 것입니다.

루가 복음 22장 24절에서 27절을 보면, 제자들은 예수님과 최후 만찬을 하는 저녁상에서 서로 누가 더 높으냐는 것으로 싸우고 있습니다. 이것은 우리 모두의 모습입니다. 이것은, 그들이 예수님도 못 알아보고 그분의 가르침도 전혀 알아듣지 못한 것을 잘 증명합니다.

지금 우리가 상상하는 예수님은 어떤 분입니까?

참으로 누구도 그분이라고 알아보기 힘들 만큼 우리가 매일 대하는 이웃 같은 평범한 모습의 예수님입니까, 아니면 우리가 인식하고 상상하고 있는 전지전능하신 위대한 모습의 예수님입니까?

열왕기 상권 19장 9절부터 14절에서 엘리야가 하느님을 만난 이야기에 따르면, 하느님은 강풍 가운데도, 지진 가운데도, 불길 가운데도 안 계셨고, 아주 조용하고 여린 소리 속에 계셨습니다.

아무튼 그때나 지금이나 예수님은 근본적으로는 같은 모습으로 다가오시지는 않는지……. 오늘의 한국 사회 같으면, 한국 사회의 평범한 사람 또는 그 이하로 초라한 나환자처럼 다가오시지는 않는지……. 마태오 복음 25장 31절에서 46절 사이의 말씀대로, 굶주린 이, 가난한 이, 병든 이, 옥에 갇힌 이, 나그네, 버림받은 이의 모습으로 다가오시지는 않는지…….

마더 데레사 수녀님은 그런 예수님을 알아보신 분입니다. 그분은 매일 하루에 두 번씩 영성체한다는 말씀을 하신 적이 있습니다. 한 번은 아침 미사에서, 또 한 번은 거리의 가난한 걸인을 통해서 말입니다.

제 경우에도 도림동 '라파엘의 집'에서 중복 장애 어린이들을 통하여 주님의 현존을 더 가깝게 느꼈습니다.

가장 보잘것없는 형제가 누구입니까? 결코 모르는 남이 아닙니다. 거지 중의 누군가가 아닙니다. 가장 잘 아는 사람입니다. 가장 가까운 사람입니다. 그러면서도 내 마음에서 소외시키고 있는 사람, 용서해 주지 못하고 받아 주지 못하는 그 사람이 곧 가장 보잘것없는 형제입니다.

예수님은 바로 그런 사람의 모습으로 오십니다. 그가 곧 예수님이십니다.

아무튼 그 사마리아 여인은 예수님을 전혀 못 알아봤지만, 예수님은 이미 말씀드린 대로, 바로 이 여인을 만나러 오셨습니다. 이 한 여인을 위해 먼 길을 찾아오셨습니다.

그 여인에게 구원의 기쁜 소식을 전해 주시기 위해서였습니다. 그 여인에게 하느님의 구원의 신비와 함께 당신을 드러내 보여 주고 당신을 통해서 오는 구원의 은총을 주기 위해서였습니다. 그래서 "하느님께서 주시는 선물이 무엇인지, 또 너에게 물을 달라고 청하는 내가 누구인지 알았더라면, 오히려 네가 나에게 청했을 것이다. 그러면 내가 너에게 샘솟는 물을 주었을 것이다"라고 말씀하신 것입니다.

여인은 예수님을 유다인이라면서 민족과 종교의 차별을 들먹이며 멸시했습니다. 당시 유다인들과 사마리아인들은 상종하는 일이 없었다고 성서에서 말할 만큼 사이가 좋지 않았습니다. 우리와 일본 사람들 이상으로 서로 싫어하는 사이였던 모양입니다. 그런데 이에 비해서 예수님은 아무런 차별을 두지 않으셨습니다. 오히려 바로 그 여인은 당신이 찾아 헤매시는 잃어버린 양 한 마리였습니다. 그 양을 찾고서 기쁨에 넘쳐 어깨에 메고 돌아와서 이웃을 초대하여 잔치를 벌일 그런 양 한 마리입니다. 참으로 말할 수 없이 큰 사랑입니다.

이제 더 깊이 들어가서 "하느님께서 주시는 선물이 무엇인지 알았더라면"이라는 말씀을 묵상해 봅시다.

가장 핵심적인 문제는 '하느님의 선물'과 '알았더라면'이라는 말에 있습니다. 그 여인은 물론 몰랐습니다. 우리도 마찬가지입니다. 우리가 참으로 하느님이 우리에게 주시는 선물이 무엇인지 깊이 안다면 이렇게 미지근하지는 않을 것입니다.

유다인들도 예수님이 누구신지 참으로 알았더라면 예수님을 십자가에 못 박지는 않았을 것입니다. 그들은 몰라서 그분을 죽였습니다. 그러하기에 예수님은 십자가상에서 당신을 못 박은 사람들을 위해 "아버지, 저 사람들을 용서하여 주십시오! 그들은 자기가 하는 일을 모르고 있습니다"(루가 23,34)라고 기도하셨습니다.

우리는 어떻습니까? 안다는 것은 참으로 믿음과 사랑으로만 얻을 수 있는 것입니다. 우리가 믿음과 사랑에서 하느님이 주시는 선물을 안다면······.

하느님의 선물은 무엇입니까? 참된 선물은 주는 사람의 마음, 주는 사람의 사랑을 담고 있습니다. 마음이 담기지 않은 선물─성탄과 새해에 흔히 이런 선물을 받게 됩니다-은 아무리 크고 값져도 고마움을 느끼지 못합니다.

그러나 마음이 담긴 선물, 사랑이 담긴 선물은 아무리 작아도 값집니다. 그것은 바로 주는 이의 마음이기 때문입니다. 이것은 사랑할 때만 깨달을 수 있습니다. 이 때문에 여기서 '하느님의 선물'이란 바로 하느님의 마음, 곧 성령인 것입니다.

예수님은 또한 '샘솟는 물'이라는 말씀도 하셨는데, 요한 복음 7장 37절부터 39절에서 이런 말씀이 나옵니다. "목마른 사람은 다 나에게 와서 마셔라. 나를 믿는 사람은 성서의 말씀대로 그 속에서 샘솟는 물이 강물처럼 흘러 나올 것이다" 그리고 "이것은 예수께서 당신을 믿는 사람들이 받을 성령을 가리켜 하신 말씀이었다"라고 설명하고 있습니다. 성령은 하느님의 마음이요, 하느님께서 예수님을 통해 우리에게 주시는 바로 그 선물입니다.

또 루가 복음 11장 13절에 보면, 예수님께서는 제자들에게 기도에 대한 가르침을 주신 다음, "너희가 악하면서도 자녀에게 좋은 것을 줄 줄 알거든, 하늘에 계신 아버지께서야 구하는 사람에게 더 좋은 것 곧 성령을 주시지 않겠느냐?" 하고 말씀하십니다.

우리가 평소에 기도하면서(이 피정 중에도) 하느님의 이러한 선물이 무엇인지 깊이 알게 되기를 바랍니다. 그리고 기도에서 성령을 주시도록 간구합시다.

성령은 삼위일체이신 천주 제삼위로, 성부와 성자가 완전히 서로 생명과 사랑을 남김없이 주고 나눌 수 있게 하는 하느님의 마음, 하느님의 사랑입니다. 사도 바오로가 고린토 전서 13장에서 말하는 그 완전한 의미의 사랑입니다.

그래서 예수님은 "하느님께서 주시는 선물이 무엇인지, 또 너에게 물을 청하는 내가 누구인지 알았더라면"이라고 하셨습니다. 여기서도 다시 '안다'는 것이 문제의 핵심입니다.

우리는 예수님을 압니까?

모른다고는 할 수 없지요. 그러나 안다는 것은 단순히 지식을 의미하는 게 아닙니다. 신학자가 학문적으로는 그리스도의 생애를 쓸 수 있고 그리스도론을 펼 수 있어도, 예수님을 참으로 안다고는 말할 수 없습니다.

우리도 예수님의 생애에 대해서는 대충 압니다. 언제, 어디서, 어떻게 나셨고, 어디서 사셨고, 무슨 일을 하셨으며, 언제쯤 공생활에 들어가셨고, 공생활 중에 어떤 기적을 행하셨으며, 또 무엇 때문에 어떻게 돌아가셨는지 등 예수님의 역사와 인물을 압니다.

그러나 '정말 아는가? 정말 예수님이 누구신지 아는가?' 하고 자문해 보면, 자신 있게 안다고 말하기는 힘들지 않나 생각합니다. 안다는 것은 지금까지 말씀드린 대로 참으로 믿고 사랑하는 것입니다. 사랑함으로써 그분의 인격, 그분의 마음을 아는 것입니다. 그분의 신비 속에 들어가는 것입니다.

피아니스트 한동일 씨는, 지금의 그가 되기까지 손가락이 부서질 듯한 많은 육체적 아픔과 심적 고통을 겪으며 주님처럼 십자가의 길을 걸어야 했습니다. 1980년에 죽은 김재문 신부는 신부전증으로 심한 고통을 겪으며 두 눈의 시력을 완전히 잃었습니다. 그 후 어느 날 '예수님은 나의 길이다'를 깨닫고 십자가의 고통을 직접 체험했습니다.

우리가 어떤 사람의 됨됨이나 마음을 정말 깊이 알지 못하면 진실로 그 사람을 안다고 말할 수 없습니다. 그리고 그런 지식은 그 사람을 정말로 사랑할 때만 얻을 수 있습니다.

하긴, 그런 경우에도, 즉 인간의 경우에도 모든 것을 다 안다고는 할 수가 없지요. 유행가 가사에 이런 것이 있습니다. "바닷가 모래밭에 손가락으로……"라는 노래 끝에 "지금도 알 수 없는 당신의 마음……." 사실 그렇습니다. 인간은 참으로 신비한 존재입니다.

도대체 오늘날까지 수천 년 동안 다루어진 철학의 주제가 무엇이었습니까? 그것은 '인간은 무엇이냐?'라는 것이었습니다.

그러면 오늘에 와서 그 답을 찾았느냐 하면, 찾지 못했습니다. 철학·신학·인간학·심리학·인류학·생물학·생리학……. 아무튼 인간과 직접 또는 간접으로 관계되는 지식의 총체를 향해서 "20세기의 지식아! 내가 누구인지 답해 달라!"라고 하면 답을 얻을 수 있습니까? 없습니다. 교리 신학자인 독일의 볼크 추기경(Kardinal Volk)은, '인간이란 무엇인가?(Was ist die Person)'를 가지고 평생 물었습니다.

저는 가끔 우리 의과 대학의 박사 학위 수여식에 참석하면서 이런 생각을 하곤 했습니다.

"'페르손(Person, 인격으로서 인간)'은 모르는 것이 오히려 당연하다 치고, 육체로서의 인간은 다 아는가? 이제는 수천·수만·수백 만의 사람들이 인체를 두고 연구해서 박사가 되었으니, 이제는 연구할 게 얼마 남지 않았다고 볼 수 있지 않겠는가? 그런데 정말 그런가?"

한번은 해부학 박사에게 이런 질문을 던지니까, "아니지요. 저희가 해부학에서 의학적으로 인체를 샅샅이 뒤지다시피 한 건 사실이지만, 인체 연구만 해도 한이 없는 거지요"라고 대답하더군요.

그렇습니다. 특히 인체를 이루는 세포, 마이크로솜(Microsome)은 끝이 없습니다. 인체의 최소 단위인 마이크로솜은 한없이 커 가고, 계속 진화하고 있습니다.

여기서 저는 요한 복음 시작에서 "한 처음 천지가 창조되기 전부터 말씀이 계셨다. 말씀은 하느님과 함께 계셨고……. 모든 것은 말씀을 통하여 생겨났다"라는 대목을 생각하지 않을 수 없습니다. 세상에 존재하는 모든 것은 물질까지도 말씀을 통하여 존재한다, 그 때문에 누구도 그 끝을 모르고, 그 정체를 파악하지 못한다고 봅니다.

이제 그 말씀이 사람이 되어 오신 예수님께서 사마리아 여인과 마찬가지로 우리에게도 "네가 만일 내가 누구인지 알았더라면"이라고 하십니다. 인간도 물체도 신비인데, 신비의 원천이신 예수님을 우리가 어떻게 알 수 있겠습니까? 그분이야말로 참으로 사도 바오로의 표현대로 인간의 모든 지식을 초월한 분입니다.

그러나 그럼에도 불구하고, 역설적인 말 같지만, 우리는 인간이나 물체에 대해서보다는 예수님에 대해서 더 깊이, 그리고 더 확실하게 알 수 있습니다. 인간과 인간 사이, 인간과 물체 사이에는 서로가 원해도 어떻게 허물 수도, 넘을 수도 없는 심연이 가로막고 있습니다. 하지만 그리스도와 우리 사이에는 우리에 대한 그분의 사랑이 너무나 크기 때문에, 또 그분은 언제나 우리를 향하여 당신을 열고 계시기 때문에, 그분은 우리 안에 내재하시고 우리 자신보다도 우리에게 더욱 가까이 계시기 때문에, 항상 우리 마음의 문을 두드리고 초대하고 계시기 때문에 우리가 원하기만 하면 우리는 그분을 깊이 알고 사랑할 수 있습니다.

성 아우구스티노는 〈고백록〉에서 이렇게 말하고 있습니다.

"확실히 알 수 있는 것은, 그리스도의 우리에 대한 사랑이 진실하다는 것입니다. 그분은 결코 이랬다저랬다 하시지 않는 분, 진실하신 분이시라는 것을 우리는 확실히 알 수 있습니다." 주님께서 이사야에게 말씀하시듯이, 산들이 밀려나고, 언덕이 무너져도 주님의 사랑에는 변함이 없습니다.

그리스도를 아는 문제에 대해 깊이 있게 다룬 분은 사도 바오로입니다. 사도 바오로는 여러분이 잘 아시듯 예수님을 지상 생활에서는 뵌 적이 없는 분이었고, 또 한때 그리스도인들을 핍박한 박해자였지요. 그분이 예수님과 만난 것은, 참으로 기이하게도, 예수님을 믿는 이들을 잡아서 예루살렘으로 압송하기 위해 다마스커스로 가던 도중이었습니다. 바로 그런 만남 때문인지 사도 바오로는 예수님을 더욱 깊이 알기를 간절히 소망했습니다.

그리하여 필립비서 3장 7절부터 9절에서 그분은 예수 그리스도를 위해서 과거의 모든 것을 장애물로 여길 뿐 아니라, 그 모든 것을 쓰레기로 여긴다면서 "나에게는 내 주 그리스도 예수를 아는 것이 무엇보다도 존귀합니다"라고 단언했습니다. 그리고 "그것은 내가 그리스도를 얻고 그리스도와 하나가 되려는 것"이라고 했습니다. 또 이어서 "내가 바라는 것은 그리스도를 알고 그리스도의 부활의 능력을 깨닫고 그리스도와 고난을 같이 나누고 그리스도와 같이 죽는 것입니다. 그러다가 마침내 죽은 자들 가운데서 다시 살아나기를 바랍니다"(필립 3,10-11)라고 했습니다.

또 에페소서 3장 19절에서는 "인간의 모든 지식을 초월한 그리스도의 사랑을 알 수 있게 되기를 바랍니다. 이렇게 해서 여러분이 완성되고 하느님의 계획이 완전히 이루어지기를 바랍니다"라고 했습니다.

사도 바오로의 이런 말씀들을 보면, 참으로 그리스도의 성령이 충만한 상태, 즉 그 속에서 샘솟는 물이 강물처럼 흐르는 상태에서 말씀하신 것 같습니다. 우리도 사도 바오로와 같이 된다면 얼마나 좋겠습니까? 그렇게 되면, 예수님께서 사마리아 여인에게 하신 "이 우물물을 마시는 사람은 다시 목마르겠지만 내가 주는 물을 마시는 사람은 영원히 목마르지 않을 것이다"(요한 4,13-14)라는 말씀을 깊이 깨달을 수 있을 것입니다.

우리는 무엇을 목말라합니까? 세상 것은 무엇이나 다시 목마르기 마련입니다. 우리는 예수님을 참으로 알려고 합니까?

얼마 전에 감호 처분으로 17년이라는 긴 옥살이에서 풀려난 서준식 씨가 작년 1987년 11월에 쓴 "나의 주장"이라는 글을 읽을 기회가 있었습니다. 거기서 그는 자기가 재일 교포로서 항일(抗日)·극일(克日) 정신에서 민족주의자가 될 수밖에 없었다는 것, 1967년경부터 서울 대학에 다니면서 우리 사회의 부정·불의, 여기서 야기되는 빈부의 격차, 도농의 격차를 보고 그것을 극복하기 위한 방법을 찾다가 마르크스주의자가 되었다는 것을 누구나 쉽게 공감할 수 있게끔 쓰고 있었습니다.

그런데 1983년경부터 공관 복음을 읽게 되었는데, 그는 공관 복음을 통한 예수님과의 만남이 자신에게 얼마나 큰 충격을 주었는지 소상히 적고 있었습니다. 예수님을, 종교는 아편이라는 카테고리로 볼 수 없다는 것을 이야기하면서, 그는 한때 예수님의 생각을 자나 깨나 떨칠 수가 없었고 밥 먹을 때도 용변을 볼 때도 예수님 생각뿐이었다고 쓰고 있었습니다.

그러면서 유물론자요, 마르크스주의자인 자기지만, 하느님이 계심을 믿을 수 있고, 하느님의 독생 성자가 사람이 되어 오시고 우리를 위해 십자가에서 돌아가신 것을 믿을 수 있다면, 진정 모든 것을 버리고 그리스도를 따르겠다고 쓰고 있었습니다. 그것은, 아직도 찾고 있는 것이긴 하나 그에게는 굉장히 간절한 소망이기도 했습니다.

저는 이 글을 읽고 반성해 보았습니다. "나는 예수 그리스도를 그렇게 자나 깨나 생각해 본 일이 있는가? 참으로 예수님이 누구신지 알고 싶어 했는가? 예수님에게 그런 사랑을 가진 일이 있는가?"에 대해 생각해 보았습니다.

● 4개 대신학교 교수 신부 합동 피정 강론(2), 1988. 7. 5.

주교와 청빈

저는 서울 대교구의 주교이자 추기경입니다. 그런데 저는 가끔 생각합니다. '나의 생활 양식이 과연 복음적인가?' 복음적이지 않을뿐더러, 그것과 아주 거리가 멉니다.

저는 가끔 복음적 청빈을 설교합니다. 이것은 제가 가장 좋아하는 주제이기도 합니다. 그런데 실제로 저 자신은 그렇게 살고 있지 않습니다. 제 스스로 바리사이임을 가끔 느낍니다.

저는 가난한 사람들을 돕는 자선을 때때로 합니다. 그들을 방문하는 일도, 드물기는 하지만, 있습니다. 그러나 저는 결국 그들과 같은 생활을 나누지는 않습니다. 또 인권과 사회 정의를 위해 큰 역할을 하는 사람으로 인정받고 있습니다. 그래서 여기에도 초대된 게 아닌가 생각합니다.

우리 서울은 인구 구백만에 가톨릭 신자 수는 오십만입니다. 본당 수 백십육 개, 사제 약 삼백오십 명, 수녀 약 천 명, 그 밖에 학교, 병원 등 여러 가지 시설이 있습니다.

한국에서는 신자 수가 날로 증가하고 있으며, 특히 서울이 그렇습니다. 그런 교구의 대주교이기에, 저는 사람들에게 존경받는 위치에 있는 것입니다. 그러나 저는 가끔 생각합니다, '주교관을 떠나서 가난한 사람들 속에 들어가 살 수 없을까?' 하고. 이 생각은 제가 신부일 때 한때 강하게 가졌던 생각입니다. 그런데 오늘까지 실천에 옮기지 못하고 있습니다. 가난한 사람들 속에 들어가 살면서 주교 생활을 할 수 있는 길이 있을지, 오늘까지 현실의 요구에 맞는 답을 얻지 못했습니다.

제가 가난한 동네에 들어가 산다 해도, 주교이기 때문에 적어도 비서 신부가 있어야 하고, 가정부도 필요할 것이며, 연락을 위해 전화도 필요하고, 교구의 여러 가지 업무를 위해 사무원이 필요하며, 많은 서류와 책과 원고 들을 관리하고 정리할 공간과 사람들이 또 필요할 것입니다. 그러면 결국 차도 있어야 하고, 집도 커야 하며, 거기가 결국 주교관이 되고 말 것입니다. 그러면 가난한 이들과 함께 살면서 그들과 삶을 나눌 수가 없습니다. 나는 다시 현재와 같은 추기경, 서울 대교구장이 되고 맙니다.

저는 가끔 현실과 이상 사이의 큰 차이, 더 나아가 역설을 느낍니다. 게다가 이것이 과연 자기 교구민 앞에서 예수 그리스도를 대리하는 주교의 모습인가 하고 생각합니다.

제가 이런 문제, 복음적 청빈의 문제를 제기하는 것은, 반드시 청빈 자체의 가치를 절대시해서가 아닙니다. 그보다는 이웃, 특히 가난한 이웃을 형제와 같이 사랑하고, 그들을 있는 그대로 받아들이기 위해서 자기를 남김없이 비우는 것이 필요하다고 보기 때문입니다.

다시 말해, 이웃을 참으로 사랑하기 위해서는 복음적 가난을 살아야 한다고 믿기 때문입니다. 예수님께서는 우리를 부유하게 만들기 위해서 자신을 비우고 가난한 이가 되셨습니다.

특히 우리 주변, 아시아 여러 나라에 있는 가난한 이들에 대하여 진정 그들을 형제로 사랑하는 것이 우리가 주교로서 지고 있는 직무의 본질이라고 본다면, 우리는 그들의 가난과 고통을 나눌 만큼 되지 않으면 안 됩니다. 그렇다면 우리의 생각과 삶의 방식이 그들의 것과 같아야 하며, 함께 가난한 이로서의 삶을 나누어야 합니다.

그러니까 문제의 핵심은 결국 인간에 대한 사랑입니다. 이 사랑은 그리스도교의 진수이기도 합니다. 이 사랑은, 고린토 전서 13장에서 사도 바오로가 잘 표현했듯이, 가장 중요하며, 그것이 없을 때는 우리의 설교, 웅변, 우리의 자선 사업, 심지어 인권과 사회 정의를 위한 우리의 말과 행동, 헌신적인 노력까지도 사실 의미가 없습니다. 더군다나 현대 사회의 실상을 볼 때, 인간에 대한 사랑은 가장 중요한 문제입니다. 현대 사회는, 모두가 잘 아는 바대로, 물질주의적 욕구에 따른 발전을 추구하여, 인류 세계는 그 어느 때보다도 물질적으로 부유하게 되었습니다.

그런데 이러한 물질적 발전은 인간성의 희생 위에 얻어진 것이라 해도 과언이 아닙니다. 여기서 인권 유린과 부정부패가 도처에 창궐하게 되었습니다.

그렇기 때문에 물질적으로 발전하면 할수록 비인간화는 더욱 심해집니다. 인간 소외 문제는 현대인이 앓고 있는 가장 큰 병입니다. 마더 데레사 수녀님의 말씀대로, "나병이나 폐병을 고치는 약은 있는데 인간 소외를 고치는 약은 무엇인가?"를 묻게 됩니다. 그래서 현대인은 자신 안에서 다시금 날로 상실되는 인간성을 느끼며 "인간은 도대체 무엇인가? 인생의 의미는 무엇인가?"를 심각하게 묻게 되었습니다. 참으로 이 같은 실존적 불안 속에 고통을 겪고 있는 것이 오늘의 인간입니다.

저는 가끔 "한국에서는 짧은 기간 동안 급속한 경제 성장을 이루어 물질적으로 풍족한데도 왜 종교에 귀의하는 사람이 많은가?"라는 질문을 받기도 하고, 저도 그런 질문을 던져 보기도 합니다.

한국인은 비교적 종교적이며, 우리 가톨릭교회의 경우에는 순교자의 피가 신앙의 씨로 뿌려져 오늘날 꽃피우고 있다는 점을 그 이유로 들 수도 있겠습니다.

그러나 종교에의 귀의가 우리 가톨릭교회만이 아니라 개신교, 불교에서도 역시 많아지는 것을 볼 때, 그것은 근본적으로 오늘의 한국적인 특수 여건 – 남북 분단, 정치적·경제적 불안 – 에 기인하는 것도 있겠으나, 그에 못지않게 물질적 발전에 따르는 정신적 공허, 불안, 영적 갈증이 날로 커지고 있기 때문이라고 생각합니다.

그래서 그들은 무엇인가 의지할 곳, 마음의 안식처를 찾는 것입니다. 인간으로서 삶의 의미와 존재 가치를 찾고, 인정과 사랑을 얻고 싶은 것입니다. 도시화와 산업화 속에 날로 기계화되는 사회 속에서 자신의 정체성을 찾고 싶은 것입니다. 쉽게 말해서, 나를 인간으로 받아 주고 인정해 주고 사랑해 주는 누군가를 찾는 것입니다.

몇 해 전, 한국에서 어떤 사회 조사 팀이 신문팔이, 껌팔이, 구두닦이 등 불우 청소년들을 대상으로 그들이 가장 원하는 것이 무엇인지 알아보았는데, 그중 70%가 인간적인 대우라고 답했습니다. 직업이나 기술 또는 돈을 원한다는 응답은 비율이 아주 낮았습니다.

인간으로서 인정받고 사랑받고 싶다는 것은 모든 인간의 근원적인 소망입니다. 가난한 이와 억눌린 이들의 소망도 바로 그것입니다. 그래서 그들은 누구보다도 인권의 존중과 사회 정의를 갈망합니다. 나라의 민주화를 갈망합니다. 그것은 직업적인 반체제 정치인들이 정치의 민주화를 요구하는 것과 외형은 비슷하나, 동기에는 깊은 차이가 있다고 생각합니다.

이렇게 볼 때, 인간에 대한 참된 사랑, 그 사랑에서 모든 인간, 특히 가난하고 약한 이들을 그들의 존엄성에 따라 인정하고 사랑하는 것이 얼마나 중요한지를 우리는 이해할 수 있습니다. 그리고 이것이 결국 모든 문제의 핵심이라고 생각합니다.

이제, 이런 문제와 관련해서 우리 자신이 실천해야 할 교회의 사명을 생각해 보고 싶습니다.

교회의 사명은 첫째, 복음 선교입니다. 예수님께서는 이사야 예언자의 말을 인용하여 "주께서 나에게 기름을 부으시어 가난한 이들에게 복음을 전하게 하셨다"(루가 4,18)라고 하셨습니다. 이 사명의 수행은 교회가 예수님께서 보여 주신 그 사랑으로 사람들 - 특히 가난하고 약한 이와 억눌린 이들 - 을 사랑할 때 가능합니다.

그런데 오늘의 교회는, 특히 우리 자신들이 사목하는 교회는 이런 사랑으로 사는 교회입니까? 물론 대부분 "아니다"라고 말할 것입니다. 그뿐만 아니라 이 사랑의 문제가 우리의 관심이나 사목적 염려에서 어떤 비중을 차지하고 있는지도 생각해 보아야 합니다.

우리 한국, 특히 서울의 경우를 들면, 앞에서도 말한 바와 같이, 신자수가 급격히 증가하고 있습니다. 그래서 본당들이 초만원입니다. 신학교·수도원도 초만원입니다. 그래서 우리의 관심은 본당 신설, 신학교 증축 등에 큰 비중이 쏠리고 있습니다.

또한 어떻게 하면 그들의 신앙과 영성을 심화시키느냐 하는 문제도 크게 여기고 있습니다. 그것을 위해서 여러 가지 교육 프로그램과 세미나, 재교육 등을 계획, 추진하고 있습니다.

또한 우리는 1984년에 교구 설정 200주년을 맞으면서 이를 가장 뜻깊게 기리기 위해 한국 교회의 모든 사목 계획과 활동이 거기에 집중되어 있습니다. 그 준비에 있어서 영적 쇄신이 가장 강조되고 있습니다. 특히 주님께서 우리를 사랑하신 그 사랑으로, 먼저 우리가 서로 사랑해야 한다는 것을 빠지지 않고 강조합니다.

그런데 이 이웃 사랑이 과연 주교인 나와 우리 사제들과 수도자들, 평신도들 마음의 중심을 차지하고 있느냐 하고 물으면, 그렇다고 대답할 수 없을 것입니다. 그것은 음식의 양념과 같지만, 아무 맛을 낼 수 없는, 있는 둥 마는 둥한 양념과 같습니다.

따라서 반성해 보면, 우리의 관심사와 사목적 염려의 비중은, 정신 운동-사랑 실천-은 슬로건에 불과하고, 이 대축제를 어떻게 효과적으로 성대히 치를 것인가, 그 목적을 위해서 어떻게 모든 이의 정신적·물질적 힘을 하나로 모을 것인가 하는 데에 있습니다.

우리는, 자신이 원하든 원하지 않든, 주교인 한 가진 것이 많습니다. 비록 물질적으로 가난해도 우리에게는 사회적 지위와 권위와 영예가 있습니다. 이런 것은 다른 이들에게 도움이 될 수도 있습니다. 그러나 이는 가난하고 힘없는 이들과 우리를 갈라놓는 장벽도 되기 쉽습니다. 그 때문에 예수님께서는 가난하고 힘없는 자의 길을 택하셨습니다. 모든 힘없고 버림받은 이와 억눌린 이 사이의 장벽을 허물어 그들의 벗이 되고 하나가 되시기 위해서입니다. 이같이 누군가가 자기를 비우고 가난하고 힘없는 이와 하나 될 만큼 큰 사랑을 지녔을 때, 그 사랑이 그들을 인간 소외에서 해방시켜 줄 것입니다.

우리가 주교로서 진정한 의미로 복음을 전한 일이 있습니까? 복음은 기쁜 소식—죄 사함과 해방의 기쁨—을 알려 주는 것입니다. 이렇게 큰 구원의 기쁨을 사람들이 느낄 수 있도록 해 준 일이 얼마나 됩니까?

우리는 주교로서 사람들을 묶는 일을, 그들의 자유, 하느님의 자녀로서의 자유를 제한하는 일을 더 하고 있지는 않습니까?

우리는 입법자, 법의 수호자임을 자인하면서 법을 만들고, 그 법에 사람들이 복종하기를 요구하는 등 사람들의 자유를 사실상 제한하는 일을 그들을 해방시키는 일보다도 더 많이 하고 있습니다.

나는 우리가 주교로서 입법과 법 수호의 의무를 지고 있다는 것을 부인하는 것이 아닙니다. 다만 그 일을 더 많이 함으로써 사람들의 마음을 진정 복음의 기쁜 소식으로 해방시켜 주는 일을 소홀히 하거나 거의 없게 만드는 것을 문제시합니다.

그리하여 우리 신자들은 믿음의 기쁨을 느끼지 못하면서 삽니다. 우리가 제시하는 하느님은, 사랑의 하느님(Deus Amoris)이 아니라 두려움의 하느님(Deus Tinoris)이십니다. 그리하여 그리스도교의 본질을 크게 감소시키고, 사랑으로써 우리를 위해 사람이 되어 오시고 돌아가시고 부활하신 예수 그리스도의 모습을 흐리게 합니다.

나는 이 말을 하면서도 내가 지나치게 자유주의자인지도 모르겠다는 생각이 들어 한편 두렵습니다. 그러나 표현이 지나쳤는지 모르겠다고 생각하면서도, 이 점이 우리에게 분명 문제가 된다고 믿기에, 여러분과 대화를 나누고 싶은 것입니다.

내가 이 문제를 제기하는 이유는, 우리가 사도들의 후계자인 주교들로서 교구민 앞에 예수 그리스도를 참으로 대리한다면, 그들에게 예수 그리스도의 모습을, 그 삶을 보여 주어야 하는데, 그렇다기보다는 지역 교회라는 조직체의 장(長)으로서의 이미지를 더 보여 주고 있지 않나 해서입니다. 그것은 또한 우리 인간의 약점, 믿음의 부족, 사랑의 실천 부족에도 원인이 있을 수도 있으나 오늘날에 이르는 교회의 제도에도 문제가 있지 않나 합니다.

교회법상으로 우리는 교구장(Ordinary)입니다. 이 교구장이라는 말은 분명히 라틴어의 '오르도(Ordo)'와 관계가 있습니다. 즉 회령, 질서와 관계가 있습니다. 그래서 우리는 입법자, 질서 유지자, 통치자 들입니다. 그것은 모든 정신적·물질적 차원에서 그렇습니다. 정신적인 영역뿐 아니라 물질적인 영역에서까지도 지역 교회에서 최고 통치자입니다. 이렇게 방대한 권한을 가진 이는 주교들 말고는 없을 것입니다.

세속의 통치자들은—적어도 현대에 있어서는—공산주의 세력권을 제외하고는 물질적 영역에 대한 권한 주장은 해도, 정신적 영역의 권한에 대한 주장은 하지 않습니다. 그런데 우리는 두 가지에 대한 권한을 다 갖고 있습니다.

그리고 우리는 국가 안보에 흡사한 교회의 안보를 주장합니다. 안전을 제일의 관심사로 생각합니다. 국가 안보의 중요성과 필요성을 인정하듯이 우리는 성체 안전의 중요성과 필요성을 인정합니다.

그러나 우리는, 오늘날 많은 나라에서 국가 안보를 빙계로 인권 유린을 자행하고 있듯이, 성체의 안전을 지나치게 제도화함으로써 하느님의 아들들의 자유를 제한하고 있지는 않은지 반성해야 합니다.

우리는 예수님께서 바리사이파 사람들에게 말씀하신 대로 "무거운 짐을 꾸려 남의 어깨에 메어 주고 자기들은 손가락 하나 까딱하려 하지 않는"(마태 23,4) 경우가 없는지 생각하게 됩니다.

우리에게는 확실히 바리사이적인 면이 있다고 생각합니다. 자기도 못하는 사랑의 실천, 믿음의 증거를 요구해야 하기 때문입니다. 그것은 우리 스스로 역설임을 실감합니다.

언젠가 나에게 젊은 여성 근로자가 이렇게 말했습니다.

"저는 추기경님과 신부님들이 바리사이와 같다고 생각할 때가 있습니다. 당신들은 우리 근로자들에게 어떤 처지에 있든지 그 속에서 그리스도를 찾으라고 가르칩니다. 그러나 내가 일하는 공장같이 십 대의 나이 어린 시골 처녀들이 착취를 당하면서도 그것을 인식하지 못할 만큼 비참한 노동 환경 속에서 어떻게 그리스도를 발견할 수 있는지 직접 와서 몸으로 가르쳐 주십시오."

그때 저는 아무 말도 할 수 없었습니다.

● 아시아 주교 회의, 1983. 2. 5. 스리랑카

예수님의 가난과 겸손

수녀원에는 거울이 없지요?

세상 여자들이 쓰는 거울은 분명 없습니다. 그러나 예수님이라는 거울은 있습니다. 특히 글리리 수녀원에서는, 창설자이신 성녀 글라라께서 그렇게 사셨듯이 언제나 '예수님'이라는 거울을 바라보면서 그 거울에 비치는 그분의 가난과 겸손과 사랑으로 살고자 노력합니다.

글라라 성녀가 프라하의 아녜스에게 보낸 편지에 이런 말이 있습니다.

"그리스도는 영원한 영광의 광채요, 영원한 빛의 반사이며, 티 없는 거울이십니다. 예수 그리스도의 정배여, 왕후이신 자매여, 이 거울을 매일 들여다보십시오."

성녀 글라라는 이 거울을 삼등분하여 맨 아래는 말구유에 누워 계시는 예수님의 가난과 겸손, 중간 부분에는 우리를 위해 수난의 고통을 겪으시는 예수님의 가난과 겸손, 그리고 맨 위에는 마침내 우리를 위해서 돌아가시기까지 하신 예수님의 한없는 사랑을 강조하셨습니다.

전체적으로는 우리를 사랑하신 나머지 당신을 남김없이 비우고 낮추시는 예수님의 가난과 겸손입니다. 예수님의 겸손이란 어떤 것입니까? 예수님은 하느님이시면서도 당신의 신성을 우리에 대한 사랑 때문에 비우시고 낮추셨으며, 말구유에서 가장 가난하고 약한 어린 아기로 태어나셨습니다. 복음 선교 때는 머리 둘 곳도 없으셨고 신분의 귀천을 가리지 않고 모든 이와 사귀셨으며, 특히 세리와 죄인 들과 스스럼없이 사귀시면서 함께 먹고 마시기까지 하셨습니다. 그분은 모든 이에게 모든 것이 되셨습니다. 모든 병자들을 받아들이시고 그들과 고통을 나누심으로써 병고에서 그들을 해방시켜 주셨습니다. 그리고 마침내는 아무런 잘못도 없으시면서도 우리 모두의 죄를 대신 지시고 우리를 구하는 속죄의 제물로 당신을 바치셨습니다. 십자가에 매달리시고, 창에 찔린 옆구리에서 피와 물을 쏟으심으로써 우리 모두의 영원한 생명의 원천이 되셨습니다.

성녀 글라라는 이러한 예수님을 가장 사랑하셨습니다. 예수님처럼 그렇게 겸손하게 자신을 열고 사셨습니다. 그리하여 당신의 수도회 자매들이 예수님을 본받아 살기를 바라는 마음에서 예수님이라는 거울을 매일 바라보도록 권고하셨다고 생각합니다. 이분들의 생활은 숨어 있습니다. 그러나 이분들은 주님 안에 삽니다. 그래서 가장 풍요롭습니다.

● 성녀 글라라 탄생 800주년 미사, 1993. 8. 11. 글라라 수녀원

복음적 삶의 봉헌

| 친애하는 형제자매 여러분.

오늘 주님 봉헌 대축일에 주님을 닮기 위해서 주님과 함께 자신들의 선부를 온전히 전주 성부의 손에 바치는 여덟 명의 수녀님들이 종신 서원을 하게 됩니다.

지금 이 시간 이 자리는, 예루살렘 성전에서 성모님이 아기 예수님을 성부께 바친 그 시간, 그 자리와 흡사합니다. 하늘에서는 이들의 봉헌을 받으실 성 삼위일체이신 주 하느님께서 모든 천사들과 성인 성녀들의 찬미 속에 이들을 굽어보십니다. 우리는, 예수님을 바치신 성모 마리아와 성 요셉, 또 그 자리에 있다가 아기 예수님을 품 안에 받아 안은 시므온과 과부 안나가 그분들의 봉헌을 마음으로부터 축하하면서, 그분들과 뜻을 같이하고 그분들을 위해 기도하면서 지켜보고 있습니다. 얼마나 뜻깊고, 거룩하고 엄숙하며, 아름다운 광경입니까?

우리 역시 시므온처럼 "주님, 이제는 말씀하신 대로 이 종은 평안히 눈을 감게 되었습니다. 주님의 구원을 제 눈으로 보았습니다. 만민에게 베푸신 구원을 보았습니다"(루가 2,29-31) 하고 주님께 찬미와 영광을 드리게 되었으면 합니다. 왜냐하면 이분들의 봉헌은 주님의 그것을 닮았을 뿐 아니라, 주 그리스도께서 이분들과 함께 당신을 다시금 봉헌하심으로써 구세주 그리스도의 구원의 힘과 그 은총이 우리 안에 더욱 드러나고 더욱 풍성히 내리기 때문입니다.

친애하는 수녀님들.

수녀님들의 봉헌은 참으로 그리스도의 봉헌을 닮은 것입니다. 자신들을 온전히 남김없이 성모님의 손을 통해서 그리스도와 함께 하느님께 바치십니다.

그리스도는 평생을 가난하게 사셨고, 남을 위해서 사랑으로 봉사하셨으며, 또 그 때문에 십자가에서 돌아가시기까지 하느님의 뜻에 순종하셨습니다. 여러분의 봉헌도 같은 것입니다. 그리스도를 닮아서 십자가에서 돌아가시기까지 모든 이에게 봉사하면서 주님의 뜻에 완전히 순종하는 것이 바로 이 봉헌입니다. 그러므로 여러분의 봉헌은 자신들을 위한 것이 아닙니다. 그리스도의 그것과 같이 하느님의 영광을 위한 것이요, 형제들의 구원을 위한 것입니다.

그러기 위해서는 여러분의 생활에 십자가에서 돌아가시고 부활하신 그리스도의 흔적이 있어야 합니다. 아니, 바로 그 그리스도가 여러분을 통해서 더욱 증거되고, 더욱 드러나야 합니다.

여러분은 참으로 복음으로 사십시오. 복음 정신에 따라 살다 보면 그리스도께서 여러분과 함께 사실 것입니다. 그렇지 않으면 그리스도는 여러분과 함께 살지 않으십니다.

무엇보다도 그리스도의 가난과 겸손, 사랑의 봉사를 본받으십시오. 주님의 뒤를 따르기 위해서 언제나 사람들 안에서 가장 비천한 자리를 찾으십시오. 왜냐하면 주님께서도 가장 비참한 종의 신분을 취하셨기 때문입니다. 그분은 가난한 이, 슬피 우는 이, 병든 이, 굶주리고 헐벗은 이, 옥에 갇힌 이, 이런 사람들과 하나가 되셨습니다. 우리도 그것을 본받읍시다. 그것이 바로 복음 정신입니다. 여러분이 그렇게 살 때 그리스도는 여러분과 함께 사십니다.

여러분은 이미 수도 생활 중에 괴롭고 어두운 시간을 체험했을 것입니다. 하느님에게도 버림받은 것 같은 그런 시간을 체험했을 것입니다. 아직도 체험하지 않았다면 앞으로 언젠가는 하게 될 날이 올 것입니다.

그 어두운 시간……. 그때가 참된 봉헌의 시간입니다. 그 시간은 오늘처럼 아름답지 않습니다. 그럴 때 겸손을 배우십시오. 누군가가 말한 대로 대지, 즉 땅의 겸손을 본받으십시오.

땅은 겸손합니다. 더 내려앉을 곳도 없이 모든 사람의 발 밑에 있는 것이 대지, 즉 땅입니다. 대지는 모든 이로부터 밟힙니다. 모든 이가 그 위에 발을 딛고 살지만, 누구도 그 고마움을 기억해 주지 않습니다. 평소에 그만큼 망각하고 있는 것이 대지입니다. 사람들은 그 대지 위에 온갖 더럽고 썩은 쓰레기들을 갖다 버립니다. 그러나 대지는 묵묵히 그 모든 것들을 받아들입니다. 그러면서 대지는 자신을 온전히 텅 비운 채 언제나 하늘을 향해 완전히 자신을 열어 두고 있습니다.

바로 이 때문에 대지는, 세상의 모든 더럽고 썩은 것들을 받아들이면서 동시에 하늘의 빛과 빗물도 듬뿍 받을 수 있습니다. 그래서 그 빛과 빗물을 통해서 썩고 죽은 것을 다시 살리고 생명의 싹을 틔워서 갖가지 아름다운 꽃을 피우고 열매를 맺게 하여, 몇 십 배, 몇 백 배의 결실을 거둡니다.

그리스도는 바로 그런 겸손과 사랑의 분이셨습니다. 세상의 온갖 죄와 질병인 죽음을 그 한 몸에 받으셨습니다. 그것이 그리스도의 봉헌이었습니다. 그리하여 거기서 부활의 생명이, 온 세상을 다시 살리는 구원의 생명이 다시 일어났습니다.

친애하는 수녀님들.

여러분의 봉헌은 바로 이 겸손의 길을, 이 사랑의 길을, 이 순종의 길을 가기 위한 것입니다. 주님이 여러분과 함께 계시니, 두려워 말고 기쁜 마음으로 봉헌하시기를 기도합니다.

주님은 이미 이 순간에 "아버지, 나를 당신께 바칩니다. 모든 인간의 구원을 위하여 나를 당신께 바칩니다"라고 말씀하셨을 것입니다. 설령 말씀하시지 않았다 해도 그리스도의 봉헌에는 전 인류의 구원을 위한 십자가상의 봉헌이 이미 묵시되고 내포되어 있습니다.

그렇기 때문에 시므온은 바로 그때 아기 예수님 안에서 주님의 구원을 보았습니다. 그래서 성모님께 "이 아기는 수많은 이스라엘 백성을 넘어뜨리기도 하고 일으키기도 할 분이십니다. 이 아기는 많은 사람들의 반대를 받는 표적이 되어 당신의 마음은 예리한 칼에 찔리듯 아플 것입니다"(루가 2,34-35)라고 말했습니다. 그리스도의 봉헌은 실로 이같이 전 인류를 위한 것이었고, 또 전 인류를 대신한 것이었습니다.

거기에는 오늘처럼 아름다운 노래도 없습니다. 축하객도 없습니다. 여러분은 혼자입니다. 그것은 또 여러분이 원하지 않는 시간에, 원하지 않는 장소와 원하지 않는 일 속에서 일어날 수 있습니다. 그것은 참으로 모든 이로부터 버림받은 시간일 수 있습니다.

그러나 그 시간이 바로 은총의 시간입니다. 하느님께서 여러분을 위해 특별히 마련하신 시간이기 때문입니다. 그 시간은 여러분이 진실히 하느님을 위하고 형제자매들의 구원을 위하여 봉헌할 시간입니다. 바로 그 시간이 그리스도와 일치하는 시간입니다.

그리스도와의 완전한 일치는 일상의 기본 생활과 수도 생활 속에서 이루어지지만, 그것만으로는 부족하다고 말할 수 있습니다. 왜냐하면 그리스도와의 일치는 그리스도와 함께 십자가상에서 죽는 그 순간에 이루어지기 때문입니다. 그러나 그것은 말처럼 그렇게 쉽지 않습니다.

● 종신 서원 미사, 1976

제4장

너 어디
있느냐?

너 어디 있느냐?

악마의 유혹
그리스도를 잃어버린 그리스도인
'비움'은 자유의 '조건'
가난한 이들에게 복음을
결혼을 후회한 적 없습니까?
너 어디 있느냐?
새로운 삶의 지평선

악마의 유혹

첫째, 잘 먹고 잘사는 것. 둘째, 헛된 명예. 셋째, 오만과 권력.

이상 세 가지는 예수님께서 유혹을 받으셨던 내용입니다.

유혹의 성격

유혹은 예수님께서 메시아의 길을 가지 못하게 하려는 것입니다. 그리하여 사람들, 특히 당시의 유다인들 대부분이 생각하던 메시아의 길로써 유혹하는 것입니다.

사도 바오로는 예수님께서 유혹을 받으셨다는 것을 다음과 같이 말씀하십니다 "그분은 친히 유혹을 받으시고 고난을 당하셨기 때문에 유혹을 받는 모든 사람을 도와주실 수 있으십니다"(히브 2,18). 그리고 "우리의 사제는 연약한 우리의 사정을 몰라주시는 분이 아니라 우리와 마찬가지로 모든 일에 유혹을 받으신 분입니다. 그러나 죄는 짓지 않으셨습니다"(히브 4,15).

　마르코 복음 8장 32절을 보면, 시몬 베드로도 예수님께서 수난의 길을 가시는 것을 도저히 받아들일 수 없었습니다. 구세주는 결코 죽어서도 안 되고, 죄뿐 아니라 언제나 세상 권력 위에 승리해야 한다고 확신하고 있었기 때문입니다.

　예수님께서 광야에서 유혹받으신 것을 보면, 처음은 "당신이 하느님의 아들이거든……"으로 시작하고 있기 때문에, "하느님의 아들이라는 것을 증명해 보시오"라는 뜻으로 해석할 수 있습니다. 그러나 세 번째의 유혹에서는 완전히 악마가 유혹의 본색을 드러내고 있습니다. "내 앞에 엎드려 절하면 이 세상 모든 나라의 권세와 부귀영화를 다 주겠다"는 것입니다.

　이 유혹은 문자 그대로 세상 모든 것을 얻는 대신에 자기 자신은 악마에게 송두리째 내주는 유혹입니다. 따라서 이것은 결정적으로 생명이신 하느님을 떠나 악마에게 몸을 맡기는 것이요, 세상 모든 것을 다 얻어도 자기 생명을 잃으면 무슨 소용이냐는 예수님 말씀을 그대로 드러내는 것입니다.

　궁극적으로 하느님께 향해 있느냐 그 반대냐, 생명이냐 죽음이냐, 양자택일하라는 것과 마찬가지로, 우리 중의 누구도 이를 분명히 안다면 아무도 하느님을 버리고 악마를 따라가서 죽음과 파멸을 자초할 사람은 없을 것입니다.

 이렇게 보면 첫 번째와 두 번째에는 인간 예수님에게 하느님에 대해서 절대적으로 지니고 있어야 할 믿음과 신뢰를 떠보려는 것으로, 잠시라도 하느님을 의심하게 만들어 보려는 흉악한 저의가 숨어 있습니다. 그래서 첫 번째, 두 번째 유혹은 세 번째보다도 더 무서운 의미로 하느님에 대한 찬반을 시험해 보는 유혹입니다.

 따라서 예수님의 유혹은 전체적으로 하느님을 택하느냐 택하지 않느냐 하는 유혹입니다. 인류의 시조인 아담과 하와에게 하느님과 같이 될 것이라고 유혹해서 인류 전체가 죄에 물들게 만든 악마는, 이제 이 인류를 하느님께 이끌어 구원하려는 예수님에게 그 구원의 사업 자체를 근본적으로 망치기 위해, 이렇게 교묘하게 유혹에 빠지도록 시도해 본 것입니다.

 이제 우리는 유혹을 하나씩 좀 더 분석하며 생각해 볼까 합니다.

 첫 번째 유혹은 예수님에게 "당신이 하느님의 아들이거든 이 돌더러 빵이 되라고 해 보시오"라는 것입니다. 예수님이 하느님의 아들이냐 아니냐 하는 것은 우리도 확실히 알고 싶은 문제입니다. 소년 시절에 제게는 이 문제가 가장 큰 문제였습니다. 그래서 신약 성서를 뒤적이며 예수님은 정말 하느님의 아들인지를 찾고 싶어 했습니다.

 그런 처지에서 보면, 사탄의 말은 그대로라도 예수님께 던져 보고 싶은 말입니다. 그리고 그때 예수님이 돌을 빵으로 만드셨다면 하느님의 아들임이 증명되고, 많은 이들이 그를 믿고 따랐을 것이라고 생각합니다. 돌을 빵으로 만들어 줄 수 있는 예수님, 얼마나 좋습니까? 세상의 기아 문제가 다 해결될 것이고, 모두가 그를 구세주로 받들고 따를 것이 아닙니까? 하지만 우리가 잘 들여다보면, 이 유혹은 하느님의 아들임을 증명해 보라는 유혹이면서, 하느님의 아들로서의 능력, 즉 남을 구원하기 위해 주어진 능력을 자기 자신이 굶주리고 허기질 때 남을 생각하기보다 자기를 위해 쓰게 함으로써 이기주의에 빠뜨리려는 유혹이기도 합니다. 또 굶주림을 해결하는 데 인간의 구원이 있는 것처럼 만들려는 유혹이기도 합니다. 그런데 여기서 근본 문제가 대두됩니다. 즉 극심한 굶주림과 같은 그런 극한 상황 속에서도 예수님께서 우리의 구세주가 되신 것은, 자기를 위해서가 아니라 남을 위해서 당신을 온전히 바치셨기 때문입니다.

인간의 죄악과, 그것이 미치는 세상의 불행을 보면, 거기에는 근본적으로 이기주의가 큰 원인입니다. 모두가 남보다는 자기를 먼저 생각하고 자기를 위해서 살고 있기 때문에, 남을 거스르고, 미워하고, 해치고, 죽이는 죄악들이 번성하여, 오늘날 인간 세계가 이렇게 구원보다는 멸망을 자초하기 쉬운 지경에까지 이르게 되었습니다.

우리 인간은 참으로 자기 중심적입니다. 같은 잘못에 대해서도 남이 한 것은 호되게 비판하고 욕하고 단죄도 하면서, 자기가 한 것에 대해서는 이런 이유, 저런 이유를 붙여 제 스스로 변명하고 자위(自慰)하고 있습니다. 우리 자신이 아는 사람들에 대해서 내가 마음으로 하고 있는 평가는 무엇입니까? 대부분 이런 잘못, 저런 결함을 더 보고 있습니다. 자기 것은 덮어 둡니다. 이렇게 인간은 자기 중심적입니다. 여기서 인간의 모든 죄가 나옵니다. 우리 모두도 자아와 이기심에서 해탈하고 나보다는 남을 먼저 생각하기 시작하면, 우리가 원하는 그 구원이 바로 우리 안에서 시작될 것입니다.

참으로 누구든지 자기 생명을 얻으려 하면 잃고, 잃으면 얻는다는 말씀이 이 때문에 바로 진리입니다. 우리는 누구나 자기 실현과 자기 완성을 위해서, 내가 나를 먼저 생각해야지 하는 이기심에서 자기 중심적이 되고, 자기를 중심으로 온 세상을 보고 있습니다. 이것은 온 세상을 자기 것으로 만들고 싶은 거나 마찬가지입니다. 모두가 그러다 보니 자기 실현, 자기 완성은 성취되지 않을 뿐 아니라, 이와 반대로 자기를 잃게 됩니다.

인간의 자기 실현과 완성은 참으로 남을 위한 사랑에 있습니다. 만약 예수님께서 자신의 굶주림 때문에 자기에게 주어진 능력을 자신을 위해 먼저 썼더라면, 그분은 결국 자기 생명을 얻으려다가 잃는 사람이 되고 말았을 것입니다. 그러면 그분은 우리를 구원하실 수 없습니다. 세상에는 구원이 있을 수 없습니다. 악마가 노린 것은 먼저 이 점이었습니다.

다음으로 인간의 구원 문제는 과연 빵만의 문제인지도 생각해 보아야 할 것입니다. 사람이 극도로 허기지면 돌도 빵으로 보일 만큼 눈이 뒤집힌다고 합니다. 그런 때에는 인간의 모든 문제가 빵에 달려 있는 것같이 생각될 수도 있습니다. 그러나 빵이 인간의 모든 문제이며 그것만이 모든 문제를 해결하는 것이냐, 그것에 인간의 구원이 달렸느냐 하는 문제는 생각해 볼 만한 것입니다. 빵의 기적 이야기는 복음에서도 나옵니다. 요한 복음 6장을 보면, 사람들은 자기들을 빵의 기적으로 배불리 먹여 주신 예수님께 "이분이야말로 세상에 오시기로 되어 있는 예언자 곧 메시아이다" 하고, 그분을 억지로라도 왕으로 삼으려 했습니다. 그러나 예수님은 이런 낌새를 아시고 그들을 피해서 혼자 산으로 가셨습니다. 사람들이 예수님을 메시아로 알아보았는데, 더구나 왕으로 삼으려 했는데 왜 예수님은 피하셨습니까?

며칠 후에 예수님께서는―당신은 피해 다녔는데도 여전히 당신을 찾고 있는―군중을 보시고, "정말 잘 들어 두어라. 너희가 지금 나를 찾아온 것은 내 기적의 뜻을 깨달았기 때문이 아니라 빵을 배불리 먹었기 때문이다. 썩어 없어질 양식을 얻으려고 힘쓰지 말고 영원히 살게 하며 없어지지 않을 양식을 얻도록 힘써라"(요한 6,26-27)라고 말씀하셨습니다.

육신을 지닌 인간에게 빵이 가장 필요하다는 것을 예수님께서도 잘 아시고, 그들이 굶주렸을 때에는 빵의 기적으로 이 문제를 해결해 주셨지만, 빵 문제가 결코 인간 문제의 전부가 아님을 여기서 잘 말씀하고 계십니다. 예수님께서 이루시려는 구원은, 아니 구원받아야 할 인간의 문제는 의식주 문제의 해결로 되는 것이 아닙니다. 그것은 죄와 죽음에서의 탈출이어야 하고, 인간에게 참된 자유와 해방, 불멸의 생명을 가져다주는 것이어야 합니다.

그 때문에 예수님은 자신을 위해서는 물론이요, 남을 위해서도 돌을 빵으로 만드는 기적을 보이라는 악마의 유혹에 넘어가지 않으셨습니다.

그런데 이제 다시 첫 번째 유혹의 말을 더 깊이 분석해 보면, 거기에는 그보다도 더 큰 시험이 복병같이 숨어 있습니다.

우리는 먼저 이것을 읽고, 예수님도 유혹을 받으셨다는 것을 이상하게 생각할 수 있습니다. 그분은 하느님의 아들이신데, 어찌 감히 악마가 유혹할 수 있단 말인가 하고 말입니다. 그러나 복음은 예수님께서 유혹을 받으셨다고 전하고 있고, 사도 바오로도 히브리서에서 예수님께서도 우리들처럼 유혹을 받으셨기 때문에 우리의 사정을 잘 이해하신다고 말하고 있습니다. 예수님께서 유혹을 받으셨다는 것은, 예수님께서 참으로 우리와 똑같은 인간이셨음을 잘 나타내고 있습니다. 그분은 물론 하느님의 아들이십니다. 그러나 우리를 위해서 사람이 되어 오셨고, 죄를 빼놓고는 우리와 똑같이 되셨습니다. 예수님께서 우리와 같은 인간이 되셨다는 것은 우리의 인간적인 나약함까지도 지니셨다는 뜻도 되고, 그만큼 참으로 인간이 되셨다는 뜻도 됩니다. 예수님께서 인간이 되어 오셨음은 결코 사람의 탈을 쓰고 사람인 체한 것이 아니라, 철두철미하게 사람이 되어 오셨음을 말합니다.

「사목 헌장」에서는 "그분은 인간의 ……"라고 전하고 있습니다.

그 때문에 예수님께서 유혹을 받으신 것은, 먼저 전체적인 의미에서 볼 때, 예수님께서 하느님의 아들이시면서 사람이 되어 오셨다는 그 자체에 대한 악마의 도전이라고 볼 수 있습니다.

악마는 예수님이 하느님의 아들임을 잘 압니다. 이것은 복음의 다른 대목에서도 귀신 들린 사람의 입을 통해서 "당신은 하느님의 아들 그리스도가 아니오?"라고 소리 지르게 한 것으로도 알 수 있습니다. 악마는 예수님께서 사람이 되신 것에 가장 큰 적대감을 느끼고 있을 것입니다. 그래서 예수님이 사람의 탈을 벗고 하느님의 아들로 되돌아가기를 바라는 것입니다.

이것은 달리 표시하면, 사람이 되어 오시기까지 하신 하느님께 "그런 큰 사랑을 포기하시오"라고 하는 것과 같습니다. 사랑의 극치는 사랑하는 자와 같이 되는 데에 있습니다. 하느님은 우리를 극진히 사랑하시어 우리와 같이 되셨습니다. 우리와 같이 되기까지 하시는 그 사랑으로 하느님은 우리를 구원하고자 하십니다. 그런데 악마는 이것을 저지하고 싶은 것입니다.

하느님이 사람이 되심으로써 인간의 비참과 고통 속에 들어오시고, 가장 불쌍한 자, 죄인이 되기까지 하시면, 그렇게까지 철두철미하게 인간 속에서 인간과 함께 인간이 되어 사시는 하느님이 되시면, 악마는 자기의 영역을 완전히 잃게 되니, 그런 사랑을 저지하고 싶은 것입니다.

그래서 악마는 마태오 복음에 따르면 "당신이 하느님의 아들이거든……" 하면서 첫 번째, 두 번째 유혹에서 막고자 하는 것입니다.

예수님께서 이 유혹에 넘어가서, "그래 이놈아, 나는 비록 약한 사람의 모습을 하고 있지만, 실은 하느님의 아들이다. 네놈이 그 사실을 믿지 못하는 것 같으니, 내가 하느님의 아들임을 보여 주마" 하고 돌을 빵으로 만드셨다든지, 또는 성전 꼭대기에서 뛰어내리셨다면…….

그것은 곧 예수님께서 인간이 되신 것은 외양뿐이고 겉치레뿐이며, 하느님의 아들로 돌아가고 마는 것을 뜻합니다. 그것은 동시에 인간에 대한 하느님의 한없는 사랑을 포기하는 것을 뜻합니다. 그리고 하느님과 인간 사이에 있는 절대적인 거리를 확인하는 것이요, 그 말은 인간에게는 구원될 희망이 아예 없어지는 것을 뜻합니다. 그러기에 예수님께서는 이 근원적인 유혹을 과감하게 물리치셨습니다. 또한 이 유혹은 인간인 예수님에게 하느님과 같이 되어 보라는 것이기도 합니다. 앞의 말과 비슷해 보이지만 다릅니다. 앞의 말은 사람이 되어 오신 하느님이 사람이 되지 않게 하려는 유혹이요, 이제 말하는 것은 사람인 예수님께 하느님과 같은 존재가 되라는 유혹입니다. 앞의 것은 사랑에 대한 도전이요, 뒤의 것은 인간에게 하느님과 같이 되어 보라는 교만에 대한 유혹입니다.

이 유혹은 악마가 아담과 하와에게 한 유혹이었습니다. 곧 그들에게 하느님이 따 먹지 말라는 그 열매를 먹으면 하느님과 같이 될 것이라고 유혹하여 성공한 것입니다.

이 같은 유혹을 예수님께 하면서 악마는 다시금 인간이 하느님을 넘보게 만들고자 한 것입니다.

예수님께서 이 유혹에 빠지면, 그것 역시 결정적으로 인간을 구원에서 떨어뜨리는 것입니다.

인간은 참으로 하느님 앞에 인간으로서의 자신의 위치를 알고 있습니다. 우리는 하느님의 피조물이며, 하느님은 자신의 존재와 생명, 모든 것의 원천이신 분입니다. 하느님은 나의 주님, 나의 모든 것이기 때문에, 그분께 모든 것을 맡기고 의지할 때 우리는 구원될 수 있습니다. 만일 인간이 하느님을 무시하고 스스로 하느님인 체하면, 그것은 자신의 존재와 생명의 근원이신 주님을 무시하는 것이 되고, 결국 자신의 죽음과 멸망을 초래할 뿐입니다.

그리고 이제 이 유혹은 세부적으로 들어가서 볼 때에, 육체적인 약함과 허영과 권세에 대한 유혹입니다. 바로 우리 인간이 모두 가장 쉽게 빠지는 유혹입니다. 특히 첫 번째 유혹은 굶주림을 이용한 유혹으로, 우리 모든 인간이 얽매여 사는 의식주 문제입니다.

● 사순절 특강, 1978

그리스도를 잃어버린 그리스도인

인간이 인간 및 그의 환경과 맺는 관계, 사회 및 자기 자신과 맺는 관계, 역동적으로 변천하는 사회 속에서의 인간의 위치, 이러한 것들이 새로운 연대의 첫해의 세계 친선 및 기도 주간에 우리 앞에 놓인 문제들입니다.

동시에 이들은 대부분 대답을 기다리는 질문들입니다. 이 질문들은 우리 모두에게 그동안 많은 사람들에게서 얻은 어떤 대답보다도 더 깊고 더 만족스러운, 평범하면서도 비범한 대답을 요구합니다. 저도 그렇다고 생각합니다. 그러나 제가 오늘 여러분에게 이 문제에 대한 비범하고 만족한 답을 드릴 수 있을지는 의문입니다. 그러니까 제가 드리는 답도 어쩌면 그동안 다른 분들이 이미 내놓은 대답과 다르지 않은, 기존의 되풀이가 될 염려가 짙습니다.

이 문제들에 대하여 오늘의 철학, 사회학, 정치 경제학 또는 과학은 각기 그 나름대로의 대답을 시도하고 있을 것입니다. 경제 위주로 생각하는 사람들은 인간의 모든 관계와 역동적인 사회 속에서의 인간의 위치를 경제적인 관점 중심으로 생각할 것입니다. 민주주의가 이 문제를 보는 관점이 따로 있을 것이고, 전체주의적 공산주의가 이 문제를 보는 관점이 있을 것입니다.

저는 물론 종교적인 입장, 특히 그리스도교적인 관점에서 이에 대한 답을 시도해 보겠습니다. 그러나 그에 앞서 말씀드리고 싶은 것은 누구나 다 잘 아는 바와 같이 그리스도교와 정반대되는 공산주의가 주장하는 이 문제에 대한 답이 오늘날 자유 진영, 특히 그중에서도 전통적인 그리스도교 국가나 사회에서 많은 지성인, 또는 젊은 세대에 큰 영향을 주고 있다는 사실입니다. 그중 큰 이유는 공산주의의 주장이 반체제적이고 파괴적이면서 체계화되어 있다는 것과 변증법적 역사관에 입각하여 미래에 대한 인간의 무한한 발전을 주장하는 데 있다고 봅니다. 환언하면 체계화된 인간관, 사회관, 세계관을 바탕으로 하여 미래를 향해 부단히 성장, 발전하는 역사를 믿고 있다는 점입니다.

이에 비하여 자유 진영에는 일관된 이론이 없습니다. 더 중요한 것은 미래를 밝혀 주는 비전이 없습니다. 이것은 이른바 전통적인 그리스도교 국가와 사회에서 더욱 현저합니다. 그리하여 인간은 인간과 어떤 관계를 가졌는지, 그의 환경과 사회와 어떤 관계를 가졌는지, 또한 그 자신과의 관계는 무엇이며, 이 역동적으로 변천하는 사회 속에서의 인간의 위치는 무엇인지 알 수 없을 만큼 혼미한 상태입니다.

왜 하필이면 공산주의와 정반대되는 전통적인 그리스도교 사회 안에서 공산주의의 영향이 더 큰 것입니까? 왜 그리스도교는 오늘의 이 긴급한 문제들에 대하여 뚜렷한 답을 주지 못합니까? 그리스도교는 정말 이에 대한 답을 지니지 못한 종교입니까? 그의 인간관, 사회관, 세계관, 역사관은 참으로 오늘이라는 시대에는 맞지 않는 고리타분한 것이며 퇴색된 것입니까? 그리스도의 말씀은 이제 이 급속도로 물질적인 발전을 이룩하는 현대에서는 아무런 의미도 없는 과거의 것입니까?

저는 결코 그렇지 않다고 봅니다. 그럼 문제의 근원은 어디에 있습니까? 제가 보기에 문제의 근원은 그리스도교 자체에 있지 않고 그리스도인에게 있습니다. 오늘날 그리스도교는 더욱더 인습화되어 가고 있습니다. 그것은 결코 그리스도교에 있지 않고 오늘의 그리스도인들의 탓임은 누구나 시인하는 바입니다. 누군가가 이렇게 말했습니다. '무신론은 비그리스도교적인 동양에서 발생하지 않고 그리스도교적인 서양에서 생겼으며, 그 이유는 이른바 그리스도인들이 하느님과의 관계를 잃은 데 있다'는 것입니다.

바로 이것입니다. 문제의 근원은 바로 여기에 있습니다. 그리스도인들이 하느님과의 관계를 잃은 데서 무신론이 나왔고 또한 바로 그 때문에 그리스도교적인 전통에 산다는 서구에서 오늘날의 근본 문제인 인간관계, 인간과 사회 관계, 격동하고 변천하는 사회 속에서 인간의 위치가 무엇인지 등의 문제가 심각히 야기되었고 이에 대한 뚜렷한 답을 얻지 못하게 되었습니다.

그 그리스도인은 누구입니까? 우리들입니다. 우리는 어째서 하느님과의 관계를 잃었습니까? 하느님은 철학이나 과학으로 알 수 없는 분입니다. 하느님은 계시로, 즉 하느님이 우리에게 말씀하심으로써 우리는 하느님에 대해 알 수 있습니다. 하느님은 우리에게 말씀으로 오셨습니다. 단순히 말씀으로 오셨을 뿐 아니라, 그 말씀이 우리 안에 혈육을 취하여 강생해 오셨습니다. 바로 예수 그리스도십니다. 하느님은 어떤 의미로는 그 이상, 우리에게 주실 수 없을 만큼 당신 자신을 우리에게 주시고 우리와 같이 되셨습니다. 우리들은 예수 그리스도를 통해서 당신을 알게 되었을 뿐 아니라, 당신의 자녀들이 되고 당신 나라의 상속자가 되었습니다. 예수 그리스도를 통해서 우리 안에 영원히 사시게 되었습니다.

그런데 우리는 그런 하느님과의 관계를 잃었습니다. 그 이유는 그 말씀에 귀를 기울이지 않았기 때문입니다. 무엇보다도 우리 안에 강생하시고 우리와 함께 계시는 하느님의 말씀, 예수 그리스도를 보지 못하고 그분을 진실히 믿고 따르지 않는 이름만 있는 그리스도인으로 변했기 때문입니다. 우리는 결국 세례자 요한의 말대로 우리 가운데 계신 예수님을 알아보지 못하는 신자(요한 1,26)이고, 예수 그리스도를 보고도 하느님 아버지를 보지 못하는 신자(요한 14,8-9)가 되었습니다.

우리가 하느님과 삶에서 일치되지 못하는 가장 큰 이유는 바로 이것입니다. 강생한 말씀이신 예수 그리스도를 실제로 모르는 사람들이 된 데 있습니다. 예수 그리스도는 오늘날 많은 그리스도인에게 마치 강생하신 말씀이 아닌 양 오직 초월하신 신으로만 흠숭되거나 혹은 반대로 어떤 이들에게는 하나의 윤리 교사, 하나의 영웅적 사회 혁명가, 하나의 박애주의자, 평화주의자로 여겨지는 듯합니다.

예수 그리스도를 이같이 모르면 하느님을 알 수 없습니다. 하느님을 모르니 그분과 관계를 맺을 수 없습니다. 그분과 관계를 맺지 못하니, 하느님이 참으로 계신다는 사실을 말로나 생활로써 증거할 수 없습니다. 따라서 무신론은 바로 우리 안에서 생겨날 수밖에 없었습니다. 더욱이 하느님을 모르니 인간이 무엇인지 모릅니다. 인간 스스로 자신이 무엇인지 모르는데 어떻게 인간관계, 환경, 사회 관계 및 오늘과 같이 역동적으로 변천하는 사회 속에서 인간의 위치 등을 알 수 있겠습니까? 그 결과 우리는 발전이나 미래에 대해 회의적일 수밖에 없습니다. 회의에서 신념이 나올 수 없고 신념이 없는 곳에서 내일을 위한 메시지, 즉 비전이 있을 리 없습니다. 따라서 그리스도교는 오늘날 공산주의에 뒤질 수밖에 없습니다.

우리는 예수 그리스도께서 오직 초월하신 하느님이나 또는 반대로 탁월하나 인간에 불과하다고 생각해서는 안 됩니다. 우리 안에 강생하신 하느님의 말씀이요, 나와 나의 이웃에 오늘도 강생해 계시는 분임을 잊지 말아야 합니다. 예수 그리스도는 당신을 우리의 형제자매로 주시면서 하느님을 우리의 아버지라고 말씀하셨습니다. 우리가 예수 그리스도를 알고 그분이 우리의 맏형임을 알면, 그분의 아버지이신 하느님은 우리 모두의 아버지이심을 자연히 알게 될 것입니다. 그리고 우리는 모두 우리의 원형이신 그리스도를 따라 하느님의 존귀한 모습으로 창조된 존귀한 인간임을 알 수 있을 것입니다. 그리스도 안에서 우리는 모두 인종, 피부색, 사회 지위, 남녀의 구별, 사회적 신분의 구별 없이 한 형제임을 알 것입니다.

여기서 인간과 인간, 서로의 관계가 무엇인지 인간이 살고 있는 환경과 사회에 대한 관계가 무엇인지 자연히 알게 될 것입니다. 즉 우리는 서로 그리스도를 통하여 얼마나 밀접히 서로 맺어져 있는지, 왜 서로 사랑해야 하는지 알게 됩니다. 부유한 사람도, 가난한 사람도, 건강한 사람도, 병든 사람도, 신분이 높은 사람도 차별 없이 모두가 그리스도의 강생의 연장이요, 따라서 우리가 모두 그리스도의 형제자매임을 알게 될 것입니다. 또한 여기서 형제인 인간이 굶주리고 헐벗을 때, 병들고 옥에 갇혔을 때, 내가 이들의 형제로서 이 불우한 형제를 위해 무엇을 해야 할지 알 수 있을 것입니다. 우리가 이렇게 알고 진작부터 이렇게 했던들 공산주의는 생겨나지 않았을 것입니다. 베르다예프는 "공산주의는 그리스도인이 자기의 의무, 특히 이웃에 대한 사랑의 의무를 하지 않은 데서 생겨났다"라고 말했습니다.

더 나아가 예수 그리스도를 통하여 하느님을 알고 그 하느님이 인간을 얼마나 존귀하게 창조하셨는지 알 때, 우리는 우주 안에서의 인간이 차지하는 위치가 바로 그 우주의 중심임을 인식하게 될 것입니다.

이 역동적으로 변천하는 사회 속에서 인간이 변천에 질질 끌려가는 것이 아니라, 그 변천을 주도해 가고 있음을 인식하게 될 것입니다. 그리스도를 통해서 역사의 주인공이 바로 우리들임을 알게 될 것입니다.

하느님과 더불어 무한한 발전의 창조자, 그 발전의 주역이 우리 자신임을 인식하게 될 것입니다. 또한 그런 인식이 설 때 우리는 오늘의 세계 발전을 기계화, 비인간화로 방치해 두어서는 안 되며 모든 발전은 인간을 위해서 있도록 인도하고, 세계가 좀 더 인간화될 수 있게 노력할 것입니다. 또한 미래는 영원하고 그 영원한 미래가 바로 예수 그리스도의 것이면서 우리의 것임을 알게 될 것입니다. 사도 바오로는 '세상 만물은 우리에게 속하고, 우리는 그리스도께 속하며, 그리스도는 하느님께 속한다'라고 말했습니다. 이 얼마나 큰 비전입니까? 그는 또한 우리가 그리스도와 같이 하느님 나라의 공동 상속자임을 말했습니다(로마 8,17). 이것이 그리스도교입니다. 이것이 그리스도교를 믿는 그리스도인들의 참신앙이요, 참삶이요, 그리스도인들의 오늘의 의미와 내일의 영광입니다.

그런데 오늘날 우리에게는 이것이 없습니다. 그 이유는 거듭 말하거니와 우리는 그리스도인이면서도 그리스도를 모르고, 따라서 하느님을 모르기 때문입니다. 이로 말미암아 우리는 우리 자신을 포함해서 세계 전부를 모르게 되었습니다. 인간이 무엇인지, 인생이 무엇인지, 발전의 의미는 무엇이며, 왜 우리는 우리 자신의 삶과 세계 발전을 위해 노력해야 하는지 모르게 되었습니다.

  문제 해결은 다른 데 있지 않습니다. 우리 안에 있습니다. 우리가 참으로 예수 그리스도를 앎으로써 하느님을 아는 것입니다. 그럼으로써 하느님과의 관계를 참으로 회복시키는 데 있습니다.

  우리가 제기한 문제에 대한 답은 우리 하나하나, 즉 당신 안에 있습니다. "누구라고요? 저라고요?"

  네, 당신이 참된 그리스도인이 되는 데 문제의 답이 있습니다.

● YWCA, 1973. 11. 8.

'비움'은 자유의 '조건'

오늘의 세계를 한마디로 표현한다면 인간의 해방을 갈망하는 시대라고 말할 수 있습니다. 자유, 그것이야말로 오늘의 인간이 가장 갈망하는 가치입니다.

인간은 모든 예속과 모든 억압에서의 자유를 바라고, 기아와 질병 등 육체적 고통에서의 해방, 정신적 불안에서의 해방을 바라고 있습니다. 그것은 결국 인간의 재생을 바라는 것이요, 완전한 인간이기를 바라는 것입니다.

그런데 사실은 자유를 얻었는가 하면 곧 또 잃습니다. 자유란 아주 깨지기 쉬운 무엇같이 보입니다. 자유는 물론 인간을 욕망의 노예로 만드는 방종을 말하는 것은 아닙니다. 내적 평화를 주는 자유, 빛으로 마음을 환히 밝혀 주는 자유, 불안 없이 모든 이를 향해서 자신의 마음을 사랑으로 열 수 있는 자유를 말합니다.

그것은 사도 바오로가 "하느님의 자녀들이 누리는 영광스러운 자유"(로마 8,21)라고 표현한 그 자유입니다. 또한 이에 앞서 예수님이 친히 "진리가 너희를 자유롭게 할 것이다"(요한 8,32)라고 하신 대로 하느님의 말씀을 듣고, 그 말씀으로 살며, 그 말씀으로 해방된 자유입니다.

오늘날 세계 도처에서는 어느 때보다도 강하게 이 같은 자유를 희구하는 사람들이 수난을 당하고 있습니다. 거기에는 여러 가지 이유가 있습니다. 정치적 이유, 경제적 이유, 사상적 이유 혹은 종교적 이유 등이 있습니다.

이 모든 이유를 다시 종합해서 말한다면 안전 보장이라고 말할 수 있습니다. 그것은 물론 현재의 삶을 보장하고자 하는 욕망입니다. 그것은 바로 현재 자신이 소유하고 있는 것을 잃지 않으려는 욕망이요, 가진 것보다 더 갖고 싶은 욕망의 보장을 원하는 것입니다.

개인의 경우에는 태어나서부터 죽을 때까지 보장하는 여러 가지 안전으로 나타나고, 국가의 경우에는 이른바 안전 보장으로 나타납니다.

이런 보장의 욕망이 자유를 싫어하는 이유는, 자유 보장을 안전 보장을 위해 구축한 체제에 대한 도전으로 보기 때문입니다. 자유는 더욱 자유롭기 위해 열려 있습니다. 하느님을 향해, 이웃을 향해, 진리를 향해, 정의를 향해 언제나 그것을 받아들일 수 있도록 열려 있습니다.

이에 반하여 보장은 근본적으로 닫혀 있습니다. 에리히 프롬이 소유냐 존재냐 하는 문제를 제기한 것과 같이 보장은 소유(Haben)요, 자유는 존재(Sein)입니다. 안전한 보장을 원하는 사람들에게 존재는 소유를 위한 수단에 불과합니다. 그러나 자유를 원하는 사람들에게 소유는 존재를 위한 수단에 불과합니다.

인간은 하느님의 모습으로 만들어졌습니다. 하느님은 우리가 바라는 보장은 아닙니다. 하느님께는 무보장이 보장입니다. 우리가 참으로 자유를 원한다면 보장을 바라지 말아야 합니다. 가장 열려 있는 상태를 취해야 합니다. 그것은 곧 내적 자유입니다.

사도 바오로가 필립비서에서 말한 예수 그리스도의 'Kenosis'(비움, 낮춤)가 자유를 얻기 위한 가장 근본적인 자세입니다. 예수님의 전 생애가 그랬습니다. 특히 악마의 유혹을 받으셨을 때 예수님은 이 자세를 취하셨습니다. "사람의 아들은 머리 둘 곳조차 없다"(루가 9,58)라고 하실 만큼 아무것도 세상 것이라곤 소유한 것이 없는 자세, 그리고 모든 것을 하느님 아버지의 뜻에 내맡긴 십자가상의 모습, 그것이 비움(Kenosis)입니다.

저는 여기에 모든 인간, 참으로 하느님의 자녀로서의 자유를 원하는 인간의 자세가 있다고 믿습니다. 그것은 누구보다도 오늘의 젊은이들이 취해야 할 가장 바람직한 자세입니다. 복음을 보면 예수님이 사도들을 비롯한 가까운 제자들에게 요구하신 것은 언제나 "자기를 버리고 나를 따르라"였습니다(마태 16,24; 마르 8,34; 루가 9,23).

그뿐 아니라 "무슨 선한 일을 해야 영원한 생명을 얻겠습니까?" 하고 묻는 젊은이에게 예수님은 모든 계명을 지키라고 하십니다(마태 19,16-17). 그 청년이 "저는 그 모든 것을 다 지켰습니다"라고 대답하자 예수님은 다시 "네가 완전한 사람이 되려거든 가서 너의 재산을 다 팔아 가난한 사람들에게 나누어 주어라. …… 내가 시키는 대로 하고 나서 나를 따라오너라"(마태 19,20-21)라고 하셨습니다.

그것은 결국 자기를 비우라는 말씀입니다. 자신을 보장하고 있는 그 보장에서 떠나라는 말씀입니다. 그 보장을 떠나서 비울 때, 보장을 떠나서 무보장을 받아들이는 비움의 자세를 취할 때, 그리고 그 자세로 따를 때 완전한 인간이 된다는 것입니다. 그것은 곧 완전한 의미의 자유인이 된다는 뜻입니다.

● 1976

가난한 이들에게 복음을

"가난한 이들에게 복음을 전하라"라는 문장은 오늘날 교회의 근본적인 과업을 표현하고 있습니다. 또한 이 문장은 반대로 표현되기도 합니다. "우리에게 복음을 가르치는 이는 가난한 이들이다"라고 말할 수 있기 때문입니다. "가난한 사람들아, 너희는 행복하다. 하느님 나라가 너희의 것이다"(루가 6,20)라고 예수님이 말씀하셨을 때, 과연 그분의 말씀이 옳았다면, 우리는 그들의 행복의 비밀이 무엇인지 묻지 않을 수 없습니다.

아프리카 서부의 공화국, 베닌(Benin) 출신의 알베르 테뵈주레(Albert Tevoedjre)는 최근에 〈가난: 가난한 이들의 풍요로움〉이라는 색다른 제목의 책을 출판했습니다. 그는 자신의 저서에서 제3 세계 국가의 경제적 발전이 서구적 발전 모델의 노예적 모방으로 기획되었다고 설명하고 있습니다. 또 그러한 모방의 결과 인간적 삶을 영위하는 데 있어서 사람들을 조력하는 전통적 가치관들을 점차적으로 상실하게 되었다는 것입니다. 그 잃어버린 가치관들 가운데에는 가족의 일체감, 민속 축제에 따라 생겨나는 기쁨과 환대가 있다고 합니다. 그는 또한 이익을 넘어 사람들에게, 물질적 상품의 소비를 넘어서 창조적인 상상력에, 한층 더 수치스러운 특권에 대한 방어를 넘어서 사회적 연대 형성에 우선권을 주는 것을 목적으로 하는 성장의 새로운 패턴을 제안하고 있습니다.

오늘날 가난한 이들에게 복음을 전하고, 그리하여 하느님 나라의 징표(루가 4,18; 7,21 참조)를 전 세계로 알리는 과업은 인간 존엄성을 강조하기 위한 지칠 줄 모르는 노력을 요청하고 있습니다. 교황 요한 바오로 2세께서 회칙「인간의 구원자」 16항에서 말씀하셨듯이, 인간 존엄성은 인간이 소유하고 있는 것에 근거하지 않고, 무엇보다 인간이 무엇이냐 하는 사실에 근거하고 있습니다. 그러나 우리는 그것을 넘어서야만 한다고 생각합니다. 존중되어야 할 그들의 권리를 예언자적으로 선포하거나 요청하지 않으면서 가난한 이들에 대해 말하는 것만으로는 충분치 못합니다. 만일 가난한 이들이 복음화되어야만 한다면, 우리는 그들의 목소리를 듣고, 함께 대화하는 것에서 시작해야만 합니다. 가난한 이들의 첫 번째 권리는 복음을 듣고 복음에 따라 살아가며, 복음을 증거하고자 하는 권리입니다. 그러한 목적을 성취하기 위해서 우리는 다음과 같은 세 가지 관점에 근거해서 사고를 전환해야 합니다.

첫째로, 가난한 이들의 복음화는 전체 교회의 과업으로서 인식되어야만 합니다.

둘째로, 가난한 이들의 복음화는 인간 존엄성이 존중되어야 합니다.

셋째로, 가난한 이들의 복음화는 신앙 안에 깊이 뿌리를 내려야 합니다.

우선, "가난한 이들의 복음화는 전체 교회의 과업으로서 인식되어야만 합니다"에 관하여 살펴보도록 합시다. 교황 바오로 6세께서는 사도적 권고 「현대의 복음 선교」 76항에서 다음과 같이 역설하셨습니다. "보다 일찍이 선교하는 데 있어 증언적 삶은 진정한 효과를 거두기 위한 절대 불가결한 조건이었습니다." 가난한 사람들뿐 아니라 삶의 여정을 걸어가는 모든 사람들은 그들의 삶의 방식을 통하여, 다른 이들로 하여금 예수 그리스도를 알고 그분을 따르도록 하는 진정한 증거자가 되어야 합니다. 결과적으로 그들 안에서 지복(Beatitudes)을 살도록 불리운 증거자들에 의해 가난한 사람들 사이에서 '참된 현존'의 다양한 형태들이 생성되도록 고무시키는 게 필수적인 것 같습니다. 사제들의 무리들과 남녀 수도자들은 그 활동(증거자로서의 책무)과 주거 환경, 그리고 일상에서 생겨나는 구체적인 어려움들을 가난한 사람들과 가능한 한 공유해야 할 것입니다.

위험을 무릅쓰지 않고서는 가난한 이들과의 연대가 불가능하기 때문입니다. 사제들의 무리와 남녀 수도자들은 또한 가난한 이들의 집단적 향상을 위해서 행동을 같이하고 맡은 책임을 위해서 고군분투해야 합니다. 예수님과 마찬가지로 소위 "저주받은 군중"(요한 7,49 참조)과 더불어 함께하는 사람들, 그리고 도시 빈민가에서 범죄자, 알코올 의존자, 창녀들과 함께하는 사람들, 또한 시골 벽지에서 살아가고자 하는 사람들은 교회가 '말이 아니라, 그 자체로 행동으로 보여 주는 참다운 사랑'이라는 징표가 될 것입니다.

하지만 현실적으로는 증언자를 최전선에 파견하는 것이 충분히 이루어지지 않고 있는 실정입니다. 비록 몇몇 사람들이 가난한 이들과 함께 살아가고 있고 그들의 증언적 삶이 예수님께서 가난한 이들과 함께 일생을 바치셨던 것을 연상케 하지만, 그리고 교회의 총체적 사목적 노력으로 다방면으로 진척하고 있지만, 모순된 현실이 앞으로 분명하게 드러날 것입니다.

소위 특수 사목이라는 것에 의존하는 것은 위험합니다. 왜냐하면 이것은 교회의 총체적 사목적 지향을 의문시하는 것에 대한 변명이 될 수 있기 때문입니다. 다른 말로 표현하자면, 몇몇 특수 사목자들이 가난한 이들을 복음화해야 할 사명을 위임받았기 때문에, 교회의 '통상적' 사목 노력이 안이한 상태로 유지될 수 있다는 것입니다. 비록 가난한 사람들이 국가 인구의 절대 다수를 차지하고 있다 하더라도, 마치 가난한 사람들이 존재하지 않는 양 안이해질 수 있다는 뜻입니다.

그러면 이제 교회 재정에 관한 중요한 문제를, 다시 말해서 미사 봉헌금, 교무금과 기부금에 관하여 성찰해 봅시다. 가족을 위해 편안한 생활을 꾸려 나가는 데 많은 어려움을 겪을 정도로 적은 봉급을 받으며, 밀집된 주택가에서 살아가고 있는 노동자들은 주일마다, 또 본당에 나갈 때마다 교회에 봉헌금을 낼 것을 요구받고 있는 실정입니다. 봉헌금은 세례 성사를 포함하여 성사 거행 때뿐만 아니라, (성사와 결합한) 미사 봉헌, 그리고 전례 축일 행사 때마다 요청되고 있습니다. 비록 부분적으로 꼭 필요하고 거절할 수 없는 교회 경비를 지불한다 하더라도, 그들 자신의 삶의 수준보다 높은 수준의 봉헌금을 내고 있는 것을 노동자들이 의식할 무렵에 어떤 일이 발생하겠습니까? 그들이 그러한 현실에 곧바로 비관적인 태도를 취하지 않겠습니까?

아시아의 가톨릭교회는 예외 없이 전적으로 규모가 작은 신생 교회입니다. 그럼에도 불구하고 대다수의 서구 가톨릭교회들보다도 풍성한 결실을 맺고 있으며, 그들 교회 간의 상호 공동 연대감이 한층 더 깊이 결합되어 있습니다. 하지만 재정적인 기부금과 교회 전례의 수행과 관련한 뿌리 깊은 관례는 가톨릭교회를 오류에 빠지게 하고 있습니다. 그러한 가톨릭교회의 행위는 마치 무속인의 행위와 같으며, 한층 더 사람들의 무지를 이용하는, 이루 헤아릴 수 없는 종파들의 기만적인 행위와 다르지 않습니다.

특별 헌금이 기부되었을 때, 교구 주보에는 기부금의 금액뿐만 아니라 기부자의 이름을 공고하게 됩니다. 하지만 그러한 공고 행위는 복음에 정면으로 대치됩니다. 이는 성서에서 "오른손이 하는 일을 왼손이 모르게 하라"(마태 6,3)라고 한 말씀을 어기는 것이며, 아울러 가난한 이들을 무시하는 결과를 초래하고 맙니다. 어느 날 누군가가 다음과 같이 물을 것입니다.

"어떻게 귀하는 교회 건물 보수 공사에 5만 달러를 기부하면서 귀하의 공장 노동자에게는 적은 보수를 지급할 수 있습니까?"

경제 성장률이 매우 높고, 대학 졸업장이 개인의 출세와 안정을 보장해 주는 나라들에서는, 그리스도인조차도 사회 통념에 의해 잘못 이끌릴 수 있습니다. 예를 들어, 물질적 재화의 사용에 대한 관심 중 무엇이 복음 선포를 위해 유용한 것이며, 무엇이 특권층-신자들 가운데 가난한 사람들에 대한 관심을 점점 잃어 가는-의 교회 내 발전을 지지하는 것인지를 명확히 구분하는 것은 쉬운 일이 아닙니다. 신자들 가운데 상당수가 만원 버스로 통근을 하면서 많은 시간을 보내거나, 동전 몇 푼을 아끼기 위해 직장까지 걸어가는 반면에, 일부 젊은 신부들이 분명한 사목적 이유 없이 자가용을 몰고 다니는 것은 어딘가 이상하지 않습니까?

몇몇 사람들은, 가난한 이들이 그와 같은 방식으로 문제 핵심을 들여다보지 않으며 그들의 선의지와 이해력이 무한하기 때문에 그러한 행동들이 복음화 임무에 해를 끼칠 리 없다고 생각하는 것을 반대할 것입니다. 그러한 주장은 가난한 사람들에 대한 공공연한 경멸을 내포할 뿐 아니라, 사실 자체에도 모순되는 것입니다. 최근에 서울 변두리에 위치한 서민 주택 지역에서 중학교에 다니는 한 학생이 아버지가 사업가인 같은 반 친구에게 물었다고 합니다.

"너희 아버지가 왜 부자인지 아니?"

"그럼, 우리 아버지가 매우 열심히 일하고 계시기 때문이야."

"아니야, 종업원들에게 아주 적은 봉급을 너무 조금 주기 때문이야."

그날 밤 그 아이는 집에 돌아와서 어머니에게 그 이야기를 들려 주었습니다. 그러자 어머니는 "그런 말을 해서는 안 돼"라고 하며 아이를 꾸짖었습니다. 그러나 그 아이는 "왜 안 되는데요? 그건 사실이 아닌가요?" 하고 물었다고 합니다.

실제로 부자들의 복음화에 대한 관심 없이 가난한 이들의 복음화에 관심을 기울일 수는 없습니다. 그것은 전반적으로 교회의 활동에 있어 일치의 문제이기 때문입니다. 몇몇 소수의 가톨릭 기업가들이 따뜻한 온정으로 작업장에서 일하는 노동자의 여건을 온정주의적인 방식으로 개선할 것을 결정하는 것만으로는 충분하지 않습니다. 진정으로 필요한 것은, 예수 그리스도의 제자라고 주장하는 모든 가톨릭 사업가들이 복음의 조명을 받아 교회의 사회적 가르침을 수용하여 오늘날 경제적 소외를 야기시키는 사회 구조에 관해, 자신들의 책임성에 관해, 기업 사회에 만연되어 있는 선입견들에 관해 그리고 노동자 혹은 농민의 조합에 대한 사업가들의 태도에 관해 함께 반성해야 한다는 것입니다. 위에서 말하는 것들은 교회가 복음의 누룩을 세속 사회 안으로 스며들게 하고 가난한 이들의 사회적 소외를 가속화시킨 사람들의 편을 들지 않으면서 그들에게 다가가 복음을 선포하는 최초의 과업을 수행하는 것을 촉진시킬 수 있는 몇 가지 조건입니다.

둘째로 앞서 언급한 대로, 가난한 이들의 복음화를 위해서는 그들의 존엄성을 먼저 인식해야 합니다. 주의 깊게 예수님의 인격을 성찰하는 사람들은 그분의 공생활 시초부터 끝까지 예수님이 정치적 메시아니즘의 유혹을 뿌리치기 위해서 정열적으로 부단히 투쟁하지 않을 수 없었다는 것을 분명히 알 수 있을 것입니다. 이러한 견해는 1979년 6월 28일에 교황 요한 바오로 2세께서 멕시코 푸에블라에 모인 라틴 아메리카 주교들에게 하신 연설에서 잘 드러납니다.

예수님께서 언제나 가난한 이들의 편에 서 계셨다는 것은 의심할 수 없는 사실입니다. 그분은 가난하게 사셨고 가난하게 죽으셨습니다. 그분은 나약한 이들의 어깨 위에 율법이라는 무거운 짐을 짊어지게 한 종교적 형식주의, 독선, 위선적 형태에 대항하여 싸웠습니다. 그분은 인간 생명을 조금도 고려하지 않는, 율법에 대한 왜곡되고 남용된 해석을 끊임없이 거부하셨습니다. 분명히 예수님께서는 오로지 가난한 이들의 구원만을 약속하시지는 않았습니다. 부자들 또한 구원에 포함되어 있었습니다. 하지만 예수님은 가난한 이들과 함께 편히 지낼 수 있으셨으며, 부자들과 자리를 같이할 때는, 당신을 지나가는 손님 정도로 인식하셨습니다. 예수님은 매우 날카롭게 부자들을 지적하셨습니다. 만일 그들이 하느님 나라에 들어가기를 바란다면, 그들은 수많은 장애물을 극복해야 하며, 그것이 너무도 어렵기 때문에 하느님의 은총 없이는 극복할 수 없다고 하셨습니다(루가 18,24-27 참조).

예수님의 이같이 분명한 태도와 비교하여 오늘날 가난한 이들에 대한 교회의 태도는 어떠합니까? 교회가 부자들과 학식 있는 자 사이에서 편안함을 느끼고, 가난한 이들과 함께할 때는 마치 스쳐 지나는 손님 정도로 생각하고 있는 듯한 인상을 주지는 않습니까? 그리고 만일 가난한 이들과 동료로서 지내고자 한다면, 스스로 자세를 낮추었다고 해서 왠지 겸손해 보인다고 생각하지는 않습니까?

예수님은 '배운 것이 없는 천한 사람들' 가운데서 당신의 제자들을 뽑으셨습니다(사도 4,13 참조). 그분께서는 제자들에게 이전의 사회적 지위 이상으로 그들의 계급을 상승시킬 것을 약속하지는 않으셨습니다. 그런데 왜 오늘날에는 흔히 사제가 된다는 것이 사회적인 출세를 의미하게 된 것입니까?

물론 제도 교회가 가난한 이들의 운명에 무관심한 것은 아닙니다. 교회가 가난한 이들의 긴급한 요청들에 관한 정보를 수집하고 그들에게 원조하고 지원하는 사회 복지 단체 역할을 수행하고 있습니다. 그리스도인들은 또한 가난한 이들을 위하여 무언가를 하기를 원한다고 말합니다. 하지만 교회가 가난한 이들을 복음화하고자 한다면, 우리의 정신적 태도에 대한 점진적 재조정이 절대적으로 필요합니다. 우리는 "가난한 이들을 위해서 무엇을 할 수 있는가?" 하고 묻기에 앞서, "왜 가난한 이들의 편에 서지 않습니까? 왜 우리는 그들과 함께하지 못합니까?" 하고 자문해야 합니다.

만일 가난한 이들의 편에 서 있지 않으면, 어떻게 우리가 그리스도처럼 그들과 같은 편에 서 있다고 말할 수 있겠습니까? 가난한 이들의 존엄성을 모욕하는 일은 없습니까? 주님께서는 "내 편에 서지 않는 사람은 나를 반대하는 사람"(루가 11,23)이라고 하셨습니다.

만일 가난한 이들이 교회에 물질적 지원을 요청한다면, 성전 문 앞에 앉아 있는 앉은뱅이에게 베드로가 했듯이 "나는 돈이 없습니다. 그러나 내가 줄 수 있는 것은 이것입니다. 나자렛 예수 그리스도의 이름으로 걸어가시오"(사도 3,6)라고 응대하지 못할 것입니다.

그럼에도 불구하고 교회의 입장에 한층 더 적극적으로 응답하려면 교회는 자신의 재원(財源)이 어디이며, 어떻게 활용할 수 있는지를 솔직하게 검증하지 않으면 안 됩니다. "나자렛 예수 그리스도의 이름으로 걸어가시오"라는 구절을, 예수 그리스도께서 결연히 가난한 이들의 편에 서셨다는 것을 선포해야 한다는 오늘날의 교회에 대한 요청으로 이해할 수는 없습니까? 교회는 가난한 이들의 존엄성의 근거가 바로 예수 그리스도라는 것을 보여 주어야 합니다. 그러나 교회는 가난한 이들의 삶의 자리 안에서 그들의 해방을 위한 결정들을 내리지 않고 있습니다. 가난한 이들 그 자체는 가난과 체념, 멸시의 현실로부터 출현할 것이며, 그들은 자력으로 '걸어갈' 것입니다.

교황 레오 13세의 회칙 「새로운 사태」를 읽게 되면, 교황께서 선언하신 바가 오늘날 아시아의 상황에 여전히 적합하다는 사실에 깊은 감명을 받지 않을 수 없습니다. 우리 아시아 사회는 참으로 노동자의 의지를 표명하는 '중재 단체들'이 인정되기까지 오랜 시간이 더 필요할 것입니다. 그러한 중재 단체들 가운데 노동조합, 가족 조합, 신용 조합과 정당 단체에 대해 말하고자 합니다. 그러나 교회는 사회 교리를 가르치면서 자신의 강인한 의지를 드러내고 있습니까?

교황 비오 11세가 옹호했던 카르댕 추기경의 견해는 노동자 스스로가 그들 동료 노동자를 위한 복음화 과업을 수행해야만 한다는 것이었습니다. 그와 같은 행동은 '노동자 가운데, 노동자에 의한, 노동자를 위한'이라는 진정한 사회 변화를 이끌어 낼 것입니다. 교회는 그러한 견해의 가치를 제대로 인식하고 있습니까? 가난한 사람들의 소외 상황을 가장 잘 인식하고 있는 교회 구성원들은 가난한 사람들의 이름으로 말하고, 그들의 존엄성을 인정받기 위해 고군분투하고, 그들을 지도하고자 하는 유혹에 쉽게 빠지기도 합니다. 하지만 그러한 행동은 노동자들의 경험을, 세상에 대한 이해와 표현을 전혀 고려하지 않기 때문에 부적절합니다. 그러한 행동은 마치 노동자와 가난한 이들이 자력으로 살아갈 능력이 없는 것처럼 보이도록 하는 일종의 문화 제국주의와 다를 바 없습니다. 가난한 이들과 노동자들을 그러한 문화 제국주의 아래 귀속시키려는 경향은 유교의 영향을 받은 아시아 국가들에 있어서 더 크게 나타납니다. 사람들은 유교로부터 충고와 조언을 듣고자 하는 성향이 강한 탓입니다.

가톨릭 농민회, 가톨릭 노동 청년회 그리고 가톨릭 노동 장년회 같은 단체들을 통하여 인내심을 갖고 가톨릭 노동자와 농민의 발전을 위해서 활동하는 것은 매우 중요합니다. 그러한 단체에서 활동하고 있는 사제들은, 일반적으로 채택된 사람들에서부터 본당에서 다양한 방법으로 활동하고 있는 경건한 신앙인들에 이르기까지 다양한 입장을 받아들이지 않으면 안 됩니다. 그것은 지원이나 지도 혹은 명령을 하는 문제가 아니라, 수용하며 경청하고 봉사하는 문제입니다.

마지막으로, 가난한 이들의 복음화를 위한 신앙의 본질적인 것, 깊이 뿌리내림의 유형에 관하여 살펴봅시다.

"형제 여러분, 여러분이 하느님의 부르심을 받았을 때의 일을 생각해 보십시오. 세속적인 견지에서 볼 때 여러분 중에 지혜로운 사람, 유력한 사람, 또는 가문이 좋은 사람이 과연 몇이나 있었습니까? 그런데 하느님께서는 지혜 있다는 자들을 부끄럽게 하시려고 이 세상의 어리석은 사람들을 택하셨으며, 강하다는 자들을 부끄럽게 하시려고 이 세상의 약한 사람들을 택하셨습니다. 또 유력한 자를 무력하게 하시려고 세상에서 보잘것없는 사람들과 멸시받는 사람들, 곧 아무것도 아닌 사람들을 택하셨습니다."

가난한 이들에게 우선적으로 복음을 전하고자 할 때, 우리들은 우리의 사고방식을 철저하게 바꾸지 않으면 안 됩니다. 만일 우리가 가난한 이들의 복음화 영역에서 활동하고자 한다면, 하느님 면전에 서 있는 모든 인간들, 특히 우리 자신들의 기본적인 가난의 의미를 보다 분명하게 먼저 인식하지 않으면 안 됩니다. 오로지 그때만이 우리는 구원의 헤아릴 수 없는 은총에 경탄하게 될 것입니다.

"지혜롭다는 사람들과 똑똑하다는 사람에게는 이 모든 것을 감추시고 오히려 철부지 어린이들에게 나타내 보이시기"(루가 10,21)를 결정하셨던 아버지의 선택은, 교회의 기반을 아주 쉽게 약화시키는 세속적 가치의 기준들을 반전시켜 놓습니다. 다시 말하자면, 가난한 이들의 복음화는 교회의 이차적 과업, 오로지 몇몇 '특수 사목자들'에게 떠맡겨진 과업이 아닙니다. 반대로 그것은 교회 사명의 중심이며, 직무자, 교리 교사, 전례, 재정 운영, 공적 성명과 축일 등 교회 생활의 여러 영역에 영향을 주고 있습니다. 또한 그런 측면에서 교회를 복음화하는 것은 가난한 이들이기도 합니다.

가난한 이들에게 제공하고 있는 교회의 복음의 내용은 재검토해야만 합니다. 1978년 11월 25일, 캘커타 성명서에서 아시아의 주교들은 아시아의 영성적 전통들, 즉 "매일 일상적인 삶 안에서 시슴없이 자신의 마음을 하느님께로 돌리는 소박한 사람들에게 쉽게 접근할 수 있는 신앙과 경건함의 대중적 표출인 아시아의 전통들"에 대한 존중의 필요성을 강조하였습니다. 대중 종교의 관습을 무시하거나, 특히 오랜 세월 동안 불교나 유교에 영향을 받다가 그리스도교로 입문한 사람들의 오랜 관습을 경멸하는 것은 중대한 실수이며 오만의 표현입니다.

이와 동시에, 교회 모든 구성원이 소수의 성인들로 구성되고, 세례 받은 학생들에 대한 조사에서 나타났듯이, 소수의 학생들만이 교회에 참석한다고 할 때, 어떻게 우리가 그러한 상황을 걱정하지 않을 수 있겠습니까? 이러한 현상을 설명하는 데 있어, 종교적 규범에 충실히 응하고자 하는 성인들과 젊은 층들은 자신의 직업과 학업 때문에 너무 바쁘다고 말합니다. 하지만 그러한 상황을 한층 더 세심하게 검토해 보면, 다른 여러 가지 원인들 가운데에서 성인 교리 교육에 그 책임이 있을 거라는 의문이 남습니다. 열성적으로 선한 의지를 가지고 교리 교육에 참석하기 시작한 이래, 교회의 가르침과 일상적 체험과의 상호 연결성을 발견하지 못하는 탓에, 혹은 일상적 삶의 문제-예를 들면 일요일에도 노동을 해야 하는 것과 출산 계획 등-와 관련한 의문들에 관한 대답이 너무 교회 법적인 탓에, 그리고 그들로 하여금 건전한 판단을 하도록 허용하지 않는 탓에 신앙을 포기한 노동자들이 수없이 많습니다.

우리는 "진리가 너희를 자유롭게 하리라"(요한 8,32) 하는 신앙의 충만성을 깨닫고자 하는 교회 구성원들의 깊은 갈망을 인식하지 않으면 안 됩니다. 동시에 우리는 "하느님의 사랑을 알기 위해서 가난한 이들이 그분의 충만함으로 가득 채워지도록"(에페 3,9-19 참조), "그리스도의 무한한 충만함"을 가난한 이들에게 전하기 위해 고군분투하지 않으면 안 됩니다.

그러한 이해는 "믿어야 할 진리"와 "지켜야 할 계명"의 가르침에서 얻어지는 것이 아닙니다. 오히려 그러한 인식은, 사람들이 예수 그리스도의 죽음과 부활의 신비 안에서 그리스도와 하나 될 때까지, 구체적인 삶과 복음 사이의 끊임없는 상호 통교를 통하여 얻어지는 것입니다.

이 목적을 성취하기 위해서 우리는 가난한 이들의 일상적인 삶의 문제, 그들의 가족, 일, 건강, 레저 활동, 소망 등에 보다 더 큰 관심을 기울이지 않으면 안 됩니다. 만일 우리가 그러한 관심과 형제적 사랑을 표명한다면, 구원에 관한 우리의 가르침은 덜 관념적이고, 보통 현실 사회 안에서 서로 관계된 가난한 이들의 실제적인 경험과 역사에 한층 깊이 뿌리내릴 것입니다. 그것은 하느님의 신비가 이러한 모든 현실들을 초월하고 있다는 것을 의미합니다. 반대로, 저는 하느님의 신비가 가난한 이들의 내적인 측면의 이러한 현실들을 꿰뚫고 계시며, 사람을 창조하시고 회복하시는 하느님을 향하게끔 인도한다는 것을 믿고 있습니다.

제2차 바티칸 공의회는 종종 교회를 구원의 상징으로 언급했습니다. 그것은 교회의 구성원이 되고자 하는 사람들은 인간이 되신 하느님의 말씀으로서 예수 그리스도의 참된 표상을 발견해야 한다는 것을 뜻합니다. 또한 그것은 예수님과 친교를 맺고 살아가기 위해서 그들이 반드시 인식해야만 하는 것인데, 그것은 즉 성취되어야 할 구원의 장소가 그들이 그들의 삶을 살아가는 개인적이고 사회적 영역인 바로 그곳이라는 것입니다.

"예수께서는 이렇게 말씀하셨다. '내 말을 믿어라. 사람들이 아버지께 예배를 드릴 때에 이 산이다 또는 예루살렘이다 하고 굳이 장소를 가리지 않아도 될 때가 올 것이다. 너희는 무엇인지도 모르고 예배하지만 우리는 우리가 예배드리는 분을 잘 알고 있다. 구원은 유다인에게서 오기 때문이다. 그러나 진실하게 예배하는 사람들이 영적으로 참되게 아버지께 예배를 드릴 때가 올 터인데 바로 지금이 그때이다. 아버지께서는 이렇게 예배하는 사람들을 찾고 계신다'"(요한 4,21-23).

이 성구를 달리 표현하자면, 교회가 우선적으로 신앙인들에게 제공해야 할 것은, 산업화된 사회에서 마치 사막의 오아시스와 같은 평화와 조화에 대한 환상을 갖게 할 수 있는 제도나 예식이 아니라는 것입니다. 교회가 성사적이고 교리 교육적 활동을 통하여 상호 교감해야 하는 것은 이 세상 안에 도래할 하느님 나라에 대한 희망입니다. 하느님 나라는 하느님 백성, 사건들 그리고 책임의 수행이라는 중재를 통하여 이루어집니다.

교회는 수많은 사람들의 자발적인 신앙 태도를 존중하면서, 하느님의 백성이 신앙과 예수님의 강생 신비를 믿는 개인적이고 집단적인 삶의 의미를 발견하기 위해서 거기에 상응한 움직임을 일으켜야만 합니다.

「사목 헌장」의 그리스도론적 부분은 구체적으로 그러한 과업을 수행하기 위한 좋은 출발점으로 사용되곤 합니다.

제가 여러분에게 말하고자 하는 것은 아마도 백성의 전 사회적 범주의 복음화뿐만 아니라 가난한 이들의 복음화와 관련이 있다고 할 것입니다. 만일 그것이 사실이라면 그때 가난한 이들의 복음화는 복음을 선포하는 교회 임무의 어떤 부속물이 아니라는 것입니다. 오히려 이는 진정한 의미의 복음 선포를 증명하는 판단 기준입니다.

● 기아 대책·인간 발전을 위한 가톨릭 위원회 회의, 1977. 11. 11.

결혼을 후회한 적 없습니까?

친애하는 형제자매 여러분.

제가 요즘은 일체 혼인 미사를 주례하지 않습니다만, 오늘 여러분의 혼인 갱신 미사를 기쁘게 주례합니다. 특히 성체와 가정의 해이기에 성체 성사의 예수님의 사랑과 은총 속에 여러분의 가정이 성화되고, 행복해지기를 바랍니다. 그리하여 신천동 본당 전체가 성체 성사의 예수님을 기초로 한 믿음과 사랑의 공동체가 되기를 빕니다.

오늘 여러분은 부부가 새로운 마음으로 서로 사랑하기를 약속합니다. "우리는 하느님께서 맺어 주신 부부로서 즐거울 때나, 괴로울 때나, 성하거나, 병들거나, 평생 서로 사랑하며, 신의를 지키기를 거듭 약속합니다." 참으로 뜻깊고 아름다운 말씀입니다. 여러분은 혼인 때 약속하신 대로 지금까지 사랑하며 살아오셨으리라 믿습니다. 그것이 참 아름다우나, 말처럼 쉽지 않다는 것도 여러분이 직접 체험했으리라 믿습니다.

어떻습니까? 남편 사랑, 아내 사랑 쉬웠습니까? 결혼한 것 후회한 일 없습니까? 혼자 사는 성직자, 수도자가 부러울 때도 있지 않았습니까? 사실 사랑한다는 것은 쉽지 않습니다. 저도 매일 사랑을 강론하면서도 내가 참으로 사랑하느냐 하는 물음에는 답하기가 어렵습니다. 더구나 기쁠 때나 괴로울 때나, 성하거나 병들거나 평생토록 사람이 또 다른 사람을 사랑한다는 것은 쉽지 않습니다.

얼마 전 신문에 가정 법원에만 오랫동안 종사한 어떤 분이 '인내가 제일이다'라고 하신 말씀이 생각납니다. 우리는 사랑하지 않으면 불행해진다는 것을 잘 압니다. 만일 부부가 사랑하지 않으면 그것은 부부의 도리에 어긋나고, 서로 괴롭히는 것이며, 그것은 곧 누구보다도 나 자신을 불행하게 만드는 것임을 잘 압니다. 부부간에 사랑해야 한다는 것은 참으로 제1 독서의 말씀대로 하늘에 있어서, 거기서 가져와야 알 수 있는 것도 아니요, 바다 건너 저 쪽에 있는 것도 아닙니다. 그것은 아주 가까운 곳, 우리 마음속에 새겨져 있는 것입니다.

우리 마음에서는 '나는 남편을 아내로서 사랑해야 한다', '나는 아내를 남편으로서 사랑해야 한다'고 말합니다. 또 사랑할 때, 우리 부부가, 우리 가정이 행복해진다는 것을 우리는 잘 압니다. 그뿐만 아니라 우리 인간은 누구나 다른 이에 대해서도 이 사랑을 실천해야 합니다. 사랑하지 않고서는 누구도 인간다운 인간이 될 수 없습니다. 더욱이 오늘 복음 말씀에서 보면, 강도를 만난 사람에게 도움을 준 착한 사마리아 사람처럼, 우리도 불행 중에 도움이 필요한 사람, 고통을 겪는 사람을 사랑해야 합니다. 그런 사람을 알면서 그냥 지나친다면 그것은 인간의 도리에 어긋나고, 따라서 비인간적이라 할 수 있습니다. 그런 사람은 아무리 성당에 열심히 다닌다 해도 그리스도교 신자라 말할 수 없습니다.

"그리스도교 신자는 그리스도처럼 남을 사랑하는 사람입니다. 특히 가난한 이, 약한 이, 병고나 고통 중에 있는 이, 소외된 이에게 특별한 관심과 동정심을 지니고, 이를 실천하는 사람입니다."

요즘 서울 시내 여러 곳에서 이른바 재개발로 판자촌이 철거되고 있습니다. 그런데 판잣집을 소유한 이들의 적은 보상도 문제지만, 세입자를 위한 대책이 없는 것이 더 큰 문제입니다. 세입자들은 "우리도 국민이니 정부는 우리에게 어딘가 몸 붙이고 살 수 있는 곳을 마련해 주어야 하지 않는가?" 하고 호소하고 있지만, 정부는 묵묵부답으로 일관하며 무조건 힘으로 밀어붙여 그들을 내쫓고 있습니다. 그 와중에 충돌이 일어나 부상자도 생기고, 심지어 젊은이 하나는 목숨을 끊었습니다. 이런 일이 여러 곳에서 벌어지고 있으나, 신문에는 잘 보도되지 않습니다.

그런데 십여 년간 이런 사람들을 위해서 일해 온 한 외국인 신부님이 계십니다. 그분은 그 부서진 집터 속에서 그들과 함께 기거하고 있습니다. 그들과 함께 먹고 마시고, 그리고 밤에도 그들 틈에 끼어 잡니다. 이 신부님 생각은 '예수님이 여기 오신다면 그렇게 하시지 않겠는가?' 하는 것입니다. 신부님은 '예수님은 결코 그런 불행한 일을 당하고 고통받는 사람을 못 본 체 하시지 않을 것이다. 그런 사람이 있는 줄 알면서도 만일 그리스도의 몸인 교회가 큰 성당만 짓고, 신자들은 태평성대처럼 희희낙락한다면 올바른 일인가?'를 묻고 있습니다. 그 신부님이 직접 이 말을 제게 하지는 않았습니다만, 그 신부님을 보고 제가 그렇게 느끼는 것입니다.

참된 그리스도인은 누구입니까? 여러분, 마더 데레사를 알지요? 바로 이분이 그런 분입니다. 또 위에 말한 신부님도 바로 그런 분입니다. 사람들은 마더 데레사를 '살아 있는 성녀'라고 했습니다. 이것을 보면 우리도 모두 데레사 수녀님처럼 사랑을 실천하며 살고 싶을 것입니다. 비록 그분하고 똑같이 수녀가 되고, 똑같이 빈민촌에 들어가고, 똑같이 쓰레기처럼 버림받은 사람들과 함께 살지는 못한다 해도, 나름대로 나의 시간, 나의 힘, 나의 마음을 바쳐 가난한 이를 돌보고 싶을 것입니다.

복음의 예수님을 보면 분명히 가난한 이를 지극히 사랑하셨습니다. 병든 이, 버림받은 이, 죄인을 사랑했습니다. 그리고 당신 스스로도 가난하셨습니다. 따라서 우리는 가난을 통하지 않고서는 예수님께 갈 수 없습니다. 적어도 마음으로 가난해지지 않고서는 예수님을 닮을 수 없습니다.

부부 사이에서도 고독할 때, 괴로울 때, 버림받은 것처럼 울고 싶을 때 사랑이 더 필요한 것 아니겠습니까? 우리가 남을 사랑하려면 하느님의 우리에 대한 사랑, 나에 대한 사랑을 깨달아야 합니다.

● 혼인 갱신 미사, 1986. 7. 13. 신천동 성당

너 어디 있느냐?

"너 어디 있느냐?"

이 물음이 무슨 뜻인지 아시는 분들이 많으리라고 생각합니다. 이 물음은 창세기 3장 9절에 나오는 말로, 인류의 원조 아담이 하느님의 명을 거슬러 범죄한 다음 부끄럽고 두려워 하느님의 얼굴을 피하여 숨어 있었을 때, 하느님이 그를 찾으시며 "아담아, 너 어디 있느냐?"라고 물으신 것입니다. 이 물음은 한편, 잘못을 문책하는 것이면서 잘못을 저지르고 숨어 있는 아담을 구하시고자 하느님이 찾고 부르시는 소리이기도 합니다. 왜냐하면 죄를 짓고 숨어 있는 아담을 그대로 내버려 두면 아담은 하느님과의 관계가 영영 단절되고 말 것이요, 그러면 그는 영영 죽고 말 것이기 때문입니다. 따라서 "너 어디 있느냐?"는 죄에 대한 문책이면서 구원하시고자 하는 자비의 소리이기도 합니다.

우리가 어릴 때 아마도 많은 이들이 이런 경험을 했을 것입니다. 밖에 나가서 무언가 잘못했습니다. 누구랑 싸웠다든지, 그래서 새 옷을 버렸다든지, 아니면 부모가 시키는 심부름을 하지 않아서 아버지한테 꾸중을 들을 것이 두려워 집에 들어가지는 못하고 대문 밖에서 몸을 움츠리고 있습니다. 아버지는 걱정이 되어 찾아 나섭니다. "얘야, 너 어디 있느냐?" 자식을 찾은 아버지는 회초리를 들지도 모릅니다. 그러나 아버지는 벌을 주기 위해서 찾는 것은 아닙니다. 자식이 잘못을 저질렀고 응당 거기에 대한 벌을 주어야겠지만, 그렇다고 밖에 그대로 버려둘 수는 없을 것입니다. 아무리 자식이 잘못을 했어도 사랑하는 마음에는 변함이 없어 안전한 집으로 데리고 오기 위해 찾는 것입니다. 이같이 하느님이 아담을 부르며 "너, 어디 있느냐?"라고 찾으실 때에도 문책과 자비가 섞여 있으며, 결국은 구원하시는 데 더 큰 뜻이 있습니다.

"너, 어디 있느냐?"

이 물음은 오늘 이 시간 우리 각자의 마음속에도 울린다고 볼 수 있습니다. 왜냐하면 이 물음은 이미 창세기에서 볼 수 있듯이 물리적 장소의 의미가 아니라, 윤리적 의미가 담겨 있기 때문입니다. 우리 중에는 자기는 양심에 가책이 되는 일을 한 번도 한 적이 없다고 장담할 수 있는 사람, 즉 죄가 없다고 할 수 있는 사람은 없을뿐더러, 나는 지금 올바른 인생의 길을 가고 있다고 장담할 수 있는 사람도 거의 없기 때문입니다.

그래서 이 물음을 더 깊이 생각해 보면, 이는 우리가 지금 윤리적으로 어떤 처지에 놓여 있는지에 대한 물음이면서 어떤 가치관에 살고 있는지에 대한 물음도 된다는 것을 알 수 있습니다. 다시 말해, 이는 인생 좌표에 대한 물음이기도 한 것입니다. 인생 길을 바로 가고 있는지 아닌지에 대한 물음입니다. 이런 뜻으로 우리가 어디에 있는지 안다는 것은 인생을 살아가는 데 아주 중요합니다. 이것을 모를 경우, 우리는 잘못하면 우리 인생 자체를 아주 그르칠 수 있을 것입니다. 인생 길을 흔히 인생 항로라고 합니다. 험한 바다를 건너 멀리 떨어져 있는 어느 항구를 목적하여 가는 배와 같다는 뜻이겠지요. 배가 목적하는 항구에 잘 도착하려면, 계속 악천후와 싸우면서도 배의 위치를 계속 확인해야 합니다. 비행기도 마찬가지입니다. 전에 서울에 와야 할 KAL기가 이 확인을 잘못해서 항로를 잘못 잡아 위험하게도 소련 땅 어느 곳에 비상 착륙하는 큰 사고가 있었지요.

 인생 길도 같습니다. 인생을 되는 대로 살겠다고 작정했으면 모르되, 무언가 올바르게, 값지게 살려고 한다면 어디 있는지 한번쯤은, 아니 자주, 가던 길을 멈추어 서서 생각해 볼 필요가 있습니다.

 그런데 제가 오늘 저녁에 여러분과 함께 생각해 보고 싶은 것은, '어디 있느냐?' 하고 그 위치를 알아보자고 하는 것보다도 도대체 '어디 있는지' 알 필요가 있느냐 없느냐 하는 것입니다. 그 말씀은, 바꾸어 말하면, 인생은 윤리적인 것이어야 하느냐, 다시 말해, 사람에게는 사람으로서 사람답게 살아야 할 도리가 있느냐 없느냐 하는 점입니다. 왜냐하면 이것을 알아야만 우리는 자신의 삶을 확인해야 할 필요성을 느낄 것이기 때문입니다. 만일 그런 도리가 없다면, 다시 말해서, 인생이라는 것은 본래부터 어떻게 살아도 관계없는 것이라면, 내 인생이 지금 어디 있는지 알 필요가 전혀 없기 때문입니다.

또 하나, 제가 이것을 문제로 제기하는 것은 요즘 우리가 도리, 즉 윤리적 가치관을 뚜렷이 알고서 사는 것인지, 혹은 그야말로 되는 대로 사는 것인지 대단히 불투명해 보이기 때문입니다. 혹은 더 나아가서, 제가 보기에는, 지금 우리를 지배하고 또 우리가 따르는 가치관이 내적인 것이 아니고, 외적인 것에 있어 보이기 때문입니다. 더 구체적으로 표현하면, 우리는 지금 재물, 권력, 향락 등의 외적인 것을 마치 인생의 목표처럼 생각하고, 이를 추구하기 위해서 모두가 온갖 정력을 다 쏟고 있는 것같이 보입니다. 마치 이런 것을 얻고 얻지 못함에 인생의 의미와 행복, 더나아가 우리 사회와 나라 전체의 발전까지 달려 있는 것처럼 생각하는 것 같습니다. 모든 것이 이것을 향한 것처럼 보입니다. 이것을 한마디로 표현하면 경제 발전입니다. 경제 발전이 나라 전체의 지상 목표인 듯 나라의 정치는 물론이요, 교육도, 문화도 다 이것을 목표로 삼고 있는 것같이 보입니다. 그 경제 발전의 결과를 이른바 GNP, 국민 소득으로 표시합니다. 그래서 10여 년 전 국민 소득이 300달러였을 때에는 500달러가 목표였고, 500달러에 이르렀을 때에는 1,000달러가 목표였습니다.

이때 우리나라에는 한참 인권과 민주 의식이 높아져 여러 가지 사건이 터졌는데, 당시 국무총리였던 모씨는 국민 소득 500달러도 안 되는 나라의 백성이 국민 소득 1,000달러가 넘는 나라의 국민이 누리는 자유를 요구한다고 말했습니다. 이것은 단적으로 경제 발전이 얼마나 큰 비중을 차지하고 있는지, 또 얼마나 인간의 기본권 이상으로 경제가 존중되어 왔는지를 잘 말해 줍니다. 드디어 1,000달러가 넘어섰을 때에는 다시 1,500달러가 목표가 되었고, 이제는 2,000달러, 3,000달러가 목표가 되어 있습니다. 여기에 물론 상한선은 없지만, 지금 우선은 5,000달러가 넘는 선진국 대열에 드는 것이 목표지요. 그러면 우리는 일등 국민이 될 것이며, 국력도 그만큼 신장되고 복지 사회도 이룩되며 남북 통일도 이룩될 것이라고 합니다. 또한 정의 사회, 무슨 사회라고 슬로건을 내걸고 정화 운동도 전개하고, 새 마음, 새 시대, 새 역사 이런 슬로건들이 도처에 걸려 있고 강조되고 있지만, 그 궁극의 목적은 무엇이냐 하면, GNP가 높은 경제 발전입니다.

저는 결코 경제 발전이 나쁘다고 말하는 것이 아닙니다. 절대로 아닙니다. 그것은 우리에게 아주 필요한 것입니다. 사실, 그것이 이룩되어야 복지 국가도 가능하고 국력 신장이 있을 것이고, 그것이 남북 통일의 한 고지를 점령하는 길도 될 수 있을 것입니다. 무엇보다도 실업자가 줄고, 굶는 사람이 적을 것입니다. 그러나 그러면서도 이 경제 발전, 곧 돈을 많이 버는 것이 과연 인생의 목표가 될 수 있는가, 한 사회가 이런 물질적 가치를 발전의 지상 목표로 삼았을 때, 그런 사회가 참으로 인간적인 가치, 정신적인 가치로 풍요한 사회가 될 것인가, 자유가 더 신장되고 우리

나라가 민주화될 것인가, 저는 이런 점이 대단히 의문스럽습니다.

돈이 많으면, 타락과 부패의 자유는 늘어날 것입니다. 그러나 윤리적 향상의 자유가 늘어난다는 보장은 없습니다. 전에 카터 대통령이 미국은 자유와 인권을 존중하고 민주주의를 실천하는 나라이기 때문에 부강한 나라가 되었지, 부강하였기 때문에 민주주의를 이룩하게 된 것은 결코 아니라고 말했습니다. 어떻든 물질적 가치, 즉 돈이 지상 목표가 되면, 이 돈을 벌기 위해서 경쟁을 해야 하고, 어떤 수단을 쓰더라도 이익을 많이 내야 할 터이니, 자칫하면 인간으로서의 도덕적 가치, 자유, 진리, 정의, 사랑 같은 것이 얼마든지 희생될 수도 있습니다.

오늘날, 우리 사회가 이렇게 가고 있지 않다고 할 수 있습니까? 최근의 장 여인 사건, 자살한 김상기 사건, 의령 사건 등이 이를 잘 증명합니다. 아무튼 돈과 권력, 그리고 그것으로 누릴 수 있는 향락, 이것이 우리의 목표가 되어 있습니다.

그렇다면 인간의 가치는 어디에 있습니까? 좋은 두뇌, 즉 과학 기술을 많이 창안해 낼 수 있거나, 많이 알고 있거나, 장사를 잘하거나, 생산 능력이 있어야, 이런 사람이라야 가치 있는 인간일 것입니다. 기술인, 능률인이 존경받고 그렇지 않으면 인생 낙오자, 심지어 쓰레기, 폐물이 되는 것입니다. 그래서 금력, 권력이 가치의 바로미터가 되어 있다면, 그것을 가졌든지 아니면 적어도 그것을 얻을 수 있는 가능성이 있든지 해야 인생의 가치가 있다고 할 것입니다.

얼마 전에 대학 입시가 있었고, 그때에 일류 대학이니, 명문 대학이니 하는 말들을 많이 썼는데, 그런 것도 결국 이런 가치 기준에서 나온 말이 아닌가 생각합니다. 이런 물질적 가치가 인생의 목표이면, "너, 어디 있느냐?"에 대한 답은 쉽게 할 수 있을 것입니다. 이십 대이면, 예비고사 성적이 우수하여 일류 대학에 합격되었다면, 그러면 일단 어디 있느냐에도 합격이겠지요. 아니면, 유능한 기술인으로서 돈을 많이 번다면, 이것도 어디 있느냐에 합격입니다. 그다음에는 부자가 되는 길, 권력을 잡는 길에 들어서 있으면 될 것입니다. 이렇게 어디 있는지를 알려면, 월급 봉투를 들여다보면 알 것이요, 주부들은 가계부를 들여다보면 알 것입니다. 이것도 필요하기는 필요합니다.

제가 우리 사회의 실상을 길게 이야기했는데, 그 이유는 과연 이것이 인간으로서의 참된 길이냐 하는 의문을 제기하기 위해서입니다. 그뿐만 아니라 이런 사회 풍조가 결과적으로 우리를 어디로 몰고 갑니까? 우리를 돈의 노예, 권력의 노예, 향락의 노예로밖에 더 만들겠습니까? 그리고 무엇보다도 이 병에 걸리면 모두 패가망신하고, 나라도 위험해집니다. 따라서 경제 발전도 오히려 못합니다. 그야말로 일본 사람들에게 많이 쓰는 경제 동물밖에 더 되겠느냐 하는 우려가 있습니다.

사람은 결코 정신적 존재만이 아닙니다. 육체도 지녔으니, 최소한의 의식주는 필요합니다. 돈도 있어야 하고 빵도 있어야 합니다. 그러나 인간은 이와 동시에 성서 말씀대로 빵만으로 살지 않습니다. 하느님의 말씀으로 삽니다. 다시 말해, 진리, 정의, 사랑 등 기본적인 정신 가치가 있어야 합니다. 이것이 사람의 진리입니다. 그러고 보니 저는 결론까지 말한 셈입니다.

그런데 사실 제가 오늘 저녁에 말씀드리고 싶은 본론은, 인간에게는 어찌해서 빵만이 아니라 다른 먹을 것, 정신적 양식이 있다는 것이냐 하는 문제입니다. 이 정신적 양식을 인간의 윤리 또는 도리라고도 할 수 있는데, 이런 것이 인간에게 참으로 있느냐 없느냐 하는 것입니다. 이 진리를 도덕률이라고 말할 수도 있겠습니다. 도덕률이란, 인간성에 맞는 윤리 규범입니다. 인간이 이것을 따라서 살 때 참으로 인간은 인간다워지고 완성되며, 이것을 어기면 인간은 인간다움을 잃고 인간으로서는 죽는다는 것을 말합니다. 마치 밥을 먹지 않으면 굶어 죽듯이, 이 도리라는 정신적 양식을 섭취하지 않으면 인간은 병들고 죽습니다.

결론부터 말하면, 인간에게는 누구나 다 같이 천부적으로 이런 도리, 즉 윤리 규범이 주어져 있다는 것입니다. 누구로부터일까요? 하느님으로부터 주어져 있다는 것이 저의 소신이요, 저만의 소신이 아니라, 이것이 바로 그리스도교의 소신이라는 것을 말씀드리고 싶습니다. 그리스도교의 가르침에 따르면, 모든 인간은 하느님의 모습으로 만들어졌고, 하느님을 닮도록, 당신을 섭취하며 살도록 만들어져 있습니다. 그럴 때 우리는 올바르게 사는 것입니다. 이것을 알려 주는 것이 진리이며, 이것이 각자 양심에 새겨져 있습니다. 그뿐만 아니라 각자 이 양심의 법에 따라 살아야 하고, 이때에 그는 참생명을 얻는다는 것입니다. 그 때문에 아담에게와 같이 우리 각자에게도 하느님은 같은 의미로 "너는 어디 있느냐?"라고 지금 이 시간 물으신다는 것입니다.

여기서 우리는 하느님의 현존을 조금 깨달을 수 있습니다. 하느님은 무형(無形)하신 분이며, 따라서 볼 수도 없고 그 존재를 과학적으로 증명할 수도 없습니다. 그러나 "너는 어디 있느냐?", 이 내면의 소리에서 우리는 그분의 현존을 뚜렷이 감지할 수 있고, 그분은 결코 막연한 무엇이 아니라 우리와 말을 주고받는 인격적 존재임을 느낄 수 있습니다. 이것은 물론 그리스도교의 교리입니다. 그 말은 성서상으로 계시된 하느님의 진리입니다. 그러나 이것은 결코 맹목적인 것이 아니고, 일방적인 주장도 아니며, 대단히 합리적이요 이치에 맞는 이야기라고 저는 봅니다.

유물론자들, 즉 무신론자들은 그들이 하느님의 존재를 믿지 않기에 그런 주장은 일방적이며 받아들일 수 없다고 할 것입니다. 따라서 그들은 양심에 주어진 도덕률, 법이 있다는 것을 거부할 것입니다. 그 양심을 통해서 하느님이 말한다는 것도 물론 거부합니다. 그런데 유물론이란 무엇입니까? 이것은 학문으로 생각하면 굉장히 복잡해 보이지만, 그렇지 않습니다. 제가 너무 간단히 말하는 것인지도 모르겠지만, 유물론이란 이 우주의 생성 발전 전체를 우연의 산물로 보는 것입니다. 다시 말해, 물질과 공간이 우연히 있게 되어, 그것이 우연, 우연, 우연의 연속으로 용하게도 들어맞아 천체를 만들어 냈고, 그 속에 태양계를, 그 안에 지구를 만들어 냈으며, 그러다가 적당하게 생명이 생길 수 있는 기온이 되었을 때, 거기에 생명에 필요한 화학 성분이 이룩되어 지구상의 물질 중에 생물이 생겨났고, 다시 우연의 연속으로 말미암아 의식하는 동물로까지 진화되어 결국 인간이 출현했다는 것입니다.

이런 유물론의 주장을 많은 사람들이 굉장히 과학적인 것이라고 생각하고 있습니다. 우리가 학교에서 배우는 것이 결국 이것입니다. 그런데 저는 이것이 이미 모순이라고 생각합니다. 과학이라는 것은 무엇입니까? 자연 법칙, 물리 화학의 원리 원칙을 발견하고, 발견한 것을 토대로 실험·연구하는 학문이 아닙니까? 그러면 이것은 우연과는 정반대입니다. 우연히 어떤 법칙, 그것도 합리적인 불변의 법칙이 만들어졌다, 우연에서 이러저러한 원칙이 나왔다, 이런 주장이 과학적이라고 말할 수 있습니까? 우연의 확률을 누가 연구해 보았더니, 24조분의 1이라고 합니다. 과학은 반드시 자연법칙을 바탕으로 해야 연구가 가능한데, 그 자연법칙이 우연히 생겼다는 증명을 과학적으로 할 수 있습니까? 할 수 없습니다.

전에 어떤 책에 보니까, 한번은 아주 우수한 수학자들 여럿이 인체에 가장 적합한 적혈구는 어떤 것일까 하고, 여러 사람이 한 팀이 되어 컴퓨터를 써서 여러 날을 연구했는데, 그 결과를 보니 이미 인체에 있는 적혈구와 같은 것이라고 합니다. 굉장한 지능의 소유자인 수학자들이 물리 화학의 원리 원칙에 따라서 여럿이 한 팀이 되어 연구한 것이 이미 인체에 있는 적혈구일 때, 우리는 이 적혈구 하나만도 우연히 되었다고는 말할 수 없을 것입니다. 그렇다면 인체 전부가, 또 1억 44만이가 1억 54만 개의 세포가 있다는 뇌가 우연히 만들어졌다는 말이 성립됩니까? 바로 며칠 전에 저는 우리나라의 이른바 명문 대학에 있으시며 해부학에서 뇌를 전문으로 연구하는 교수님을 만났는데, 그분은 물론 신자이긴 했습니다만, 아무튼 그분 말씀이 자신이 전공하는 뇌의 조직을 보면 하느님을 안 믿을 수 없다고 했습니다.

그것은 그렇고, 흔히 과학자들은 자연의 물리 화학적 법칙만을 상대로 해서인지 인간의 생각, 행동 등도 그런 측면으로만 생각하는 이도 있는 것 같습니다. 마치 만유인력의 법칙에 따라 공중에 던진 돌은 반드시 떨어지기 마련이듯이, 인간의 생각이란 뇌 신경의 작용인데, 이러저러한 영향이 뇌에 미치면 이러저러한 반응, 즉 생각을 하게 된다, 반드시 이런 원인을 주면 이런 결과가 나온다, 이렇게 인간의 생각, 감정까지도 물리 화학적 반응같이 생각하고, 거기에 어떤 윤리성도 인정하지 않으려는 경향이 있는 것 같습니다. 하지만 이런 분일지라도, 학문적으로 그런 말을 할지라도, 실제로 살아가는 것은 완전히 다를 것이라고 생각합니다. 예를 들면, 그런 사람보고 누가 느닷없이 소리를 지르면서, "야, 돼먹지 않은 소리 집어치워!" 하면, 어떤 반응을 일으킬까요? 그때도 냉정하게 "아, 저 사람은 지금 이런저런 뇌파가 신경을 작용하고, 중추 신경을 움직여 목구멍과 입을 통해서 저런 소리가 나오게 되어 있다"라고 하겠습니까? 아니면, 자기도 모르게 발끈해서 "여보시오, 누구를 보고 야, 자, 하는 거요?" 하며 성을 낼까요?

저는 실험을 해 보지는 않았지만, 그럴 때 십중팔구는 성을 낼 것입니다. 그리고 그 모욕을 준 사람을 인간으로서 돼먹지 않았다고 생각할 것입니다. 자기도 모르게 상대방의 말과 행동에 윤리적인 판단을 내릴 것입니다. 그러면 어떻게 그러한 판단을 내릴 수 있습니까? 어떤 기준이 있다는 것을 전제하지 않고서는 할 수 없습니다. 즉 그에게도 나에게도 통하는 보편적 윤리 규범이 있다는 것이 전제되어야 합니다. 제가 이런 말을 하는 것은 인간에게는 인간으로서 따라야 할 윤리 법칙, 도리가 있다는 것을 과학자도, 유물론자도 내심으로는 전제로 하고 있다는 것을 지적하기 위해서입니다. 유물론자들이 신을 부인하고, 따라서 인간에게 천부적 윤리법이 있다는 것을 부인해도, 그들 역시 자신을 모욕하거나 아무 잘못이 없는데도 때리는 사람에게는 "이럴 수가 있는가? 나쁜 놈!" 하고 대들 것입니다.

그렇다면, 여기서 우리가 보듯이 인간에게는 돌이 만유인력에 의해 떨어지는 것과 같은 자연법칙 내지 물리 화학적 법칙 외에 옳고 그른 것을 판가름하는 윤리적 법칙이 있습니다. 이것은 무엇입니까? 누가 이 법을 만들었습니까? 그리고 이 법은 인간의 역사처럼 오래되었으면서도 단순히 전통이나 관습이 아니고, 지금도 마음속에 살아 있습니다.

어떤 분은 혹시 그것이 인간의 본능이라고 생각하실지 모르겠습니다. 예를 들면, 식욕, 성욕, 생명욕 같은 본능과 같이 말입니다. 이 중에서도 가장 강한 본능은 자기 생명 보전에 대한 욕망일 것입니다. 그래서 우리는 이것을 지키기 위해 위험한 곳에 뛰어드는 것을 싫어합니다. 그런데 누가 물에 빠져서 나보고 살려 달라고 소리를 칩니다. 우리는 한편 도와주어야겠다는 충동이 일면서도 이와 동시에 그 물속에 뛰어들었다가 내가 빠지면 어떻게 하나 하는 본능에 사로잡힐 것입니다. 둘 다 어떤 본능이지요. 살려 주고 싶은 본능, 안전하고 싶은 본능. 이때 우리는 이 두 본능적 충동 사이에서 잠시나마 갈등을 겪습니다. 그런데 그때 결심해서 위험을 무릅쓰고 물에 뛰어든다면, 윤리적 도리를 따른 결단을 내린 것입니다. 이것은 단순히 도와주어야겠다는 충동만이 아니고, 그 충동을 잠시 숙고한 끝에 그것을 따라야 한다는 의지의 결단, 즉 인간 도리를 따른 것입니다. 이 도리는 도와주어야겠다는 충동도 아니고, 더구나 안전하고 싶은 본능도 아니며, 제3의 무엇입니다. 이 제3의 무엇은 본능이 아니고, 오히려 본능을 조절하고 선(善)으로 인도해 주는 것입니다.

지난 2월인가요? 미국 워싱턴 D.C.에서 비행기 추락 사고가 있었지요. 그때 비행기는 포토맥(Potomac) 강 다리에 부딪쳐서 강에 떨어졌는데, 동체는 그대로 물속에 들어가고, 꼬리 부분에 탔던 여섯 사람이 밖으로 나와서 살려 달라고 했습니다. 그 즉시 근처에 있던 경찰 헬리콥터가 날아가서 구조 작업을 하는데, 한 50대 남자가 헬리콥터에서 내려 주는 구명줄을 매번 받아서 남을 주고, 받아서는 남을 주고 했답니다. 그리고 맨 마지막으로 그를 구하려고 헬리콥터가 돌아갔을 때 그 사람은 너무나 기진맥진했는지 물에 빠져 사라지고 없었다고 합니다. 그 당시 헬리콥터에 탔던 두 경찰관들은 "우리는 그런 구조 작업을 한 일이 많은데, 위험을 무릅쓰고 남을 구하는 용감한 사람이 있는 것을 자주 보긴 했지만, 이 사람만큼 헌신적인 사람은 보지 못하였다"라고 술회하면서 그를 구하지 못한 것을 못내 아쉬워했습니다. 자신보다 남을 구한다는 것은 이 사람의 경우 분명히 본능이 아닙니다. 본능적으로는 자기도 살고 싶었을 것입니다. 그런데도 매번 남에게 구명 줄을 양보했다는 것, 그것은 분명히 윤리적 결단입니다. 자기 양심 속에 있는 인간의 진리, 양심의 소리, 즉 참사랑의 소리를 따른 것입니다.

자기 생존의 본능은 강합니다. 여기에 비해서 위험에 빠진 사람을 구해야겠다는 다른 충동은 약합니다. 그런데 양심의 소리는 언제나 이 약한 편을 들라고 우리에게 말해 주고 있습니다. 약한 것을 따르기는 힘듭니다. 하지만 그럼에도 불구하고 그것을 따를 때 가치가 있습니다. 그리하여 인간의 윤리 행위는 언제나 빛나고 아름답습니다. 인간이 만일 강한 본능 쪽만을 따르면, 인간은 비윤리적 존재인 개나 돼지가 될 것이고, 게다가 지적인 존재이기에 지능까지 악하게 쓰면 악마가 될 것입니다.

이렇게까지 심각한 경우가 아니라도 우리는 일상생활 가운데 사소한 일에서도 인간에게는 인간답게 살아야 할 도리가 확실히 있다는 것을 의식, 무의식중에 알고 있습니다. 예를 들면, 아침저녁 붐비는 버스 속에서 사람들이 서로 발을 밟기는 예사일 것입니다. 이때 너무 붐벼서 본의 아니게 누가 내 발을 밟은 것은 어쩔 수 없다고 생각할 것입니다. 그런데 멀쩡하게 눈 뜬 사람이 붐비지도 않는 차 안에서 고의로 내 발을 밟았을 때에는 이것을 우리는 옳다고 할 수는 없습니다. 설령 앞의 경우에는 내가 몹시 아팠고, 뒤의 경우에는 별로 아프지 않았다 하더라도 우리는 뒤의 경우를 분명히 도리에 어긋난다고 생각할 것입니다.

우리는 왜 이 두 경우, 같은 행동인데 하나에는 윤리적 판단을 내리지 않으면서, 다른 경우에는 윤리적 판단을 내립니까? 또 그 판단은 무엇을 기준으로 해서 내립니까? 나라에서 정한 법입니까? 아닙니다. 법 이전에 무언지 모르지만 인간에게는 인간다움의 도리가 있다는 것을 우리 모두 의식, 무의식중에도 인정하고 있기 때문입니다. 또한 예를 들면, 어느 시대이고, 어느 사회이고, 이기주의자가 존경을 받은 때는 없습니다. 이기주의자가 나라 법을 아무것도 거스르지 않고, 이른바 선량한 시민으로서 살고 있다 하더라도, 우리는 그런 사람이 아무리 부자고 권력자이고 세도가라 해도 존경하지 않습니다. 이와 같이 신의를 지키지 않는 사람, 배신자를 존경하지 않습니다. 심지어 나에게는 오히려 이익을 주었다 해도 우리는 마음속으로 그를 존경하지 않습니다. 예컨대, 전쟁 중 적군 한 명이 포로가 되었습니다. 포로가 된 후, 살려 줄 테니 군사 기밀을 다 제공하라고 협박을 했더니, 그는 목숨을 건지기 위해 자기 나라 군사 기밀을 다 털어놓았고, 그 덕으로 우리 편이 전쟁에 이겼다고 합시다. 우리는 그의 덕을 입었건만 그를 인간으로 존경하지는 않을 것입니다. 왜 그렇습니까? 또 우리는 무엇 때문에 이기주의자를 존경하지 않습니까? 그가 그 때문에 나에게 해를 끼친 일은 하나도 없는데도, 나라 법을 어긴 것도 없는데도 왜 존경하지 않습니까? 결국 사람의 도리에 어긋나기 때문입니다. 또 하나 이런 도리가 있다는 것을 쉽게 이해하는 경우를 볼 수 있습니다. 내가 누구에게 무엇을 해 주기로 약속을 했습니다. 그런데 그만 깜박 잊고 지키지 못했습니다. 그러면 우리는 미안해서 변명을 합니다. 왜일까요? 약속한 것은 지켜야 하는 것이 도리인데, 지키지 않았으니 변명하지요. 이런 변명은 곧 약속은 지켜야 하는 것이 옳고, 지키지 않으면 옳지 못하다는 도리가 있다는 것을 증명합니다.

제가 이렇게 여러 가지로 이야기하는 것은 인간에게는 재물이나 권력, 향락과 같은 가치가 아니라, 인간 본연의 도리, 인간이 보다 인간답게 살기 위해서는 따라야 할 길이 있다는 것을 말하기 위해서입니다. 이것은 또한 인간의 본능과도 다르고, 자연법칙과도 다르며, 인간의 자유의사로서 취할 수도 있고 취하지 않을 수도 있지만, 그리고 그것을 취하고 따르는 것이 자기 극복이라는 어려움까지도 수반하지만, 그래도 이것을 결연히 따르고 또 꾸준히 그 옳은 것을 찾아갈 때 인간은 참으로 인간다워진다는 것입니다. 그리고 이것은 우리 인간이 후천적으로 창안해 낸 것도 아니요, 교육이나 관습으로 얻어진 것도 아니며, 천부적으로 주어진 것, 곧 하느님이 우리 마음속에 당신의 법으로 주신 것이라는 것을 말씀드리는 것입니다. 이것을 물론 우리는 가정에서, 학교에서 배워서 아는 수도 있습니다. 그러나 배워서 안다고 해서 후천적인 것이라고 말할 수는 없습니다. 예를 들면, 구구단은 배워서 압니다. 그렇다고 구구단의 원칙이 후천적인 것이라고 할 수 없고, 그것은 본래부터 있는 수학적 진리입니다. 이와 같이 인간의 도리도 배워야 하지만, 도리 자체는 본래부터 있는 진리입니다.

이제까지의 이야기에서 보듯이 우리가 흔히 말하는 진리, 정의, 사랑(이웃 사랑) 이것은 참으로 인간이 인간다워지기 위해서 하느님이 우리에게 주신 인간의 도리, 도덕과 윤리 규범입니다. 그뿐만 아니라 하느님은 바로 진리, 정의, 사랑 자체이시고 바로 그 규범이십니다. 우리는 그분을 따르고 그분을 먹고 살아야 합니다. 하느님은 오늘 우리에게도 아담에게와 같이 이 규범을 두고서 "너는, 어디 있느냐?"라고 물으십니다. 이미 앞에서 말씀드린 대로 하느님이 이렇게 물으시는 것은 단지 문책만이 아니고, 우리가 스스로를 살펴보고 당신에게 돌아서서 구원을 얻도록 하기 위해서입니다.

● 인천 청소년 신앙 대회, 1982. 6. 11.

새로운 삶의 지평선

저는 이민 생활의 어려움을 겪고 있는 여러분에게, 특히 지난 4·29 폭동 사태로 가진 것을 다 잃어 말할 수 없이 큰 고통 속에 놓인 여러분에게 이번 방문 기회를 통하여, 특히 오늘 이 시간을 통하여 무언가를 드리고 싶습니다.

저는 제가 여러분에게 무엇을 드릴 수 있을지 생각해 보았습니다. 여러분들에게 필요한 것은 무엇입니까? 많은 분들에게 당장 필요한 것은 돈일지 모르겠습니다. 그러나 제게는 그것이 없습니다. 저는 이 대목에서 사도행전 3장에 나오는 이야기가 생각났습니다. 그것은 사도 베드로와 요한이 성전에 기도하러 올라가다가 길에서 구걸을 하는 앉은뱅이를 만나 예수 그리스도의 이름으로 그를 일으켜 세운 일화입니다. 그때 베드로는 구걸하는 그에게 "우리를 보시오" 하고 말했습니다. 앉은뱅이는 무엇을 주려니 하고 두 사도를 쳐다보았습니다. 그러자 베드로는 "나는 돈이 없습니다. 그러나 내가 줄 수 있는 것은 이것입니다. 나자렛 예수 그리스도의 이름으로 걸어가시오" 하며 그의 오른손을 잡아 일으켰습니다. 그러자 그 앉은뱅이는 당장에 다리와 발목에 힘을 얻어 벌떡 일어나 걷기 시작하였습니다.

저도 오늘 여러분에게 이 말씀을 드리고 싶습니다. 왜냐하면 많은 분들이 지난 사태, 그다음에는 지진 등 안팎으로 겪는 시련으로 말미암아 실의에 빠져 있지 않나 염려되기 때문입니다. 앉은뱅이처럼 주저앉아 있기 때문입니다. 이런 분을 일으켜 세우는 데는 돈도 필요할 것입니다. 그러나 제게는 그것이 없습니다. 그뿐만 아니라 제가 보기에는 근본적으로 더 필요한 것은 마음의 용기입니다. 시련을 극복하는 의지입니다. 그런데 누가 이것을 줄 수 있습니까? 제가 말을 잘해서 이것을 줄 수 있습니까? 아닙니다. 우리에게 참된 의미의 힘을 주실 분은 예수님이십니다.

복음을 보면 예수님은 참으로 생명의 주님이십니다. 그분과 만난 사람은 누구나 치유되었습니다. 앉은뱅이는 일어서고, 눈먼 이는 눈을 뜨고, 나환자는 깨끗해지고, 죽은 사람은 다시 살아났습니다. 그분은 "나는 부활이요, 생명이다", "나는 세상의 빛이다. 나를 믿는 사람은 결코 어둠에 빠지지 않는다", "목마른 사람은 다 나에게 와서 마셔라. 나를 믿는 사람은 그 속에서 샘솟는 물이 강물처럼 흘러 나올 것이다"라고 하셨습니다. 예수님과 만나면 어떤 처지에 있는지 절망에 빠진 사람은 다 구원됩니다. 영적으로 죽은 사람, 살인강도의 극악 대죄인일지라도 죄 사함의 은총을 입어 새 사람이 됩니다.

저는 가끔 서울 구치소에 가서 사형수들에게 견진 성사를 줍니다. 지난 6월에는 사형수 세 명에게 세례 성사에 이어 견진 성사를 주었습니다. 그 세 사람은 다 인간적으로, 또 사회적으로 볼 때에는 용서할 수 없는 살인죄를 범한 사람들입니다. 한 명은 방탕한 생활을 하는 자신을 꾸짖는 어머니를 목 졸라 죽이고, 이것을 안 누이동생이 식칼을 들고 대들자 그 칼을 빼앗아 그 동생까지 죽여 자기 집 마당에 암매장한 사람입니다. 다른 한 명은, 여러분도 신문에서 보셨는지 모르지만, 의정부에서 자신과 가족을 괴롭히는 이웃을 권총으로 쏘아 죽인 경찰관입니다. 나머지 한 사람은 고아로, 시각 장애자로 불우하게 자란 젊은이가 세상을 비관한 나머지 혼자 죽기 아쉽다며 여의도 광장으로 차를 몰아 두 사람을 죽이고 여러 사람을 다치게 한 사람이었습니다. 세 사람 다 사회적으로 볼 때는 용서할 수 없는 죄를 범하였습니다. 그 자신들도 인간으로 살 수 있는 길이 완전히 끊겨 절망에 빠져 있었습니다.

그런 그들에게 인생의 의미를 다시 찾을 수 있는 새로운 삶의 길이 열렸습니다. 비록 세상에서는 사형수로 단죄를 받았고 희망도 없지만 영적으로는 죄 사함을 받고 새사람이 되어 구원될 것입니다.

● 1992. 8. 30. 미국 LA

제5장

인정을 그리워하며

인정을 그리워하며

삶의 가치와 의미의 뿌리
고독과 소외
인정을 그리워하며
이대로 계속될 수는 없다
그만큼 우리는 아무것도 아니다
로마 여행을 마치고
하느님은 우리에게 시간을 주셨다
나는 지금 왠지 모르게
큰 밤이 될 것이고
빛이 되는 사람들
죽음 준비
눈물의 은사

삶의 가치와 의미의 뿌리

또다시 한 해가 가고 새해가 왔다. 지난 일 년의 정리도 채 못했고 새해에 대한 뚜렷한 구상도 없는데, 세월은 이렇게 눈 깜짝할 새에 흘러가고 만다.

대기권 밖으로 인공위성을 쏘아 올려 '랑데부'에 성공시킨 과학의 힘도 지나가는 세월을 묶어 두지는 못하는 모양이다. 신의 죽음을 선언하고 인간 자율의 절대성을 선포한 지가 언제 일인가? 그런데도 인간은 아직 이 시간의 구속에서 벗어나지 못하고 있다.

도시 어느 제왕의 권세가 "태양아, 걸음을 멈춰라", "달아, 섰거라"라고 명령할 수 있겠는가? 하기야 세월이 흐르지 않고 제자리걸음을 한다해도 어쩌면 그 이상의 고역이 없을는지 모르겠다.

지난 일 년만 해도 그렇다. 연중행사같이 치르는 가뭄과 홍수, 춘궁(春窮)은 차치하고라도, 이 나라 이 사회에 만연한 부정부패, 정쟁과 파쟁,

그것 때문에 필요 이상으로 겪어야 하는 사회 혼란과 시련을 계속 감내하고 싶다고 생각한 이는 아무도 없었을 것이다.

또 사실 많은 문제는 시간이 해결해 주고 있으니 말이다.

그렇더라도 세월이 이같이 일분일초의 에누리도 없이 흘러가고 마는 데에는 어쩐지 기쁨보다는 허전함이 앞서고, 그 공허감은 해가 바뀌면서 더욱 절박해진다.

무엇보다 인간의 무력함과 시공의 제약성을 절감하지 않을 수 없다. 현대적 허무주의, 무신론자들의 주장대로 이것이 인간 실존의 전부라면, 사실 인생이란 너무나 덧없고 삶이란 실로 무의미하다 아니할 수 없다. 가난과 온갖 고통 중에 애써 살 필요가 있겠는가 싶고, 참되고 귀한 것은 어디에도 없을 것만 같다. 선악의 구별이 무슨 의미가 있으며 사랑을 주고받음이 무슨 의미가 있겠는가? 인생 전부가 허무이고 남는 것은 절망뿐이지 않겠는가?

그러나 이것은 신의 존재도, 불멸의 영혼도 부정했을 때의 말이다. 영원한 생명 자체인 신과 인간 안에 불멸의 영혼이 있음을 긍정할 때에는 인생관은 전혀 달라진다. 인생 전부가 의미를 갖게 된다. 과연 인생은, 현세 인생은 짧다. 시공에 제약되어 있다. 그러나 인생은 결코 허무한 것이 아니다. 하느님의 모습을 따라 만들어진 인간이요, 불멸의 영혼을 가진 인간이기 때문이다.

누구보다도 이 같은 인생의 가치를 가르쳐 준 이가 그리스도시다. 그분은 인간의 가치를 온 세상 위에 드높여 주셨다. 인간을 구하시기 위해 그분은 하느님이시면서도 인성을 취하여 현세에 강생하셨고, 인간을 위해 돌아가셨다. 니체의 말과는 다른 뜻으로 인간을 위해 신은 죽었다. 신이 죽음을 사양하지 않을 만큼 인간의 가치가 큰 것임을 증명하였다.

그리하여 부활하심으로써 인간의 모든 삶을, 그 실존 자체를 의미로 가득 채워 주셨다. 파스칼의 말대로, 그리스도를 통하여 인간의 고통과 죽음마저도 가치와 의미를 갖게 되었다. 새해 아침에 우리는 세월의 무상함과 인간의 무력만을 느끼고 있을 것이 아니다. 오히려 우리는 그 느낌에서 인간의 삶과 존재 전부가 조물주이신 신에 완전히 의존해 있음을, 그리스도만이 우리의 길이요, 진리요, 생명이심을 더욱 깊이 깨달아야 한다. 그리고 새해의 인생 설계도를 이 인식과 신앙 안에 세워야 한다.

극히 기본적인 이야기 같고 신자라면 누구나 다 알고 있는 사실 같지만, 실은 이 기본 진리를 우리가 다시 한번 숙고하는 것이 해를 바꾸는 이 시간에 무엇보다도 필요할 것 같다. 왜냐하면 이 기본 진리 안에서, 비록 현세 인생이 가난과 고난으로 가득 차 있더라도, 우리는 삶의 희망과 빛을 다시 찾을 수 있기 때문이다.

바야흐로 때는 1966년, 오늘부터 특별 기도 성년이 시작된다. 이 기도 성년 중에 우리가 특별히 기원하고 실천해야 할 일은 다른 것이 아니다. 말로만의 신앙이 아니라 생활로써 하느님 안에 살고, 그리스도를 통하여 스스로를 성화시키며, 사회를 정화해 가는 것이다. 이것이 제2차 바티칸 공의회가 의도한 목적 전부였다 해도 과언이 아니다. 그러므로 우리는, 이 아침에 무엇보다도 앞서, 올해에는 참되이 그리스도 안에 살게 되기를 기원해 마지않는다. 이와 동시에 우리의 생활과 성교회 전체가 내적으로 쇄신되고, 드디어는 만민이 그리스도에게 귀일하게 되기를 기원해 마지않는다.

병오년은 을사년과는 달리 그리스도를 중심으로 하는 해가 되게 하자! 그분의 사랑의 복음으로, 이 나라 이 사회를 내적으로 구원해 가는 해가 되게 하자!

● 「가톨릭 시보」 연두사, 1966. 1. 1.

고독과 소외

오늘날 우리는 메시아를 기다리고 있다. 나를 이 불안과 고독에서 구해 주시고, 우리가 살고 있는 이 사회를 불의와 부정에서 해방시켜 정의와 평화가 다스리는 밝은 사회를 만들어 주실 해방자를 기다리고 있다.

그런데 구세주는 어디서 오시는가?

탈무드에 나오는 어느 이야기에서 랍비가 엘리야에게 "메시아를 어디서 만날 수 있는가?" 하고 물었다. 엘리야가 대답하기를, 남과 똑같이 상처를 입었지만 언제나 남을 도울 수 있는 마음의 준비가 되어 있는 그가 바로 메시아라고 하였다.

예수님이 우리의 구세주이심을 어디서 알 수 있는가? 그분의 인간성이다. 우리와 같이 나약한 인간성을 취하시고, 수난하시고 돌아가신 데 있다.

그분의 상처가 우리 구원의 원천이다. 이렇게 예수님처럼 구원과 해방을 선포해야 할 사명을 지닌 우리들도 약한 인간으로서 남들처럼 상처가 있다.

그러면서 우리는 자신의 상처뿐만 아니라 남의 상처를 돌보아 줄 소명, 곧 부르심을 받았다. 그리고 우리 자신의 상처가 남을 고치고 해방시키는 힘의 원천이 된다.

우리는 어떤 상처를 가졌는가?

고독과 소외

"나는 혼자야. 아, 나를 이해해 주는 사람은 아무도 없구나. 외롭다."

외롭고 고독하다는 것은 모든 인간이 지닌 병이다. 아주 실재적인 병이다. 그래서 특별히 희생적으로 그리스도교적인 사랑을 실천하는 자매들인 'AFI'라는 것을 필요로 하는지도 모른다.

여자가 혼자 산다는 것은 청승맞고, 누가 인정해 주는 것도 아니다. 이해도 부족하다. 수녀도 아니고 정체성이 무엇인지 잘 모르는 상태다.

고독의 현상은, 인간 소외 현상이 심한 현대에서 더욱 심각하다. 모두가 뼈저리게 느끼는 것 같다. 그래서 그것을 극복해 보려고 온갖 시도를 해 본다. 모임, 대화, 그룹 토의, 상담, 정신과 치료, 공동체 묵상회 등등……. 공동체 의식을 가질 수 있도록 전례에서도 이것을 강조하기도 한다.

고독에서의 도피. 고독의 장벽을 넘어 보려고 안간힘을 쓴다. 그런데 고독을 극복하지 못하는 것 같다. 우리가 고독을 생각하면 할수록 고독의 심연은 더욱 깊어지는 것 같다. 그랜드 캐년보다 더 넓고 깊게 패어 있고, 바다의 깊이보다도 더 깊은 것 같다.

무엇으로 이 공동(空洞)을 채울 수 있는가?

그런데 그리스도인 생활, 신앙생활은 우리가 고독을 도피하거나 제거하는 데 있지 않다. 그것을 오히려 값진 선물로 받아들이고, 아름답게 가꾸는 데에 있다. 왜냐하면 그것이야말로 인간의 유한성을 절감케 하면서 그것을 초월하여 전 우주, 아니 그 이상의 절대적 존재를 향해 눈을 뜨게 하는 곳이요, 무한한 은총의 그릇임을 깨닫게 하기 때문이다.

확실히 인간이 자기 마음의 한없는 공동(空洞), 곧 빈집을 들여다본다는 것은 우리를 기막히게 슬프게 만들기도 하고, 그 때문에 허무주익에 빠지게 하는 파괴적 요소도 있다. 그러나 이를 잘 들여다보면 아픔을 뼈저리게 느낄 때에도 거기에 어떤 약속이 주어져 있다는 것을 알 수 있다.

고독이 없다면 우리는 남과 함께 살고자 하는 정이나 사랑의 충동을 느끼지 못할 것이다. 꿈과 동경과 신비에 대한 갈망, 자기를 초월케 하는 이를 만나고자 하는 갈망을 갖지 못할 것이다. 고독이 없으면 미래도, 희망도 가질 수 없다.

우리는 고독을 피하려고 노력해 보았지만 그것을 피하지 못했다는 사실을 잊고 있다. 그것을 피하려고 만남을 가지지만, 그 후에는 더욱더 허전함을 느꼈던 경험을 누구나 해 보았을 것이다. 그것을 피하려고 한 사랑의 포옹도 결국은 나를 만족시켜 주지 못한다는 것을 알 것이다.

어떤 남자도, 어떤 여자도 고독을 면하고 싶은 우리의 간절한 원의(願意)는 만족시켜 주지 못한다. 그 밖에 일(바쁘게 사는 것), 취미, 직장, 직업도 우리의 절대적인 소망을 충족시켜 주지 못한다. 이 때문에 많은 결혼이 실패하기도 한다.

우리는 오히려 자신의 고독의 실존을 깊이 이해할 뿐 아니라, 자신의 이 고독의 아픔을 체험함으로써, 다른 이들의 고독의 아픔을 더욱 잘 이해하게 되어, 고독 속에서도 위안과 평화, 참빛을 발견케 하는 구원과 해방을 찾아낼 수 있다는 것을 알아야 한다.

대체로 고독한 이, 병든 이를 치유하는 것은 관심, 동정, 이해, 용서, 사랑이다. 그러나 이를 말하기는 쉬워도 실천은 어렵다. 어떤 이는 찾아온 손님을 거절하지 않고 따뜻하게 대해 주는 것, 즉 환대, 남을 마음으로부터 맞아 주는 것이 고통과 아픔을 치유해 주는 것이라고도 한다. 이는 따뜻한 마음, 마음속으로부터 받아 주는 것을 뜻하는 것이다.

"손님을 하느님과 같이 대하라"는 그리스도교적 전통 수도회도 있고, "그리스도는 나그네의 모습으로 내게 오신다"면서 참으로 한 사람 한 사람이 중요하며, 그 한 사람 한 사람을 예수님처럼 대접하라는 마더 데레사의 말씀도 있다.

이렇게 남을 귀한 손님으로 맞이하는 것은 우리의 좁은 마음의 문을 넓게 열어 주는 것이요, 이것은 사람과 사람의 만남, 서로 인격적으로 사람답게 만나는 인간관계, 즉 사랑의 기본 관계이다. 이를 통해서 우리의 폐쇄적인 마음은 개방적, 즉 열린 마음이 되고 시야가 넓어진다. 주는 것만이 아니라 받는 것도 많다.

그런데 이것이 정말 힘들다. 손님을 극진히 접대하는 따뜻한 마음이 참으로 구원과 치유, 해방의 힘이 되려면 무엇보다도 나 자신이 스스로의 고독과 친숙해져야 하고, 그럼으로써 마음의 평화를 가질 수 있어야 한다. 손님을 마음으로 맞이하려면 내가 내 집에서 평화를 느껴야 하며, 그래야만 손님도 내 집에서 훈훈함을 느낀다.

환대와 관심

남을 따뜻하게 맞이한다는 것은 먼저 남에 대한 관심이 있어야 한다. 그런데 우리는 우리 자신의 문제에 너무 집중해 있기 때문에 이것은 여간 힘든 일이 아니다. 그럴 때는 누구를 만나더라도 건성으로 만나거나, 자기 이야기만 늘어놓으며 그 사람에게는 관심도 보이지 않는다. 물론 그를 존중하거나 그의 이야기를 들으려고도 하지 않는다.

어떻게 하면 남을 위해서 내 마음의 여유를 둘 수 있는가?

내가 후퇴해야 한다.

"하느님은 저지하시고, 아니 계신 데 없이 다 계신다. 우주를 당신으로 충만케 하고 계시다. 그러면 하느님이 보여야 할 터인데, 그렇지 않고 피조물만이 보이고 존재한다. 왜 그런가? 그것은 하느님이 물러서 계시기 때문이다."

우리는 힘들다. 이 후퇴, 자기 속으로 물러서는 것이 힘들다. 그것은 자신의 고독과 대면하는 것이다. 그러나 깊이 생각해 보면, 자기의 비참함과 함께 존재의 신비를 알 수 있다. 내가 존재한다는 것이, 곧 사랑받고 있다는 것임을 말이다.

하느님은 물론이요 사람들이 아직 나를 용납하고 있다는 것이 얼마나 고마운 일인가. 내가 가진 것 중에 본시 내 것이라곤 아무것도 없다. 다 받은 것이요 선물이다. 그러니까 남에게도 줄 수 있다. 이 얼마나 고마운 일인가.

이럴 때 찾아온 손님도 내 안에서 그 자신을 보게 된다. 그래서 함께 나눈다. 공동체를 형성한다. 그 안에 자유가 있다. 그러면 메시아는 내일이 아니라 오늘 오신다. 다른 곳이 아니라 바로 내 안에, 여기 이 자리에 오신다. 내 고독한 마음속에 오신다.

"네가 만일 그의 소리를 오늘 듣게 되면 너의 마음을 무디게 가지지 말라"(시편 95,8-9 참조).

● 1972

인정을 그리워하며

도심의 가을밤에는 귀뚜라미 소리는 없습니다. 하지만 역시 고적(孤寂)합니다.

옛 벗이 그리워지고, 그와 함께 이 울적한 마음을 정디운 이야기로 달래고 싶어집니다. 지나간 인생을 말하고 현재와 미래의 위로를 구하고 싶어집니다.

하지만 나에게는 그런 벗이 없습니다. 그만큼 내 생은 고독한가 봅니다.

사랑하는 사람이 없어서가 아닙니다. 정든 친구들이 없어서도 아닙니다. 지금의 내 형편이, 내 마음은 그렇지 않지만, 결과적으로는 그 모든 이들을 내게서 떠나가게 했습니다. 자의 반 타의 반이겠습니다.

지금은 모든 이를 사랑하고 모든 이를 위해 바쳐야 할 운명에, 하느님의 부르심에 순명하며 살아야 합니다. 나 개인을 위한 사랑이나 위로는 찾지 말아야 하고, 찾아도 얻기 힘들게 되었습니다.

나는 본시 인간을 사랑합니다. 나는 어릴 때부터 인정을 무척 그리워했습니다. 지금도 이 마음에는 변함이 없습니다.
어떤 이는 나를 피상적으로만 알고 감상 같은 것은 아예 상상도 할 수 없는 무뚝뚝한 성품으로 판단합니다.
그런데 웬걸요. 제겐 소녀와 같은 감상이 지금도 너무나 많습니다. 영화관에서 슬픈 장면을 보면 나도 모르게 눈시울이 뜨거워지니까요.

● '사랑과 감상', 1977

이대로 계속될 수는 없다

경화 정치(硬化政治), 재력 정치가 언제까지 계속될 것인가?

절대로 무한정 계속될 수는 없다.

왜냐하면 진리·정의·자유는 모든 인간의 근원적 염원이요, 그것은 하느님의 모습으로 태어난 인간 본성이기 때문이다.

인간은 모든 억압에서 완전히 해방되기를 본성적으로 희구하고, 영원하고도 무한한 생명을, 행복을 갈구한다.

그 때문에 지금은 속수무책으로 가만히 있는 것 같고, 또 때로는 체념에 빠지는 사람도 많지만, 언젠가는 어둠을 뚫고 나가려고 몸부림치게 될 것이다.

●1978

그만큼 우리는 아무것도 아니다

새해는 임술년이고 내 나이 만 육십이 되는 해이다. '인생 육십'이라는 말대로 나는 살 만큼 살았고, 이젠 언제 가도 좋은 나이다. 내 인생을 돌아볼 때 값진 육십 년이냐 하면, 그렇지 못하다는 후회가 너무나 크다. 흉작의 들판같이 황량하다.

왜 그런가? 내가 나를 비우며 살지 않았기 때문이다. 하느님과 이웃 사랑을 위해, 하느님의 진리와 정의를 위해 말로만이 아니라 몸과 마음을 바쳐 살았더라면, 나 자신을 비워서 그분의 빛과 생명이 나를 가득 채우게 했더라면 이렇게까지 후회스럽지는 않을 것이다.

어떤 이는 이런 나의 독백을 지나친 자기 비하(自己卑下)요, 겸손을 가장한 위선이라고 생각할지 모르겠다. 하지만 나는 결코 사도 바오로처럼 최선을 다해 살았고 달릴 길을 다 달렸다고 말할 수 없다. 나는 오히려 "내 죄를 알고 있사오며 내 죄 항상 내 앞에 있사옵니다"(시편 50)라고 말할 수밖에 없다.

  지금 죽는다면 하느님의 자비만이 나에게 유일한 위로요 힘일 것이다. 몇 해를 더 산다 해도 역시 같을 것이다. 하지만 육십 인생을 돌아보면서 이제부터는 보다 진실하게 살아 보겠다는 다짐을 하게 된다.

  무엇보다 그리스도를 더 알고 더 사랑하고 따르며 살아야겠다고 마음을 더욱 굳히게 된다.

  그래서 나의 인생 후배기도 한 신학생 여러분에게 같은 것을 권하고 싶다. 세상은 우리를 바라보고 있다. 우리에게 빛이 되어 줄 것을 소망하고 있다.

  그러나 우리 스스로 무슨 빛이 될 수 있겠는가? 빛을 가리는 어둠이 되지 않는다면 그나마 다행이나. 그만큼 우리는 주님 없이는 아무것도 아니다. 우리는 그리스도로 가득 차고 그분의 투명체가 될 때 비로소 빛이 되고, 소금이 되고, 세상에 구원의 기쁜 소식을 전할 수 있다.

  그러기 위해서 우리는 끊임없이 자신을 비워야 한다. 자립·자주정신은 좋다. 그래야만 사람은 성숙해진다. 그것은 자기 고집이 아니다. 오히려 이와 반대로, 자유의사로써 시련과 난관을 이겨 내고 자아를 이기며, 남을 향해 마음의 문을 열고 남을 사랑하며 받아들일 줄 아는 것이 참된 의미의 자립이요 자주이다.

  우리가 만일 자아를 잃지 않겠다고 몸부림친다고 하자. 그러면 우리는 폐쇄적인 인간이 되고 말 것이다. 우리의 마음은 메마르고 돌과 같이 굳어진다. 결국 그것은 우리 자신을 죽이는 것이다.

  일찍이 예수님은 누구든지 자기 생명을 얻고자 하는 사람은 잃을 것이요, 잃는 자는 얻는다고 하셨다. 자신을 비우면 비울수록, 다시 말해, 이웃에 대한 사랑으로 헌신적인 인간이 되면 될수록 우리 자신을 내적으로 풍요롭게 만드는 것이다.

  이제 새해에는 그리스도를 본받아서 진리를 위해 몸바치는 사람이 되어 보자! 참으로 이웃을 사랑할 줄 아는 사람이 되어 보자! 우리의 행복은 여기에 있다.

●「가톨릭 대학보」, 1982. 1. 30.

로마 여행을 마치고

나의 영혼이 몹시 병들어 있다. 어제 로마 여행에서 돌아오자마자 신학교 문제, 복자 수도회 문제 등 여러 어려운 이야기만 들으니 머리가 아파 왔다. 너는 결코 이 교구의 본주교가 아니며, 본주교는 예수님이시라는 생각이 들었다. 그분께서 문제를 주셨으니 해결도 해 주실 것이다. 물론 나도 최선을 다해야 한다. 나는 그분의 진리와 선과 사랑의 도구가 되도록 해야 한다. 저녁에는 성덕(聖德)으로 나아가야 한다고 다시금 다짐했다. 기도 생활이 이렇게 해이해져서는 안 된다. 나는 진정 매일 죽어야 한다. 그리스도와 함께 매일 죽어야 한다. 이것을 결심하고 실천하면 문제는 아주 단순하다. 성덕으로 나아가자. 교황님도 지난 5월 우리 주교들에게 이것을 강조하셨다.

● 1984. 10. 24.

하느님은 우리에게 시간을 주셨다

하느님은 우리에게 시간을 주셨다. 가장 값진 것으로 이 시간을 가득히 채우라고 거저 주셨다. 그런데 무엇이 가장 값진 것인가? 사랑이다. 하느님을 온전한 마음과 온전한 정신과 온전한 힘으로 사랑하고, 이웃을 내 몸같이 사랑하는 것이 가장 값진 것이다.

하느님은 우리에게 시간을 주셨다. 사랑으로 이 시간을 가득 채우라고 주셨다.

● 1985. 5. 12.

이 시간까지 한숨도 자지 못했다. 수면제도 듣지 않는다. 기(氣) 치료의 과민 현상인가? 오늘 하루 여러 가지 일들이 걱정이다. 하지만 기다려 볼 수밖에 없다. 성령께서 나와 함께 계심을 믿자. 그분이 나를 도와주실 것이다.

● 1985. 5. 13. 새벽 4시 지나서

나는 지금 왠지 모르게

나는 지금 왠지 모르게 불안하고 답답하다. 신학교 문제가 가장 큰 근심거리이다. 허나 지금의 불안은 그것 때문만이 아니고, 나의 영혼 상태가 어둡기 때문일 것이다.

하느님 말고 다른 위로가 어디 있으며, 하느님 말고 다른 평화가 어디 있겠는가. 그분은 참으로 나의 기쁨이시고 힘이시고 빛이시다. 하느님이 내 안에, 내 곁에 계시고 나와 함께 계심을, 내 존재의 중심에 계심을 굳게 믿어야 한다.

● 1985. 7. 4.

큰 밤이 될 것이고

"큰 밤이 될 것이고, 그러면 우리는 사랑에 대한 질문을 받게 될 것이다." 이것은 6부작에서 아퀼라(aquila) - 켑(유다인) 청년에게 그가 로마에 처음 왔을 때 한 말이고, 또 켑과 그의 아내(로마인)가 예루살렘으로 가는 배 안에서 한 말이다.

우리의 현실은 밤과 같은 어두운 세상……. 진리도, 정의도 없다. 어디로 가야 할지, 어떻게 살아야 할지 모르는 세상 속에서 참으로 사랑할 줄 알아야 한다. 그때 성당은 그 어두움을 밝히는 빛이 된다.

● 1986. 12. 25.

빛이 되는 사람들

옥에 갇힌 사람, 병고에 신음하는 사람에게 인간다운 삶의 길, 희망과 광명을 줄 수 있는가? 실의에 빠져 죽어 가는 많은 사람들에게 우리는 무잇으로 소생의 힘을 줄 수 있는가?

우리의 믿음이 그것을 가능케 할 것인가?

경제가 발전하면 그것이 가능할 것인가?

교회를 많이 세우면 가능할 것인가?

여기서 한 가지는 분명하다고 본다. 우리 가운데 누구든 그리스도를 완전히 현존시킬 수 있는 사람이 있다면 그것은 가능하다고 믿는다. 왜냐하면 그분은 바로 인간이 갈망하는 빛이요 희망이며, 길이요 진리요 생명이기 때문이다.

그리스도는 부활이다. 그러므로 우리의 과제는 어떻게 하면 오늘의 세상 속에 그리스도를 현존시키느냐에 있다. 우리가 그리스도와 명실공히 일치되어 있을 때, 우리는 그리스도를 현존시킬 수 있다.

우리는 물론 빛 자체는 아니다. 그러나 우리 안에 사시는 그리스도는 빛이다, 길이다, 진리다, 생명이다. 그런데 우리는 어떻게 이 그리스도와 일치하고 결합할 수 있는가? 복음을 읽기만 하면 가능한가?
아니다. 읽고, 묵상하고, 기도하고, 그 기도를 생활화함으로써 가능하다. 복음의 요구, 바로 그리스도가 바라는 대로 삶으로써 가능하다.
그러려면 우리는 복음을 전폭적으로 받아들일 수 있도록 마음이 가난해져야 한다. 그리스도를 그대로 받아들일 수 있을 만큼 우리의 마음을 비워야 한다. 온갖 이기적인 요소를 제거해야 한다. 재산에 대한 욕망, 명예에 대한 욕망, 권력에 대한 욕망 등을 일체 버려야 한다. 자아를 버려야 한다. 자기 생명을 아끼지 말아야 한다.

"나는 작아져야 하고 그분은 커지셔야 한다"라고 말한 빛의 선지자 세례자 요한처럼 완전한 자아 포기가 있어야 한다. 우리 자신이 십자가에 못 박혀 죽어야 한다. 내 자신의 힘에 의지하지 않고, 오직 하느님의 손에 맡겨진 도구가 되어야 한다. 내 시간도 없고, 내 욕망도 없을 만큼 말이다.

그리스도는 본시 빛이셨지만, 왜 불멸의 빛이 되셨는가?
십자가가 있었기 때문이다.

헬렌 켈러가 왜 시각 장애인들에게 빛이 되었는가?
자신의 어둠과 싸워 이겼기 때문이다.
간디가 왜 빛이 되었는가?
어떤 환경에서도 폭력에 의지하지 않고 진리를 추구했기 때문이다.
왜 순교자들이 빛이 되어 있는가?
신앙을 위해 목숨을 바쳤기 때문이다.

어둠과 싸워 이긴 사람만이 빛이 될 수 있다.
진리를 위해 생명을 내던진 사람만이 빛이 될 수 있다.
평화를 위해 목숨을 바친 사람만이 빛이 될 수 있다.
사랑을 위해 자신을 완전히 내던신 사람만이 빛이 될 수 있다.

● 사회 정의 관련 메모, 1990

죽음 준비

　　　　　　　｜ 죽음을 생각할 때 어쩔 수 없이 느끼는 것
은 두려움이다. 나는 가끔 죽음과 마주 서 있는 환자를 방문하게 된다. 그
들이 말할 수 없이 큰 고통과 죽음에 대한 두려움을 내게 호소할 때면 나
는 그것이 미구에 나의 것이 되리라는 생각이 들면서 어떻게 대처하면
좋을지 당황하게 된다. 거기다 한생을 살아오면서 이래저래 지은 죄도
많은지라 하느님의 심판 대전에 나서기란 참으로 두렵고 떨리지 않을 수
없다. 되도록이면 편안한 마음으로 고통스럽지 않게 죽을 수 있다면 얼
마나 좋겠는가 하고 생각하지만 내 마음대로 되는 것이 아니니…….

　지난달에는 나의 가장 오랜 친구가 죽었다. 비교적 건강한 편이었던
그 친구는 잠시 앓다가, 가기 전날까지 맑은 정신으로 주변 사람들을 편
안하게 해 주고 떠났다고 한다. 그는 참으로 선하게 살다가 선종을 한 것
이다. 그의 부음을 듣고 달려가 영전 앞에서 고인을 위해 기도드릴 때 나

는 그가 이미 하늘나라에 가 있으리라 믿고, 나 역시 남은 생애를 선하게 살다가 선하게 죽을 수 있게 해 주십사고 빌었다.

죽음은 누구도 피할 수 없이 마셔야 하는 쓴잔이다. 예수님도 아버지께 할 수만 있다면 면하고 싶다고 하신 그 고뇌의 잔이다. 누구도 대신할 수 없다. 하느님은 왜 인간에게 이 죽음의 굴레를 씌우셨는가? 성서에 의하면 죽음은 인간이 하느님을 거슬러 죄를 범함으로써 초래된 결과이다.

그런데 가장 핵심적인 문제는 죽음이 무엇인가 하는 것이다. 죽음은 생명의 끝인가, 아니면 저승 삶의 시작인가 하는 것이다. 여기에 대하여 아무도 이렇다 저렇다라고 과학적 실증을 통한 답을 줄 수 없다. "죽음 앞에서 인간 운명의 수수께끼는 절정에 달한다." 그러나 그리스도교를 비롯하여 대부분의 종교는 죽음을 현세 삶의 끝일지언정 만사를 무로 돌리는 종말이라고 보지 않는다. 특히 그리스도교는 죽음이 죽음이 아니요, 새로운 삶으로 옮아감이라고 한다. 그래서 그리스도교 신자들은 사도신경의 말미에서 "죄의 용서와 육신의 부활을 믿으며 영원한 삶을 믿나이다"라고 고백한다. 바오로 사도는 고린토 전서 15장에서 육신의 부활과 영원한 생명이 있어야 함과 그것이 없으면 우리의 믿음도 헛되다는 것을 누누이 강조하면서 "이 썩을 몸은 불멸의 옷을 입어야 하고 이 죽을 몸은 불사의 옷을 입어야 하기 때문입니다"(1고린 15,53)라고 천명한다. 이 믿음에 따르면 죽음은 우리를 죄와 이로 말미암은 온갖 고통과 불행, 인생의 모든 질고로부터 해방시켜 복된 생명으로 옮겨다 주는 것이다. 따라서 죽는다는 것은 우리가 이승에서 저승으로, 죽음에서 삶으로, 어둠에서 빛으로 '건너감'이다.

죽음에 대한 그리스도교의 이 같은 가르침의 근거는 이스라엘 백성의 출애굽 사건에서 예시되고 예수님의 십자가상 죽음과 부활로써 성취된 파스카(Pascha) 신비에 있다. 죽음은 믿는 이에게 있어서 이 파스카 신비의 구현이다. 예수님은 참으로 죽음을 쳐 이기셨다. 그래서 그분은 우리에게 "용기를 내어라, 내가 세상을 이겼다"(요한 16,33)고 하셨다. 여기서 세상이란 예수님의 구원이 없었다면 결국 죽음으로 끝날 수밖에 없었던 그 세상이다.

그렇다면 죽음은 무엇인가? '죽음의 관문'이라는 표현도 있듯이 하나의 과정이다. 어떤 이는 "죽음은 아직 펴 보지 않은 책과 같다"라고 하였다. 그리고 그 책은 우리를 위한 하느님의 기쁨과 행복, 사랑과 평화, 빛과 생명을 가득 담고 있다.

죽음에 대한 이런 생각이 죽음을 너무 미화하는 것은 아닌가? 결코 미화하는 것이 아니다. 이것은 우리가 믿는 하느님이 사랑이심을 믿는 데서 알 수 있다. 그 사랑이 사람이 되어 오시어 우리의 부활이요 생명이 되신 그리스도를 믿을 때 죽음을 달리 볼 수밖에 없다. 사랑은 파괴하지 않고 건설한다. 사랑은 죽이지 않고 살린다. 사랑은 해치지 않고 구한다. 사랑은 병든 것을 낫게 하고 죽은 것도 다시 살린다. "하느님은 사랑"(1요한 4,8)이시다. 그렇다면 이 하느님이 사랑을 다하여 당신 모습을 닮은 존재로 창조하신 인간을 죽음과 멸망으로 끝나게 버려두실 리 없다. 아무튼 우리가 믿는 하느님은 결코 죽은 자의 하느님이 아니고 산 자의 하느님이시다(마르 12,27). 하느님이 원하시는 것은 사람이 죽는 것이 아니라 사는 것이다. 그 때문에 누구든 의식적으로 하느님을 거부하지 않는 이상, 모든 인간은 하느님의 사랑과 자비로 영원한 생명의 구원을 얻을 것이다.

사도 바오로는 죽음 뒤에 우리가 누릴 행복이 얼마나 큰지에 대해 이렇게 표현하고 있다. "눈으로 본 적이 없고 귀로 들은 적이 없으며 아무도 상상조차 하지 못한 일을 하느님께서는 당신을 사랑하는 사람들을 위하여 마련해 주셨다"(1고린 2,9).

그러나 죽음을 통해 참되고 아름답고 복된 새 생명으로 들어간다고 해서 죽음의 고통이 덜어지는 것은 아니다. 간혹 예외의 경우는 있을 수 있겠으나 죽음은 그리스도인에게도 여전히 두려운 고통이요 고뇌일 것이다. 이 때문에 그리스도인도 죽음 앞에 섰을 때 이를 받아들이지 못하고 저항할 것이다. 이것은 살고 싶은 인간의 본성이다. 그러나 주님은 우리가 결국 당신 사랑과 그 사랑이 베푸는 죄의 사함과 영원한 생명에 대한 믿음으로 이 죽음을 받아들이도록 도와주실 것이다.

죽음에 대한 좋은 준비는 나날이 이 믿음을 깊이 사는 것이다. 무엇보다도 주님이 우리를 한없는 사랑으로 사랑하셨음을 상기하면서 우리도 서로 사랑하는 것이다. 특히 가난한 이, 병든 이, 고통 속에 갇힌 이 등을 형제적 사랑으로 사랑하며 사는 것이다. 가난한 이웃을 자기 몸같이 사랑하는 사람은 본인의 의지와 관계없이 그리스도를 사랑하는 사람이다. 그리고 그는 죽은 다음 분명히 영원한 생명을 얻을 것이다. 왜냐하면 그리스도는 이들 보잘것없는 형제 하나를 사랑한 것이 당신을 사랑한 것과 같다고 하시면서 하느님이 영원으로부터 마련하신 나라를 약속하셨기 때문이다(마태 25,31-40). 결국 하느님의 사랑을 믿고 그리스도를 본받아 이웃을 사랑하는 것이 가장 좋은 죽음의 준비이다.

● 「삶과 죽음」 10호, 1993. 2. 3.

눈물의 은사

우리 집 뜰에 가을이 가득하다. 높은 산에는 눈이 내린 지도 여러 날 되었으니 계절은 겨울 문턱에 서 있다. 나의 인생 역시 아직 마음은 계절을 즐기고 가을의 아름다움에 빠져 있지만 요즘 나의 하루하루는 낙엽처럼 떨어져 나간다.

무언가를 쓰고 싶어서 붓을 들었으나 무얼 써야 할지 모르겠다.

내 나이 만 칠십일 세하고도 수개월. 이제 남은 생애가 얼마큼인지 알 수는 없으나 죽음 쪽으로 더 기울어 있다는 것은 사실이다. 하루 해에 비기면 석양이다. 나는 석양을 좋아한다. 그 자체가 아름다워서 좋고, 무언지 모르게 내 마음을 아득히 먼 어딘가로 향하게 하는 데서 석양은 마음의 고향처럼 다정하게 느껴진다. 그렇게 나의 인생은 고향길 가까이 와 있다.

걸어온 과거를 돌이켜 볼 필요가 있겠는가?

사람들은 어쩌면 내게 자랑할 것이 많이 있으리라 생각할지도 모르겠다. 그러나 내게는 뉘우치고 통회해야 할 일들이 너무나 많다.

나는 자주, 사도 베드로가 주님을 세 번씩이나 모른다고 부인하고 난 후 수난하시는 주님과 눈이 마주쳤을 때 "베드로야, 내 말을 잘 들어라. 오늘 닭이 울기 전에 너는 세 번이나 나를 모른다고 할 것이다"(루가 22,34)라고 하셨던 주님의 말씀을 떠올리며 후회스러워 통절히 울었다는 것을 생각하게 된다.

그래서 나도 주님을 거슬러 지은 죄에 대해 참으로 그렇게 울 수 있다면 얼마나 좋으랴 생각해 본 일이 자주 있다. 성령 쇄신 기도회에서 내게는 다른 은사(恩賜)보다도 '눈물의 은사'를 주십사고 기도한 일도 있다. 그래서 그 은사를 조금은 받은 것도 같지만 아직 내 마음은 돌처럼 굳어 있다.

아버지가 돌아가셨을 때에도, 어머니가 돌아가셨을 때에도 눈물을 흘리지 않았던 나! 나는 도대체 어떤 심리의 주인공인가?

아버지가 돌아가셨을 때에는 내 나이 일곱 살밖에 안 된 어린아이였기 때문이라고 하겠지만, 어머니가 가셨을 때에는 서른이 넘어 어른이 된 뒤였다. 어머니가 모든 영혼 준비를 잘 하고 당신이 원하시던 때에 가셨기 때문인가? 내가 어머니 신변에 큰일이 나면 어쩌나 걱정하다가 이제 큰일이 나도 괜찮다고 생각할 만큼 집도, 양식도, 땔감도 다 갖추었을 때

가셔서였나?

 대구 주교관에서 비서 신부로 있을 때 나는 어머니에게 큰일이 나면 어찌하나 하는 걱정을 하곤 했다. 안동 성당 주임으로 있을 때 잠시 모시고 있다가 대구로 전보되어 주교관에 있게 되면서 어머니를 셋방에 모실 수밖에 없었기 때문이다.

 그래서 집 문제부터 한 가지 한 가지 힘닿는 대로 해결하여 이제는 어머니를 편히 모실 수 있겠다 싶어 한시름 놓을 무렵이었다.

 평소에도 건강이 좋지 않으셨던 어머니는 가시기 전에는 중풍으로 누워 지내셔야 했다. 그렇게 누워 계시던 어머니는 그날 따라 기분이 좋으시다며 오후 늦게 옷을 갈아입고 당신 방 벽에 걸린 십자가를 손에 들고, 성당까지 가서 십자가의 길 기도를 마치셨다. 기도를 바친 다음, 마침 성체 조배를 하고 계시던 유 신부님(프랑스 신부님)께 고해 성사까지 보셨고, 집으로 돌아와 저녁 식사를 하고 탕약을 드신 후 이내 쓰러지셨다. 그리고 어머니는 소식을 듣고 급히 달려 간 내 무릎 위에서 선종하셨다.

● 1993. 여름